梁启超与
中国现代法学的兴起

喻中 著

中国人民大学出版社
·北京·

自 序

多年前，有朋友告诉我，在我的一些论文中，引证较多的作者是梁启超（1873—1929）。这个细微的特点，我自己并没有留意，经友人提醒，这才意识到，每当我确立了一篇论文的"义理"之后，在寻求"考据"之际，我确实会想到梁启超；甚至"义理"的形成，可能也是来自梁启超的有意无意的触动、暗示与启发。我承认，梁启超的著作，对我来说总是具有某种精神上的牵引力，也许已经在不知不觉之间，充当了我的学术研究的坐标。对我来说，梁启超由学术研究的坐标转变成为学术研究的对象，应该算是一件顺理成章之事。

梁启超是百年前的人物。在今昔之间稍作比较，即可以发现，在百年后的今天，梁启超著作的影响力，已经明显地衰减了。但是，从19世纪末期到20世纪初期，在陈独秀、胡适之前，"新会梁氏"在中国言论界、思想界的魅力，几乎无人堪与比肩。正如黄遵宪所言，梁启超的论著"惊心动魄，一字千金，人人笔下所无，却为人人意中所有"。有时候，我也暗自思忖，梁启超的文字，何以引领了一个时代？何以超越于众人？几经琢磨，我发现，背后的原因也许有这样几点。

第一，梁启超的身份是复合性的，他既是政治家，又是思想家，还是学者。这可不容易做到。很多学者善于纸上驰骋，著作等身，但没有行动能力，不接地气，无法处理实际事务，他们与现实生活之间，总是隔了一层。很多活动能力很强的政治人物，既没有思想，更谈不上学术。在漫长的历史上，这样的政治人物太多了。有一些偏重于思想的人物，轻视"闻见之知"，读书不够，沉潜不足，流于空疏。王学末流，以及魏晋玄学的末流，就属于这种类型。这些人的思想，与其说是思想，还不如说是一些未经省思的教条或信条。还有一些读破万卷的"书橱型"人物，似乎无所不知，却没有贡献出创造性的思想。梁启超不一样，他学富五车，写下了大量的学术著作，是名副其实的学者，同时还是公认的启蒙思想家，真正做到了学术与思想并重。更重要的是，他还有行动能力，无论是协助皇帝搞政治改革，组建政党，还是筹款办报，以及充任政府阁员，甚至发动护国战争，都做得有声有色。这样的全能型人物，让人想到五百年前的王阳明。

第二，与王阳明不同的是，梁启超学术思想的触角伸向了整个文明世界。梁启超作为清华国学研究院的"四大导师"之一，其"中学"功夫得到了普遍的承认。他的"西学"虽然有这样那样的毛病，招致诸多诟病，但是，在那个"开风气"的时代，与他同时代的中国人相比，尤其就广博程度而论，他的"西学"无论如何都是出类拔萃的。他旅居海外十多年，不仅对海外的学问有广泛的了解，对海外的政治生活、社会生活也有切身的体会。他的"西学"，既是从"纸上得来"的，同时也是"躬行"的结果。

第三，是他的天赋和勤奋。这两样东西，很多人认为可以分开。譬如宣称，某人天赋很高，但不够勤奋，所以成就不大；

某人虽然很勤奋，但天赋不高，所以成就也不大，云云。我不太愿意附和这种说法。我个人的一点私见或偏见是，天赋与勤奋很可能是一回事。一个人，如果他不能勤奋地、卓有成效地运用他的天赋，他的天赋就是不可用的，不可用的天赋就是不实在的、不可靠的，甚至是虚幻的、不存在的。梁启超是天赋极高的人，同时也是非常勤奋的人，两者叠加，成就了这个独领风骚的"新会梁氏"。

在世人的印象中，"新会梁氏"是政治活动家，也是启蒙思想家，还是学者。但是，很少有人说他是法学家。确实，梁启超不是专业化学术分工中的法学家，更不是法律技术专家。他似乎也不以"法学家"自我期许。但是，一方面，梁启超写下了大量的法学论著，主要涉及法理学、宪法学、行政法学、法律史学、国际法学。另一方面，他担任中华民国的司法总长，草拟宪法，既是司法者，也是立法者，在其法律生涯中，积累了比较丰富的法律经验。这两个方面表明，梁启超也是一个知行并重的"法律人"。他的法学论著与法律实践，足以构成一个广阔而幽深的法学世界。这个世界尽管只是梁启超饱满人生、丰沛思想的一个侧面、一个组成部分，但依然闪耀着他独特的智慧与灵性。

在梁启超之前，还有沈家本（1840—1913）等中国法律史上的著名人物。生活在晚清的沈家本，尽管也善于睁眼看世界，但他的核心身份还是一个传统的律家，当然也是一个学而优则仕的清王朝官员。沈家本做过清王朝的天津知府、保定知府、刑部右侍郎、大理院正卿等官职，为后世留下了《历代刑法考》《律目考》《寄簃文存》《汉律摭遗》等著作。从他的人生经历、知识结构、法律经验来看，沈家本是传统中国的最后一个律家，是中国传统律学智慧的集大成者，同时也是中国传统律学的终结者。研究沈家本，也许可以写成一部"沈家本与中国传统律学的终结"。

比沈家本晚生33年的梁启超，走过了一条截然不同的人生轨迹。1895年，22岁的梁启超参加公车上书，并协助康有为成立强学会、创办《万国公报》。1896年，23岁的梁启超出任上海《时务报》主笔。1897年，24岁的梁启超主讲长沙时务学堂，教导蔡锷等更年轻的学子。1898年，25岁的梁启超参与百日维新，当年9月，百日维新失败，在清王朝的追捕中，梁启超随即东渡日本，由此开始了长达14年的海外流亡生涯，直至1912年，才迎来了他英雄般的凯旋，从此在民国的政治舞台、学术舞台上大展身手。这样的人生经历表明，梁启超与传统中国的律学几乎没有关联、没有交集。他的法学著述与法律实践，与传统中国的律学知识、法律实践之间，存在着根本性的断裂，代表着一个全新的开端。

在新旧交替之际，梁启超作为一个象征性人物，可谓中国现代法学的主要开创者、主要奠基人。汉语中的"法学"一词，就是由梁启超最先使用的。汉语法学中的很多范畴，都是梁启超最先使用的。严格意义上的中国现代法学，就是从梁启超开始的。梁启超的法学著述历程与中国现代法学的兴起过程，在很大程度上是重叠的，是同步展开的。

中国现代法学的兴起是一个复杂的、立体的过程，是一个群体性的事业，是几代人的事业，甚至是一个民族的事业，当然不可能归功于梁启超一个人。但是，如果一定要为中国现代法学找出一个最具代表性的奠基人、开创者，那么，还有哪位先贤比梁启超更有资格呢？倘若没有，那么，梁启超就是当之无愧的"中国现代法学之父"。

因此，要理解中国的现代法学，梁启超是一个绕不开的人物。绕开了梁启超，就绕开了中国现代法学的起点，就不能真正理解中国现代法学的兴起。描述梁启超的法学世界，就是在索解中国现代法学的基因密码，就是在回顾中国现代法学的萌生、肇始、由来，就是在建构中国现代法学史的"第一章"。正是由于这个缘故，本书题名为《梁启超与中国现代法学的兴起》。

在写下这个书名的时候，我想到了恩格斯的名篇《路德维希·费尔巴哈和德国古典哲学的终结》。如果说，费尔巴哈象征着德国古典哲学的终结，那么，梁启超代表了中国现代法学的兴起。着眼于此，笔者把相互关联的九篇文字勒为一书，既勾画梁启超的法学世界，也描述中国现代法学兴起的姿态。

目 录

第一章 法学家梁启超：中国现代法学的主要奠基人 …… 1
 一、引言：重新认识法学家梁启超 ………………… 1
 二、梁启超的法学旨趣：通往更高文明的阶梯与津渡 … 4
 三、梁启超的法学视界："西人法律之学"与"圣人法律之学" ……………………………………………… 11
 四、法学家梁启超与相关法学家：一个初步的比较 …… 22
 五、梁启超如何影响中国现代法学 …………………… 36
 六、结论：梁启超是中国现代法学的主要奠基人 ……… 43

第二章 中国现代法理学的先声：梁启超的权利义务理论 ……………………………………………… 45
 一、问题的提出与界定 ………………………………… 45
 二、梁启超之前的权利义务观念 ……………………… 48
 三、梁启超的权利概念与义务概念 …………………… 55
 四、梁启超理解的权利义务关系 ……………………… 64
 五、梁启超之后的权利义务理论 ……………………… 73

六、结论 …………………………………………………… 77

第三章　梁启超的法治主义：从救亡本位到启蒙本位的转变 ………………………………………………… 81
　　一、代表性观点的回顾与评论 ………………………… 82
　　二、早期的救亡本位的法治主义 ……………………… 88
　　三、再论早期的救亡本位的法治主义 ………………… 92
　　四、晚期的启蒙本位的法治主义 ……………………… 97
　　五、如何解释梁启超法治主义的转向 ………………… 101
　　六、结论及延伸性讨论 ………………………………… 105

第四章　法治主义及其对立面：梁启超对法家思想的界分 ………………………………………………… 108
　　一、问题意识与基本思路 ……………………………… 108
　　二、梁启超早年对法家思想的界分 …………………… 110
　　三、梁启超后期对法家思想的界分 …………………… 113
　　四、梁启超界分法家思想的域外影响 ………………… 117
　　五、梁启超界分法家思想的西方背景 ………………… 120
　　六、梁启超界分法家思想的意义追问 ………………… 124
　　七、结语 ………………………………………………… 128

第五章　见之于行事：梁启超宪法思想的液态属性 …… 129
　　一、视角与理路 ………………………………………… 129
　　二、以议会为核心的宪法：来自孟德斯鸠的启示 …… 131
　　三、追求君主立宪的宪法：保皇运动的折射 ………… 134
　　四、美式共和政体的宪法：辛亥革命的产物 ………… 138
　　五、优越于约法的宪法：一个更高的标准 …………… 142
　　六、提升国会权能的宪法：以国会约束政府 ………… 146
　　七、以职业选举与国民投票为核心的宪法 …………… 148
　　八、见之于行事：解释梁启超宪法思想的方法论 …… 153

第六章　辛亥革命之镜：梁启超走向共和的思想历程 …… 156
- 一、从甲午到戊戌：梁启超共和思想的萌芽 ………… 157
- 二、从戊戌到辛亥：梁启超虚君共和思想的形成 …… 160
- 三、走向共和：梁启超在辛亥革命后的思想抉择 …… 168
- 四、辛亥革命对梁启超共和思想的塑造 ……………… 173
- 五、百年沉浮：梁启超共和思想的意义 ……………… 178

第七章　所谓国体：宪法时刻与梁启超的共和再造 …… 184
- 一、引言：重温1915年的"宪法时刻" ………………… 184
- 二、语境：《异哉》的政治背景 ……………………… 188
- 三、变迁：梁启超对国体的认知过程 ………………… 194
- 四、法理：《异哉》蕴含的国体思想 ………………… 203
- 五、源流：影响《异哉》的思想与《异哉》的思想影响 …………………………………………………… 211
- 六、结语：认真对待国体问题 ………………………… 220

第八章　立国大方针：梁启超单一制国家结构思想的形成 …………………………………………………… 221
- 一、重温一个中国"反联邦党人"的"立国大方针" …………………………………………………… 221
- 二、地方自治：辛亥革命前梁启超国家结构思想的基本取向 ……………………………………………… 226
- 三、辛亥革命的发生与梁启超单一制国家结构思想的形成 ………………………………………………… 230
- 四、梁启超单一制国家结构思想的双重渊源 ………… 235
- 五、同异之辨："反联邦党人"梁启超与美国的反联邦党人 ……………………………………………… 241

第九章　民国初年的司法独立：司法总长梁启超的理论与实践 ………………………………………………… 245
- 一、问题提出、文献回顾与研究思路 ………………… 245

二、梁启超关于民国初年司法独立的价值定位 ……… 250
三、民国初年司法独立所面临的现实困境 …………… 258
四、梁启超维护司法独立的思路及策略 ……………… 263
五、结论及延伸性讨论 ………………………………… 272

后　　记 ……………………………………………… 277

第一章　法学家梁启超：中国现代法学的主要奠基人

一、引言：重新认识法学家梁启超

作为清末民初的启蒙思想家，梁启超在很多领域都做出了开创性的贡献。譬如，在历史学界，梁启超倡导的"新史学"作为一种新的史学范式，深刻地影响了现代中国的史学理论，受到了现当代历史学者的普遍重视。① 在宽泛的思想文化领域，

---

① 代表性著作有：宋学勤. 梁启超新史学的当代解读. 北京：中国社会科学出版社，2013；石莹丽. 梁启超与中国现代史学：以跨学科为中心的分析. 北京：中国社会科学出版社，2010. 关于梁启超新史学的研究论文，笔者检索"中国知网"收录的"期刊"论文中，在"篇名"栏目中输入检索词"梁启超新史学"，找到的学术论文有135篇（截至2016年5月28日），数量较大，这里不再一一列举。

001

梁启超的"新民说""自由书""变法通议""改良主义"等五花八门的新思想、新观念，更是广为人知，影响深远。对此，梁漱溟有一个评价："当任公全盛时代，广大社会俱感受他的启发，接受他的领导。其势力之普遍，为其前后同时任何人物——如康有为、严几道、章太炎、章行严、陈独秀、胡适之等等——所赶不及。我们简直没有看见一个人可以发生像他那样广泛而有力的影响。"① 梁漱溟的这个评价也许有一些可商议之处。但是，梁启超极其广泛地影响了中国的思想文化，是毫无疑问的。从法学的立场上看，梁启超对于中国现代法学的开启之功，梁启超作为中国现代法学之奠基人的地位②，同样值得注意。

检索当代中国的法学文献，可以看到，针对梁启超的"法律思想"，虽然已有较多的研究，已经积累了一定数量的研究文献（详见后文），但是，在具体的、对象化的"法律思想"之外，集中讨论、宏观描述、整体检视、全面评估梁启超的法学贡献、法学地位，尤其是，把梁启超作为一个开创性的法学家来研究，还没有引起法学界的普遍重视。例外的学者是范忠信，以及后文还将提到的梁治平、许章润。

---

① 梁漱溟. 纪念梁任公先生//夏晓虹. 追忆梁启超. 北京：生活·读书·新知三联书店，2009：218.
② 本书所说的中国现代法学，也可以理解为中国近代法学。无论是中国近代法学还是中国现代法学，对应的都是中国传统法学或中国传统律学。在英文中，近代与现代都是一个词：modern。按照中国历史学界的通识，一般把1840年至1911年（或"五四"运动）之间的历史称为"近代"，把1911年（或"五四"运动）至1949年之间的历史称为"现代"，把1949年以后的历史称为"当代"。这样的划分在史学界自有其逻辑。但是，对中国法学来说，不必如此划分。因为19世纪下半期虽然是中国的"近代"，但在19世纪下半期，中国几乎没有自己的"近代法学"，所谓"近代法学"，几乎是一片空白。近代、现代意义上的中国法学，如果一定要划出一个时间刻度，那么，它就是从1896年开始的。此后的中国法学，既是中国近代法学，亦是中国现代法学。

第一章　法学家梁启超：中国现代法学的主要奠基人

　　范忠信论述过梁启超对于中国近代法理学的贡献，概述了梁启超对于法的概念与本质、法律与法理的关系、法治主义与法治精神、立法与国情、自治与法治等法理学问题的认知，同时也评析了梁启超的法理学著作所存在的某些缺陷。①范忠信还以《认识法学家梁启超》一文②，正式为梁启超赋予了法学家的身份，也比较全面地勾画了梁启超所涉及的法学领域——范忠信的这篇文章，其实是他为自己选编的《梁启超法学文集》(中国政法大学出版社，2000) 所写的"选编者言"。在学术史上，这恐怕是第一篇把梁启超称作法学家的文献。③此外，还有学者从历史学的角度，讨论了梁启超的中国法律史研究，指出梁启超的法律史学所具有的功能，强调梁启超的法律史学在中国现代法律史学上具有开新的意义。④

　　这些不多的关于梁启超法学理论的讨论，虽然涉及梁启超法学理论的某些面相，但是，这些讨论还没有对梁启超的法学旨趣、法学视界、法学地位做出全面而深入的说明，这与梁启超对于中国现代法学的贡献极不相称。有鉴于此，本章试图在已有研究的基础之上，提出一个描述性的概念：作为法学家的梁启超。希望通过这个概念，勾画出梁启超法学理论的特质，反映出梁启超对于中国现代法学的特殊意义与特殊影响，同时，还希望在梁启超的"新史学"之外，拓展出一个与之并列的学

---

① 范忠信. 梁启超与中国近代法理学的主题与特征. 法学评论，2001 (4).
② 范忠信. 认识法学家梁启超. 政治与法律，1998 (6).
③ 其他的关于梁启超的法学文献，都只是把梁启超作为一个有"法律思想"的思想家，就像孔子、董仲舒是有"法律思想"的思想家一样。在各种关于梁启超的介绍性文字中，他不是法学家。譬如，北京植物园内梁启超墓园入口处关于梁启超的介绍文字，贴在梁启超身上的标签很多：思想家、历史学家、学者，等等，但是，并没有"法学家"这个标签。
④ 张雷. 梁启超与中国法律史学的开新. 云南社会科学，2009 (1).

003

术思想空间：梁启超的"新法学"。

　　针对史学，梁启超自己创作的学术名篇是《新史学》①，但是，作为法学家的梁启超，并没有写出一篇题为"新法学"的作品。不过，梁启超在中国现代法学领域内的众多著述，尤其是著述中所蕴含的新旨趣、新视野、新贡献，足以支撑一种"梁启超牌号"的"新法学"。为了全面展示梁启超的新法学及其对中国现代法学的意义，本章拟从旨趣、视界、影响等方面加以论述。本章所谓的"旨趣"，是想通过一篇代表性文献的解读，阐明梁启超对于法学本身的认知，旨在反映梁启超关于现代法学的学术理论自觉，相当于梁启超新法学的"导论"。本章所谓的"视界"，是想勾画梁启超新法学的基本框架，相当于梁启超新法学的"本论"。本章所谓的"影响"，是想通过比较的方式，说明梁启超在中国现代法学史上的地位、意义、作用。本章的最后是一个结论性的分析，旨在阐明法学家梁启超及其新法学与中国现代法学的联系。

二、梁启超的法学旨趣：通往更高文明的阶梯与津渡

　　从中国法学演进的角度来看，在 19 世纪下半叶，数十年间，虽然有一些外国法学著作在中国翻译出版②，也有一些域外的法律思想进入中国③，但从总体上看，中国的法学知识，

---

　　① 梁启超. 新史学//梁启超全集. 北京：北京出版社，1999：736.
　　② 譬如，1864 年出版的由美国传教士丁韪良（W. A. P. Martin）翻译的《万国公法》（H. Wheaton, International Law），等等。
　　③ 外国法律思想进入中国，既有外国传教士的传入，也有早期"睁眼看世界"的中国人的主动拿来。喻中. 近代法治信念是样形成的：一个思想史的考察. 法学论坛，2011（1）.

依然是传统律学的天下。① 与中国传统律学相异的中国现代法学，迟迟没有诞生。正是在这样的法学（或律学）背景下，1896年的梁启超率先对法学做出了具有革命意义的界定，阐述了一种全新的法学世界观。

从梁启超思想发展的角度来看，在1896年之前，梁启超虽然参与了康有为主导的"公车上书"与《中外纪闻》，虽然也有一些文字留世，譬如早期的书信，譬如1892年的《读书分月课程》，等等；但是严格说来，梁启超是从1896年才开始走进公众视野的。正如胡思敬的《戊戌履霜录》所言，1896年，"当《时务报》盛行，启超名重一时，士大夫爱其语言笔札之妙，争礼下之。自通都大邑，下至僻壤穷陬，无不知有新会梁氏者"②。因此，1896年可以被视为梁启超走进中国思想文化界的元年；本章以下的分析将表明，1896年也可以被视为中国现代法学的元年。

先说《变法通议》。它是梁启超在1896年写下的系列论文的汇集，在通行的《饮冰室合集》（中华书局，1988）第一集中，排在卷首。这一组讨论变法的论文虽然以"法"为核心，虽然也论及法律、法制领域的改革，但这里的"变法"并不限于狭义的法律上的改革，而是包容了几乎所有的改革。正如梁启超自己对"变法"所做的总结："变法之本，在育人才；人才之兴，在开学校；学校之立，在变科举；而一切要其大成，在变官制。"③ 以今日中国所倡导的"全面深化改革"，来解释梁

---

① 传统中国的律学是否属于法学，是一个有争议的话题，本书暂且承认，传统中国的律学，也可归属于法学知识，也代表了法学的一种形态。相关的分析，可参见何勤华. 法学形态考——"中国古代无法学论"质疑. 法学研究，1997（2）.

② 胡思敬. 戊戌履霜录：卷四. 党人列传·梁启超//夏晓虹. 追忆梁启超. 北京：生活·读书·新知三联书店，2009：35.

③ 梁启超. 变法通议//梁启超全集. 北京：北京出版社，1999：15.

启超所谓的"变法",庶几近之。不过,《变法通议》虽然不是今日学科专业化分工中的法学论文,毕竟还是与"法"相关联的。更重要的是,梁启超对于"变法"的探索,与梁启超对于新的法学的探索,几乎是同步展开的。因为,同样是在1896年,梁启超还写成了一篇堪称"中国现代法学导论"的重要论文——《论中国宜讲求法律之学》①,以之对"法学"或"法律之学"作为一种专门的学问做出了全新的界定。据何勤华考证,"这是中国近代最早提出'法学'一词的论著。"②李贵连的研究亦发现,梁启超的这篇文章,是"中国自1840年进入近代社会以来,迄今所能见到的第一篇倡言中国应研究法学的论著"③。

这篇关于"法学"或"法律之学"的论文,首先对"法"的功能进行了阐释:"法者何所?以治其群也。"换言之,法律是调整群体性社会生活的规范,是治群之具。而且,法律的复杂程度与整个群体的智与力成正比,"大抵其群之智愈开力愈大者,则其条教部勒愈繁"。进一步看,"其条教部勒,析之愈分明,守之愈坚定者,则其族愈强,而种之权愈远。人之所以战胜禽兽,文明之国所以战胜野番,胥视此也"。梁启超还强调:"此其理至简至浅,而天下万世之治法学者,不外是也。"按照这个关于"法学"的"至简至浅"之理,法律对群体生活的规范越细密,整个群体对法律的遵守越坚定,那么,这个群体就越强大。人类比禽兽强大,是因为人类的法律比禽兽的法律发达;文明国家比蛮夷国家强大,也是因为文明国家的法律比蛮夷国家的法律发达。法律的发展程度,成为测度文明程度的一把标尺。

---

① 梁启超. 论中国宜讲求法律之学//梁启超全集. 北京:北京出版社,1999:60.
② 何勤华. 汉语"法学"一词的起源及其流变. 中国社会科学,1996(6).
③ 李贵连. 二十世纪初期的中国法学. 中外法学,1997(2).

第一章 法学家梁启超：中国现代法学的主要奠基人

梁启超在此不仅强调了法律的发达程度、细密程度，同时也强调了法律得到严格遵守的程度。法律很完善、很严密，法律又得到了严格的遵守，这正是亚里士多德著名的"法治公式"强调的两个要素："已成立的法律获得普遍的服从，而大家所服从的法律又应该本身是制定得良好的法律。"① 梁启超对亚里士多德法政学说的理解与论述，出现在他流亡日本四年之后的1902年。② 在1896年之际，梁启超很可能还未曾见过亚里士多德的法治学说。如果没有相反的证据，那么，梁启超此时对"坚定遵守良法"的强调，与亚里士多德的经典法治理论，就具有某种同工异曲之妙，或者竟可以称为"英雄所见略同"了。

梁启超从"法是什么"这一基本问题着手，得出的结论是，细密的法律得到坚定的遵守，是一个国家、民族、群体走向智慧、走向强大、走向文明的路径。这种对于法律的认知、界定，与传统中国"兵刑同义"的法律观相比③，可以说是一种崭新的法律观。按照传统的"兵刑同义""出礼入刑"的法律观，以及孔子所谓的"必也使无讼"（《论语·颜渊》）的理想，法律（刑律）几乎就是当代常说的"刀把子"，甚至是一种不得已的"恶"。在这种法律观的支配下，传统中国的法律之学（律学）虽然绵延不绝，但通常不能成为传统中国知识体系、学问体系中的核心部分。梁启超通过对"法"的重新解释，通过切割

---

① 亚里士多德. 政治学. 吴寿彭，译. 北京：商务印书馆，1965：199.

② 梁启超. 亚里士多德之政治学说//梁启超全集. 北京：北京出版社，1999：1021.

③ 关于传统中国以"兵刑同义"的法律观，《国语·鲁语·臧文仲说僖公请免卫成公》记载的一段话可以作为代表性的说明："大刑用甲兵，其次用斧钺，中刑用刀锯，其次用钻笮，薄刑用鞭扑，以威民也。故大者陈之原野，小者致之市朝，五刑三次，是无隐也。"《史记·八书·律书》也有同样的论述："故教笞不可废于家，刑罚不可捐于国，诛伐不可偃于天下。"按照这些说法，鞭笞、刑罚、征伐在本质上是相同的，只是适用范围不同而已。

"法"与"兵"或"刑"的联系,尤其是把"法"与"文明"联系起来,可以说开启了一种新的法学世界观。

在重新界定法律内涵的基础上,梁启超对人类早期的法律史进行了概括:"古之号称神圣教主,明君贤相,劭劳于席突,咨嗟于原庙者,其最大事业,则为民定律法而已。"这就是说,古代圣人的第一要务,就在于制定法律。譬如,"孔子圣之神也,而后世颂其莫大功德,在作《春秋》,文成数万,其指数千,有治据乱世之律法,有治升平世之律法,有治太平世之律法。所以示法之当变,变而日进也"。孔子不仅通过《春秋》为后世制定了法律,而且为不断变易中的"三世"(据乱世、升平世、太平世)分别制定了法律。孔子是中国最伟大的圣人,同时也是中国古代最伟大的立法者,《春秋》则是具有规范意义的权威文本。遗憾的是,"秦汉以来,此学中绝,于是种族日繁,而法律日简,不足资约。事理日变,而法律一成不易,守之无可守,因相率视法律如无物,于是所谓条教部勒者荡然矣"。

按照梁启超的这番回顾性描述,中华文明在远古时代的兴起,是因为有孔子这样伟大的立法者制定了《春秋》这样的"法律大全"。遗憾的是,自秦汉以后,"春秋"之学没有得到发展。中华民族在不断繁衍,群体内部越来越复杂,相对而言,法律却越来越简单。法律没有发展,法律无法规范社会生活,这就严重影响了整个中华民族的生活秩序。概而言之,华夏文明的兴起源于伟大的立法者的出现,以及权威性法律文本的出现;华夏文明的衰落是因为法律以及法律之学的衰落。

西方国家的历史经验截然相反:"泰西自希腊、罗马间,治法家之学者,继轨并作,赓续不衰,百年以来,斯义益畅,乃至以十数布衣,主持天下之是非,使数十百暴主,戢戢受绳墨,不敢恣所欲。而举国君民上下,权限划然。部寺省署,议办事,章程日讲日密,使世界渐进于文明大同之域,斯岂非仁人君子心力之为乎?"梁启超看到的"泰西经验",似乎可以归结为:在西方国家,研究法律的学者持续不断,法律的义理越来越清晰,以至于主持国家事务的"布衣",可以有效地处置众多"暴主",人与人之间,权利边界明确,国家机关按照法定程序处理各种公务,这就把泰西引入文明的世界。概而言之,泰西的文明成就,都应当归功于泰西的法学成就。

梁启超又说:"《春秋》之记号,有礼义者谓之中国,无礼义者谓之夷狄。礼者何?公理而已。义者何?权限而已。今吾中国聚四万万不明公理不讲权限之人,以与西国相处,即使高城深池,坚革多粟,亦不过如猛虎之遇猎人,犹无幸焉矣。乃以如此之国势,如此之国体,如此之人心风俗,犹嚣嚣然自居于中国而夷狄人,无怪乎西人以我为三等野番之国。谓天地间不容有此等人也。"

在此,梁启超翻转了传统的"中国—夷狄"格局。在传统中国,"我们"自己是"华夏"或"中国"①,"我们"周边的群体是"夷狄",这样的格局,可以概括为"华我夷人"。因为礼义在"我们"这里,"我们"这里是礼义的原产地与制高点。不过,梁启超在1896年看到的"今吾中国"人,已经不再"中国"了,因为他们不讲公理,不讲权限,亦即没有礼义,相比于西方国家,已经被置于"夷狄"的地位,即使中国人在物质方面有一些储备,中国人跟西方人的关系,也只相当于猛虎与猎人的关系。这样的"华人禽我",较之于"华人夷我",更加不堪:我们甚至连"夷狄"的水平都没有达到,我们仅仅是"猛虎",是"禽兽",而西方却是"文明"亦即"华夏"的象征。正是在这样的对照之下,梁启超提出了"发明法律之学"

---

① 葛兆光. 叠加与凝固:重思中国文化史的重心与主轴. 文史哲,2014 (2). 尤其是该文的第二小节:"究竟是什么是'中国'"。

009

的主张与建议。

"发明法律之学"包含两个方面的意图：一是"今日非发明法律之学，不足以自存矣"。法律之学有助于自存，有助于我们像猛虎摆脱猎人的追捕那样，让我们安全地生存下来。二是从文明的角度来看，文明与野蛮是相对的，"文明野番之界虽无定，其所以为文明之根源则有定，有定者何？其法律愈繁备而愈公者，则愈文明，愈简陋而愈私者，则愈野番而已"。这就是说，文明的尺度就是由法律的发达程度、公正程度来决定的，法律越发达，越公正，文明程度就越高。我们如果要从"禽兽""夷狄"的位置重新走向"中国"或"华夏"的位置，讲求法学"发明法律之学"，则是唯一的途径。

那么，西方国家的法律，是否达到了公正而发达的程度呢？梁启超的回答是否定的。他说："今泰西诸国，非不知公之为美也，其仁人君子，非不竭尽心力以求大功也。而于国与国、家与家、人与人，各私其私之根源，不知所以去之，是以揆诸吾圣人大同之世，所谓至繁至公之法律，终莫得而几也。"这就是说，西方国家的法律虽然已经达到一定的高度，取得了一定的成就，但是，西方国家各私其私的本质，让其法律并没有达到至繁至公的程度，特别是与中国圣人所设想的大同之世相比，距离是遥远的。因此，不仅中国需要发明法律之学，西方同样需要发明法律之学。

既然"发明法律之学"是中国与世界的当务之急，那么，该如何发明呢？梁启超提出的方案是："愿发明西人法律之学，以文明我中国，又愿发明吾圣人法律之学，以文明我地球，文明之界无尽，吾之愿亦无尽也。"换言之，发明法律之学有两种资源：借鉴西方法学，以提高中国的文明程度；发扬中国固有的法学，以提高整个世界的文明程度。

至此可以看到，梁启超对于法律之学的想象：通过讲求法学提升中国的文明程度，进而提升整个世界的文明程度。这就是说，法学是迈向更高文明的阶梯与津渡。提升中国的文明需要借鉴西方的法学，但是，包括西方在内的整个世界的文明还需要发扬中国圣人的法学。这就是梁启超在1896年提出的法学世界观，这样的法学世界观足以开启一种全新的中国现代法学，因为它与中国传统律学具有本质性的区别。

三、梁启超的法学视界："西人法律之学"与"圣人法律之学"

梁启超倡导"法学"，希望"发明法律之学"，不仅提出了新的法学世界观，而且身体力行，写下了数量庞大的法学新著（详见后文）。梁启超留下的法学作品，按照现在流行的学科建制，可以归属于法理学、宪法学、行政法学、法律史学、国际法学等几个法学二级学科。确实，梁启超在这几个法学二级学科都做出了自己的开拓性贡献。譬如，在法理学领域，有《法理学大家孟德斯鸠之学说》、《中国法理学发达史论》等；在宪法学领域，有《各国宪法异同论》《宪法之三大精神》等；在行政法学领域，有《外官制私议》《省制问题》等；在法律史学领域，有《论中国成文法编制之沿革得失》《先秦政治思想史》等；在国际法领域，有《国际联盟评论》《西南军事与国际公法》等。如此罗列，当然可以展示梁启超的新法学。但是，梁启超的法学视界，还可以按照梁启超自己的逻辑来阐明。

依照前文梁启超对法律之学的想象，梁启超对于法律之学的发明，主要包括两个方面：一是对西人法学的发明，二是对中国圣人法学的发明。不过，无论是西人的法学还是中国圣人的法学，梁启超最看重的还是法律之"学"，亦即法律的基本理论、基本原理，因为，"居今日之中国而治法学，则抽象的法理其最要也"①。按照这个框架，梁启超发明的"法律之学"，可以从以下两个方面来透视。

（一）"发明西人法律之学"

梁启超对于西人法律之学的发明，涉及对西方法律制度的介绍，但是，其核心部分还是对西人法学理论的阐释与发明。根据梁启超写下的法学文献，他试图发明的西人法律之学，主要是西方经典作家的法学理论。

关于亚里士多德，梁启超称其为"古代文明之代表人"。梁启超比较了亚里士多德与柏拉图的学说，进而认为："柏氏之说，如驾轻气球，纵观宇内，倏构华严楼阁，为一弹指倾。"与柏拉图相比，"亚氏之说，则不离平地，不厌尘浊，徐取此世界而庄严之而再造之者也"。两人的不同，实为理想主义与现实主义的差异。在梁启超看来，亚里士多德最重要的理论，是他的政体分类理论。"亚氏最有功于政治学者，在其区别政体。彼先以主权所归或在一人，或在寡人，或在多人，分为三种政体：一曰君主政体，二曰贵族政体，三曰民主政体。此实数千年来言政体者所莫能外也。亚氏又不徒以主权所在为区别也，更以行使主权之手段或正或不正而细判之。于是乎三种政体，各有变相，都合为六种：其君主政之不正者，谓之霸主政体；其贵族政之不正者，谓之豪族政体；其民主政之不正者，谓之暴民政体。至其正不正于何判乎？凡以公意谋国家之公益也，则无论权在一人，在寡人，在多人，皆谓之正；以私意谋一己之利

---

① 梁启超. 中国法理学发达史论//梁启超全集. 北京：北京出版社，1999：1254.

益者，亦无论权在一人，在寡人，在多人，皆谓之不正。"① 亚里士多德的政体理论，为梁启超分析中国的宪法问题、政治问题提供了理论依据。

关于卢梭，梁启超主要阐述了他的社会契约论，认为卢梭的社会契约论，"为政治学界开一新天地"。梁启超相信："民约之义，非立国之事实，而立国之理论也。"从事实上看，国家确实不是通过所有人缔结社会契约而建立起来的，但是，社会契约理论却应当作为立国的理论依据。不仅如此，立国之理论其实也是立法之理论。按照社会契约论，法律应当是公意的体现，"卢梭之意，以为公意，体也；法律，用也；公意无形也，法律有形也。公意不可见，而国人公认以为公意之存在者，夫是谓之法律。惟然，故公意虽常良善，而法律必不能常良善"②。这是用中国特有的"体用"框架解释卢梭的公意说。按照梁启超的自然法概念（详见后文），公意相当于自然法，与公意对应的"法律"则是人为法或人定法。

关于霍布斯，梁启超概括地指出，霍布斯之学，类似于荀子之学；其言政术，类似于墨子。"霍布士之政论，可分为二大段，而两段截然不相连属。其第一段谓众人皆欲出争斗之地，入和平之城，故相约而建设邦国也。其第二段谓众人皆委弃其权，而一归君主之掌握也。审如此言，众人既举一身以奉君主，君主以无限之权肆意使令之。所谓契约者果安在乎？第一段所持论，第二段躬自破坏之，以霍布士之才识，而自有此纰缪之言者。无他，媚其主而已。虽然，民约之义一出，而后之学士往往祖述其意，去瑕存瑾，发挥而光大之，以致开十九世纪之

---

① 梁启超. 亚里士多德之政治学说//梁启超全集. 北京：北京出版社，1999：1020-1021.
② 梁启超. 卢梭学案//梁启超全集. 北京：北京出版社，1999：503-507.

新世界新学理。"① 在这里，梁启超以"媚主"描述霍布斯，虽然失之偏颇，却也揭示了霍布斯社会契约理论的保守品性，以及维护现状、为现实辩护的守成倾向。

关于孟德斯鸠，梁启超高度评价其学说对于西方文明国家的意义。梁启超认为，孟德斯鸠的主要贡献在于三权理论，因为，三权理论导致西方国家"政术进步，而内乱几乎息矣"。此外，奴隶变为"自由民，人道始伸，而戾气渐灭"，也是孟德斯鸠造成的福祉。"废拷讯之制，设陪审之例，慎罚薄刑，惟明克允，博爱之理想，遂见诸事实"，也应当归功于孟德斯鸠。梁启超强调："孟氏之学，以良知为本旨。以为道理及政术，皆以良知所能及之至理为根基。其论法律也，谓事物必有其不得不然之理，所谓法也。而此不得不然之理，又有其所从出之本原，谓之法之精神。而所以能讲究此理，穷其本原，正吾人之良知所当有事也。《万法精理》全书之总纲，盖在于是。"② 梁启超还分述了孟德斯鸠的若干具体法律观点，譬如，"法律者，以适合其邦之政体及政之旨趣为主"。孟德斯鸠对专制政体、共和政体的区分，特别是他的三权理论，既为"政治学家所祖尚"，也是梁启超浓墨重彩地加以发明的学说。

关于边沁，梁启超认为："边沁之学说，其影响于社会最大者，则政法论也。"边沁的政法学说被梁启超概括为十五个要点，分别是："第一，主权论。"主权代表一个国家，归于有选举权的人民。"第二，政权部分论。"政权除了立法、行政、司法三个部分之外，还应当包括"选举议员之政"，以及"解散议会之政"。"第三，论政本之职"，这是梁启超从日语中理解的概

---

① 梁启超. 霍布士学案//梁启超全集. 北京：北京出版社，1999：500.
② 梁启超. 法理学大家孟德斯鸠之学说. 梁启超全集. 北京：北京出版社，1999：1039.

念，大概是指国家的最终权力属于人民。"第四，议员全权论"，是指议会意志独立，不受外来干预。"第五，废上议院论"，主张以下院代表民意。"第六，普通选举论"，亦即普选制。"第七，直接选举论。""第八，匿名投票论。""第九，议员任期论。""第十，论议院起案权。""第十一，论征官专职。""第十二，行政首长论。""第十三，行政官责任论。""第十四，论选择司法官之法。""第十五，论陪审官。""此边沁氏政法论之大概也，要之，边氏著书虽数十种，其宗旨无一不归于乐利主义。"①梁启超所谓的乐利主义政法论，就是现在通称的功利主义法学。

关于康德，梁启超的评价甚高，甚至认为，"有康德而后有今之德意志"。康德主要是一个哲学家，但在法理学领域，康德也是一个绕不开的重镇。梁启超介绍了康德的哲学大概之后，评述了康德关于自由、道德与法律之关系的认知："凡带命令之性质者皆可谓法律。命令有两种：其一曰有所为者，其他曰无所为者"，两者之间，"有所为之命令，与道德厘然无涉也。"至于"道德之责任生于良心之自由。而良心之自由，实超空间而越时间"。因此，"尊重人身而无或以之供我之手段，是不特为道德之基础而已，亦制度法律之本原也。盖法律有二种：一曰制之于中者则道德是也；二曰制之于外者则寻常所谓法律是也。寻常法律之所目的，凡一切责任非在身外者，则不干预之"。至于"康德之政治论殆与卢梭民约之旨全同，而更是法学原理证之"②。

关于伯伦知理（今译布伦奇里），梁启超称其为政治学大家，称其为卢梭的批判者，认为其学说处于卢梭学说的对立面。

---

① 梁启超. 乐利主义泰斗边沁之学说//梁启超全集. 北京：北京出版社，1999：1050-1053.

② 梁启超. 近世第一大哲康德之学说//梁启超全集. 北京：北京出版社，1999：1062-1063.

梁启超把伯伦知理的学说归纳为五个方面：第一，国家有机体论。国家不同于无机之器械，器械虽有许多零件，但器械不能生长，不能临时应变；国家有行动、有意识，不是技工制成的器械。第二，"伯氏固极崇拜民族主义之人也，而其立论根于历史，案于实际，不以民族主义为建国独一无二之法门，诚以国家所最渴需者，为国民资格"。第三，政体论。"伯氏博论政体，而归宿于以君主立宪为最良，谓其能集合政治上种种之势力、种种之主义而调和之。"至于共和政体，"伯氏以为，主治权与奉行权分离，是共和政体之特色也"。第四，主权论。"伯伦知理之论主权，其要有五"：主权独立，不必服从于其他权力；主权归于国家及国家之首长；主权高于国内一切权力；主权唯一，一国内不能有两个主权；主权有限，主权受限于国家法律。第五，国家目的论。伯伦知理认为，国家作为目的，与国家作为工具，都是可以成立的。①

　　以上诸人的法学理论，集中体现了梁启超旨在发明的西人法律之学。梁启超阐述、发明这些西方法学理论的时间，主要集中在1901年至1903年。这就是说，在20世纪最初的两三年里，梁启超的确在发明"西人法律之学"。值得注意的是，梁启超对"西人法律之学"的发明，并不是以翻译的方式，而是以"发明"的方式，以传统中国的"学案"的方式，主要摘取了这些法律学说中与中国文明的提升具有密切关系的内容，同时还将西方法学与中国的历史、现实、未来进行了深度的融合，既具有"梁注六经"的风格，其实也有"六经注梁"的意味，在相当程度上，实现了梁启超在1896年提出的"发明西人法律之学，以文明我中国"的夙愿。

---

　　① 梁启超. 政治学大家伯伦知理之学说//梁启超全集. 北京：北京出版社，1999：1065-1076.

（二）"发明吾圣人法律之学"

梁启超不是一个纯粹的"西化派"。他在"发明西人法律之学"、实现"洋为中用"的同时，还注重"古为今用"，注重"发明吾圣人法律之学，以文明我地球"。在这个方面，梁启超的贡献，主要是对儒、墨、道、法等各家中国圣人的法律之学，进行创造性的重述与发明。

在梁启超看来，儒家圣人的法学理论，自然法的观念最为重要。"儒家则其最崇信自然法者也"，"儒家关于法之观念，以有自然法为第一前提"，在广泛引证《诗》《书》《易》《礼记》《孟子》等儒家经典之后，梁启超认为："儒家言人为法不可不根本于自然法。顾自然法本天，非尽人所能知也，则其道将穷。于是有道焉使自然法现于实者，曰圣人。圣人之言，即自然法之代表也。圣人之言何以能为自然法之代表，儒家谓圣人与天同体者也，否则直接间接受天之委任者也，否亦其智足以知天者也"，"是圣人为天之化身，圣人即天也。""故儒家之论，其第一前提曰，有自然法；其第二前提曰，惟知自然法者为能立法；其第三前提曰，惟圣人为能知自然法。次乃下断案曰，故惟圣人为能立法。"[①] 这就是说，在儒家法学理论中，存在自然法与人为法之间的二元划分，至于圣人，则是自然法与人为法之间的桥梁。自然法是通过圣人转化成为人为法的。梁启超关于儒家法学理论的这种建构，确实是一种创造性的发明，与西方的自然法理论也有某些契合之处。如果比附圣经的教义，那么，上帝的旨意就相当于自然法，摩西就相当于圣人，摩西制

---

① 梁启超. 中国法理学发达史论//梁启超全集. 北京：北京出版社，1999：1260-1264.

定的法律就相当于人为法。

关于道家圣人的法学理论，梁启超认为："道家亦认自然法者也。虽然，其言自然法之渊源，与自然法之应用，皆与儒家异。老子曰，人法地，地法天，天法道，道法自然。""凡道家千言万语，皆以明自然为宗旨，其绝对的崇信自然法，不待论也。"不过，道家自然法与儒家自然法是不同的，其间的差异在于："儒家所以营营焉经画人定法者，曰惟信有自然法故，道家所以屑屑然排斥人定法者，亦曰惟信自然法故。故道家对于法之观念，实以无法为观念者也。既以无法为观念，则亦无观念可言。"① 这就是说，道家虽然也有自然法的观念，但过度放大自然法，以至于自然法完全挤占了人定法的空间，进而对人定法持一种虚无主义的排斥态度。这也是一种很特别的自然法与人定法的二元论：极端崇尚自然法，极端贬斥人定法，从而割断了自然法与人定法之间的联系。

关于墨家圣人的法学理论，梁启超引证《墨子》之《天志》《法仪》诸篇认为："墨家实以正义说为法学之根本观念者也。而正义之源泉，一出于天，故曰兼采正义说与神意说也。""墨子非命，是不认自然法之存在也"，"墨家不认自然法，因亦不认人民总意"，"墨子谓人民总意，终不可得见，即见矣，而不足以为立法之标准，若儒家所谓民之所好好之，民之所恶恶之者，墨子所不肯承认也。墨子所视为立法之标准者，惟天志而已"②。按照梁启超的观点，不承认自然法，只承认天志，就是墨家法学异于儒家法学的关键所在。

相对于儒、道、墨三家，梁启超更看重法家圣人的法学理论。因为，法家圣人是法治主义的理论代表。梁启超认为："法

---

① 梁启超. 中国法理学发达史论//梁启超全集. 北京：北京出版社，1999：1267.
② 同①1268.

治主义起于春秋中叶,逮战国而大盛。而其所以然者,皆缘社会现象与前古绝异。一大革命之起,迫于眉睫。故当时政治家不得不应此时势以讲救济之道。""救世一语,可谓当时法治家唯一之精神。"在梁启超看来,最能道破法家精神的是《淮南子·要略》篇的分析:"齐桓公之时,天子卑弱,诸侯力征,南夷北狄,交伐中国,中国之不绝如线。齐国之地,东负海而北障河,地狭田少,而民多智巧。桓公忧中国之患,苦夷狄之乱,欲以存亡继绝,崇天子之位,广文、武之业,故《管子》之书生焉。"管子就是法治主义之父,堪称法治主义的实践者与奠基人。"当时法治主义之动机有二:一曰消极的动机,二曰积极的动机。消极的动机者何?其在国家内部,阶级制度之弊,已达极点,贵族之专横,为施政上一大障碍,非用严正之法治,不足以维持一国之秩序。""积极的动机者何?当时交通既开,兼并盛行,小国寡民,万不足以立于物竞界。故大政治家,莫不取殖产主义与军国主义,即所为富国强兵是也。而欲举富国强兵之实,惟法治为能致之。"但是,自从汉代罢黜百家之后,"法治主义,殆见摈于学界外矣"。历代所谓律家,"皆属于解释派,非复战国法家之旧。且其学不昌,盖自汉以来,法治主义陵夷衰微,以迄于今日"[①]。

以上关于儒、道、墨、法四家圣人法律之学的发明,都出于1904年的《中国法理学发达史论》。在四家圣人中,梁启超认为,儒、墨、道三家都是法理学的"旧学派",只有法家才是新学派,代表了新的法理学。

迁延至1922年,梁启超借《先秦政治思想史》,进一步发明了"吾中国圣人法律之学"。梁启超认为,法家的法治主义,

---

① 梁启超. 中国法理学发达史论//梁启超全集. 北京:北京出版社,1999:1279-1281.

可以视为儒、墨、道三家法学理论的结晶；或者说，儒、墨、道三家的法学理论，是法家法治主义的理论渊源。按照梁启超的叙述："法家成为一有系统之学派，为时甚晚，盖自慎到、尹文、韩非以后。然法治主义，则起源甚早。管仲、子产时确已萌芽。其学理上之依据，则儒道墨三家皆各有一部分为之先导。"分别来看，第一，"其所受于儒家者何耶？儒家言正名定分，欲使名分为具体的表现，势必以礼数区分之"。第二，"法家所受于道家者何耶？道家言'我无为而民自正'。民何以能正？彼盖谓自有'自然法'能使之正也。自然法希夷而不可见闻，故进一步必要求以'人为法'为之体现，此当然之理也。及其末流，即以法治证成无为之义"。第三，"法家所受于墨家者何耶？墨家以尚同为教，务'壹同天下之义'，其最后目的，乃在举人类同铸一型。夫欲同铸焉，固非先有型不可，则'所若而然'之'法'其最必要矣"①。这三种各具特色的法学理论，尽管与梁启超在《中国法理学发达史论》中所述的法学理论有一定的差异，但是，它们都滋养了法家的法治主义。

在"吾中国圣人法律之学"中，梁启超特别看重管子的法律之学。在《管子传》中，梁启超对管子的法治主义给予了高度的评价："法治者，极之极轨也，而通五洲万国数千年间。其最初发明此法治主义，以成一家言者谁乎？则我国之管子也。"按照梁启超的概括，管子的法治学说主要包括：（1）关于法治的必要性，"管子论国家之起源，以为必有法然后国家乃得成立"。（2）关于法治与君主，"管子之法治主义，又非有所私于君主也。管子之所谓法，非谓君主所立以限制其臣民，实国家所立，而君主与臣民同受其限制者也"。（3）关于法治与人民，"管

---

① 梁启超. 先秦政治思想史//梁启超全集. 北京：北京出版社，1999：3669-3671.

子以齐其民一齐民为治国之首务,故必以法部勒之"。(4)关于立法,"管子之言法治主义,以得良法为得究竟者也"。(5)关于法治与政府,管子的《君臣篇》"与今世立宪国内阁之制正相合"。(6)关于法治的目的,"管子则于富国强兵之外,尤有一大目的存焉",那就是包括"礼义廉耻"在内的"国之四维"①。

(三)法律之学与法律之术

按照梁启超 1896 年关于法律之学的预期,"发明西人法律之学","发明吾中国圣人法律之学",是他所倡导的法律之学的使命。这两个方面的成就,已在上文予以勾画,它们代表了梁启超"法律之学"的核心内容。不过,在这两个方面之外,梁启超还写下了关于法律、法制问题的大量论文。譬如,1900 年的《立宪法议》,1902 年的《论专制政体于君主有百害而无一利》,1905 年的《开明专制论》,1910 年的《论政府阻挠国会之非》《中国国会制度私议》《改盐法议》《咨议局权限职务十论》,1911 年的《论政府违法借债之罪》《论违制》《新中国建设问题》,1912 年的《政策与政治机关》《进步党拟中华民国宪法草案》,1920 年的《主张国民动议制宪之理由》等。② 这些关于法律、法制现实问题、具体问题的论著,从宽泛的意义上看,当然也可以归属于梁启超的新法学。

但是,倘若按照梁启超关于"发明法律之学"的逻辑来看,这一类的论著,如果既不属于中国古代圣人的法律之学,也不属于西人的法律之学,那么,这些论著就可以归属于一个新的领

---

① 梁启超. 管子传. 北京:北京出版社,1999:1865-1874.
② 据范忠信的统计与整理,梁启超的法学论著,共有 71 篇。范忠信. 梁启超法学文论总目//范忠信. 梁启超法学文集. 北京:中国政法大学出版社,1999:357-360.

域：法律之术。所谓法律之术，就是法律之学在实践中的运用技术。严格说来，法律之学不同于法律之术，因为"学"不同于"术"。对于"学与术"的差异，梁启超有高度的自觉。1911年，他还给予了专门的辨析："学也者，观察事物而发明其真理者也；术也者，取所发明之真理而致诸用者也。例如以石投水则沉，投以木则浮，观察此事实，以证明水之有浮力，此物理学也。应用此真理以驾驶船舶，则航海术也。""学与术之区分及其相关系，凡百皆准此。"① 法律之学与法律之术的关系，亦不例外。

如果把"学"与"术"之间的这种区别运用于法律领域，那么，梁启超希望讲求的"法律之学"，就是关于法律的原理、真理，相当于他所讲的物理学或生理学。无论是中国圣人的法律之学还是西人的法律之学，都属于"学"的范畴。至于把法律之学运用于法律实践，以解决具体的问题，相当于他所讲的航海术或医疗术。就法律领域来说，诸如宪法制定、咨议局权限职务、政府与国会的关系等方面的问题，都可以归属于法律之术，因为这些都是法律之学在法律实践中的具体运用问题。据此，梁启超的新法学，主要就在于发明西人法律之学与吾中国圣人法律之学。至于与"法律之学"相异的"法律之术"，则是另一个层次的问题，本章不再详述。

四、法学家梁启超与相关法学家：一个初步的比较

在中国法学演进史上，梁启超最早提出了现代意义上的

---

① 梁启超. 学与术//梁启超全集. 北京：北京出版社，1999：2351.

"法学"一词,最早阐述了中国法学的现代旨趣,并根据他对法学的理解,发明了"西人法律之学"与"吾中国圣人法律之学"。随之而来的一个问题是,梁启超关于新法学的旨趣、视界,与其他相关法学家相比,有何特别之处?对此,我们可以把梁启超的新法学与相关法学家的法律之学做一个初步的比较。

(一) 总体性的比较

应当让法学家梁启超跟谁比较,才能产生比较的意义呢?回答是,应当让他跟同时代的法学家进行比较。对于现代中国不同时代的法学家,许章润有一个"五代法学家"的说法。按照许氏的划分,第一代现代意义的中国法学家主要包括沈家本、梁启超、严复、伍廷芳、王宠惠、董康、薛允升等人。[①] 不妨参照这个名单,看看梁启超与其他第一代法学家的差异。

值得注意的是,尽管这几位法学家都被归为中国现代法学的"第一代",但他们的旨趣、视界都大异其趣,他们对中国现代法学的影响并不能等量齐观。虽然在法学发展史上,可以把他们归为"一代",但是,他们的自然年龄并不是"一代"。其中,薛允升(1820—1901)最年长,比梁启超(1873—1929)年长53岁,仅从年龄上看,与梁启超根本就不是一代人。从经历与知识来看,薛允升先后两度担任清政府的刑部尚书,在刑部任职近40年;他精通律学与服制,著有《唐明律合编》《读例存疑》《服制备考》《汉律辑存》等书。尽管法律界人士论及"多年来的中国法学",习惯于从"清末薛允升及沈家本两大家"

[①] 许章润. 书生事业,无限江山:关于近世中国五代法学家及其志业的一个学术史研究//清华法学:第四辑. 北京:清华大学出版社,2004:40.

讲起①，尽管薛允升（及沈家本，详见后文）确实也对清末的法律改革做出了贡献；但是，从中国现代法学的萌生、演进规律来看，更加公允的评价应当是：薛允升"把清代的律学研究推进到新的高峰，他的律学研究在中国法律史上具有深远影响"②。这就是说，薛允升基本上没有赶上、没有参与中国现代法学的创建，他的学思属于中国传统律学，他是中国律学晚期或中国律学末期的重要人物。

如果说薛允升的知识贡献主要属于中国传统律学，那么，伍廷芳（1842—1922）的法学知识具有更多的西方背景与现代背景。伍廷芳比梁启超年长31岁，从年龄上看，同样是梁启超的前辈。而且，他与梁启超一样，都是广东省新会县人。③ 在法学领域，伍廷芳占据了一个梁启超不具备的优越地位：他是第一个在西方（英国）获得法学博士学位的中国人，也是第一个在英国获得律师资格的中国人。这就是说，伍廷芳是中国法学史上的第一个海归博士。归国之后，伍廷芳参与了清末变法修律，与沈家本同为清政府任命的修订法律大臣；民国时期又先后协助孙中山办理司法、外交、财政。在"立言"方面，伍廷芳著有《中华民国图治刍议》等书。尽管伍廷芳在法学领域

---

① 黄静嘉，戴炎辉. 朴实谨严、开一代宗风的大师——略述其生平及其对法史学、法学教育及司法进步的贡献//清华法学：第四辑. 北京：清华大学出版社，2004：74.

② 华友根. 薛允升的律学研究及其影响. 政治与法律，1999（3）.

③ 顺便指出，在一些文献中，一般都是以"新会"二字指代梁启超。譬如，陈寅恪的一段话就很有代表性："先君因言聘新会至长沙主讲时务学堂。先是嘉应黄公度丈遵宪，力荐南海先生于先祖，请聘其主讲时务学堂。先祖以此询之先君，先君对以曾见新会之文，其所论说，似胜于其师，不如舍康而聘梁。先祖许之。因聘新会至长沙。"陈寅恪. 读吴其昌撰梁启超传书后//夏晓虹. 追忆梁启超. 北京：生活·读书·新知三联书店，2009：152. "梁新会"几乎是梁启超的另一个名字。但是，几乎没有人以"新会"指代伍廷芳，也未见"伍新会"一说。透过这种不经意的表达方式，也可以揣量出两人的差异。

的出身门第很高，做官也做到了较高的位置，但是，他在法学学术领域的贡献比较平淡。正如当代法律史家所言，伍廷芳的"法律实践活动，比起他的理论观点更值得重视"①。换言之，伍廷芳的核心身份是一位法律官员或政府官员。他在西方国家率先获得的法学博士学位，并不能保证他在中国现代法学领域一定能做出优越于他人的贡献。他主要是中国法律史上的人物，倘若作为中国法学史上的人物，则显得不那么突出。他主要是中国法律史学研究的对象，倘若作为创造中国法学史的主体，则显得不那么突出。因此，从总体上看，如果要论对中国现代法学的影响，伍廷芳远逊于梁启超。

再看董康与王宠惠。董康（1867—1947）比梁启超年长6岁，大致与梁启超处于相同的时代。董康同样参与了清末及民国时期的修律活动，担任过清末与民初的法律官员。在学术上，董康著有《刑法比较学》《民法亲属继承编修正案》《中国法制小史》《前清司法制度》等书，在刑法、民法领域拥有较多的实践经验与专业知识。王宠惠（1881—1965）比梁启超小8岁，其主要身份也是一个法律官员，虽然他"竭尽所能地完成了政府的各项法律任务"，但他并"无传世佳作"②。王宠惠在法学学术领域的主要贡献，是将德国民法典译为英文。③ 无论是董康还是王宠惠，他们在中国法律界的名气虽然很大，但对中国现代法学的学术贡献、思想贡献，较之于伍廷芳，大约只在伯仲之间，同样逊于梁启超。

在"第一代法学家"中，与薛允升、伍廷芳、董康、王宠

---

① 张晋藩. 伍廷芳的法律思想. 现代法学，1981（4）.
② 张生. 王宠惠与中国法律近代化：一个知识社会学的分析. 比较法研究，2009（3）.
③ 关于王宠惠的学术评传，可参见刘昕杰. 王宠惠评传//政治法学研究，2014年第1卷. 北京：法律出版社，2014：163.

惠相比，严复、沈家本的影响似乎更大一些，当然，他们两人也有区别。

我们说严复的影响更大，主要是指他作为启蒙思想家对整个中国的思想文化所产生的深远影响。1949年，毛泽东甚至把严复与洪秀全、康有为、孙中山并列起来，称为"在中国共产党出世以前向西方寻找真理的一派人物"①。在当时浓厚的革命意识形态中，毛泽东称赞洪秀全，称赞孙中山，甚至称赞康有为，都可以理解，但他对严复的表彰，确实大有深意。毛对严复的推崇，其实是看到了严复为中国思想文化带来的新元素、新因子。对此，李泽厚的分析颇有代表性，他说："严复代表了近代中国向西方资本主义寻找真理所走到的一个有关世界观的崭新阶段，他带给中国人以一种新的世界观，起了空前的广泛影响和长远作用，这种启蒙影响和作用不只是在戊戌时期和对改良派，更主要更突出的是对后几代包括毛在内的年轻的爱国者和革命家。"②

从年龄上看，严复（1854—1921）比梁启超年长19岁。但严复进入中国思想界的时间，大致与梁启超相当：1895年，严复在天津的《直报》上发表了《论世变之亟》《辟韩》《原强》《救亡决论》等主张维新变法的论文，这是严复登上中国思想舞台的开端。严复在学术思想上的主要贡献，是翻译了《天演论》（1896—1898）、《原富》（1901）、《群学肄言》（1903）、《群己权界论》（1903）、《穆勒名学》（1903）、《社会通诠》（1903）、《法意》（1904—1909）、《名学浅说》（1909）等西方学术思想著作。这些汉译作品打开了中国人的视野，具有强烈的启蒙作用。这些作品对于中国现代法学的兴起、发展，也起到了重要的促

---

① 毛泽东. 论人民民主专政//毛泽东选集：第4卷. 北京：人民出版社，1991：1469.

② 李泽厚. 中国近代思想史论. 天津：天津社会科学院出版社，2003：234.

进、催生作用,特别是严译孟德斯鸠《法意》,为中国法学的现代转型提供了重要的思想资源。《群己权界论》所传播的自由主义思想,也是"西人法律之学"的思想基础和重要组成部分。

但是,严复的贡献主要是翻译。在他的翻译作品中,严复也写下了很多片断式的"案语"。譬如,在严译《法意》中,就包含了他写下的330多条"案语"。这些"案语"以评论的方式,虽然表达了以自由为体、以民主为用的自由主义法律思想[1],虽然"在《法意》中,严复欢呼民主政治是人类社会发展的制高点"[2];但是,在表达其自由思想、欢呼民主政治的过程中,严复并没有现代法学的自觉。严复主要不是站在法学的立场上做出评论,而主要是从进化论的角度、从宽泛的社会政治理论的角度做出评论。从思想史的角度来看,严复是极其重要的启蒙思想家。与梁启超相比,严复可能更"长于思虑","其了解西洋文化之程度殆非梁氏所及"[3]。我们甚至可以把严复称为将"西方近代自由主义思想引进中国的'盗火者'"或"近代自由主义思想的中国先知"[4],但是,我们很难把他称为中国现代法学的开启者。相反,梁启超对西方文化、西方语言的了解虽然不如严复,但梁启超在"出道"伊始,就有发明新式"法律之学"的自觉、愿望与行动。

为了比较梁启超与相关法学家对于中国现代法学的不同贡献、不同影响,笔者还对"中国知网"数据库提供的"文献"进行了检索,获得了以下结果(见表1-1、表1-2)。

---

[1] 陈金全. 论严复自由主义的法律思想. 现代法学, 1993 (5).
[2] 史华兹. 寻求富强:严复与西方. 叶凤美, 译. 南京:江苏人民出版社, 2005:117.
[3] 萧公权. 中国政治思想史. 北京:新星出版社, 2005:536.
[4] 郭道晖. 近代自由主义思想的中国先知:严复自由观的法理解读. 中国法学, 2006 (6).

表 1-1　按"参考文献"检索，散见于法学各二级学科的
　　　　结果数值（2016 年 5 月 27 日检索）　　单位：次

检索词 学科	梁启超	严复	沈家本	董康	伍廷芳	王宠惠	薛允升
法理、法史	2 250	737	2 912	273	376	262	867
宪法	515	192	51	5	13	36	
民商法		91	180	17	24	37	71
刑法			864	49	23	49	201
诉讼法与司法制度	253	130	639	61	118	71	125
国际法、经济法、行政法			161		18	16	36
合计	3 018	1 150	4 807	405	572	471	1 300

表 1-2　按"篇名"检索，散见于法学各二级学科的
　　　　结果数值（2016 年 5 月 27 日检索）　　单位：次

检索词 学科	梁启超	严复	沈家本	董康	伍廷芳	王宠惠	薛允升
法理、法史	92	57	247	18	31	19	15
宪法	38	14		1		1	
刑法			39	4		1	
诉讼法与司法制度			15	1	1		2
国际法、经济法、民商法		4	5		2	2	
合计	130	75	306	24	34	23	17

在"中国知网"收录的"文献"中，表 1-1 是针对"参考文献"进行检索的结果。"参考文献"是指，在"中国知网"收录的"文献"作者所参考的文献，亦即对"中国知网"收录的"文献"造成了影响的文献。谁在"参考文献"中出现的频率越

高，谁对"中国知网"中的"文献"的影响也就越大。这可以从一个特定的、当然也是有限的角度，测度出一个法学家对于中国现代法学的影响力。表1-2是针对"篇名"进行检索的结果。"篇名"是指"中国知网"收录的所有"文献"的篇名，亦即文章标题。这项检索可以说明，文献的作者关注的对象是什么，或者说，哪些人物、哪些问题构成了文献作者（亦即学术界）关注的对象。而且，在"中国知网"中，无论是针对"参考文献"还是针对"篇名"进行检索，检索结果都可以按照不同的二级学科提供更详细的数据信息。由此，可以获得表1-1与表1-2中的数据。

表1-1与表1-2的数据所反映的趋势大致是对应的。按照表1-1，在"中国知网"的文献中，"梁启超"在法学各个二级学科所有文献的"参考文献"中出现了3 018次，但是"沈家本"出现了4 807次。排名第三的是薛允升，出现了1 300次。严复有1 150次，伍廷芳有572次，王宠惠有471次。按照这个数字化的排名，沈家本第一，梁启超第二，"第一代法学家"中的其他人都远远掉在了后面。再看法学各个二级学科，"法理、法史"占据了结果数值的绝对多数。这种现象可以解释为：第一代法学家基本上都是法律史上的人物，所以会在"法史"学科中频繁地出现。第一代法学家对于民商法、经济法、国际法及行政法的影响都比较小。沈家本对"刑法"的影响比较大，一方面，是因为他参与了清末的刑律改革；另一方面，是因为沈家本研究的对象主要是传统的刑律，所以当代学者研究刑法会较多地把沈家本的论著作为参考文献。但是，在宪法领域，沈家本的影响较小，梁启超在这个领域占据了绝对的优势地位，然后是严复。相比之下，其他几人的影响都比较微弱。

表1-2是按照"篇名"检索的结果，反映出来的格局与表

1-1正好可以相互印证：在法学各二级学科的所有"文献"中，沈家本出现在"篇名"中的频率是306次，依然排第一，梁启超以130次排第二，严复以75次排第三。其他几人都在17次至34次之间，悬殊不太大。法学各个二级学科的分布状况也与表1-1具有同样的规律：第一代法学家的影响主要集中在"法理、法史"领域；在"宪法"领域，梁启超与严复的优势较为突出，沈家本在"刑法""诉讼法与司法制度"领域影响较大。

（二）梁启超与沈家本的比较

如果只看表1-1与表1-2中的数据，可以得出的结论是，在第一代法学家中，沈家本对中国现代法学的影响最大，梁启超的影响次之。其他人的影响明显落后于沈、梁二人，且差距较大。更具体地看，梁启超在宪法学领域，具有压倒性的优势；严复的影响次之。其他人在宪法学领域的影响很少，甚至几乎没有影响。但是，这个结论即使有相关数据作为支撑，也应当予以修正。应当修正的关键问题，是沈家本与梁启超的关系：谁对中国现代法学产生了更大的影响。笔者进一步的研究发现，梁启超的影响依然大于沈家本的。主要理由包括以下四个方面。

第一，政治原因遮蔽了梁启超的学术思想贡献。梁启超在20世纪80年代以前，在政治上长期被视为落后、反动、反革命、负面的人物，甚至被作为"历史罪人"来看待。1980年出版的《梁启超传》可以提供翔实的佐证，譬如，只看该书的目录，就可以看到这样的句子："从伪装革命到撕下伪装"，"倾心侍袁甘做婢"，"'二次革命'时的袁世凯打手"，"逆流挣扎"等。该书在结尾部分还宣称，梁启超"作为一个被历史和人民唾弃的人物，走向了坟墓"①。这些描述梁启超的文字，尽管出自该书作者一人之手，但其实代表了那个时代对于梁启超的评价。直至20世纪80年代以后，数十年间泼洒在梁启超身上的污垢才被渐渐清除。根据李泽厚的自述："我是最早肯定王国维、梁启超的。当时他们都是几十年被骂倒的人物。"② 相比之下，沈家本主要作为刑法方面的技术专家，由于其论述几乎不涉及革命与反革命之类的政治问题，因而没有这样沉重的负担。

第二，在"中国知网"中，梁启超对中国现代法学的贡献，不仅体现在"法理、法史""宪法学"等法学二级学科，同时还体现在政治学、哲学等相关领域。梁启超的学术思想贡献，远远不限于今日学科体系中的法学。梁启超关注的领域，既包括法学，更远远超越于法学。

通过检索"中国知网"中的"文献"，还可以制成表1-3。表1-3是在"中国知网"收录的所有"文献"中，分别按照"全文""参考文献""篇名"进行检索的结果数值。在任何一个栏目中，输入"梁启超"获得的数值都排在首位。比较而言，梁启超获得的几种结果数值，都是沈家本的十倍左右，是严复的两倍或三倍。表1-3中的数据表明，梁启超在整个人文社会科学领域，具有广泛的影响，这就是思想家所特有的辐射广泛的魅力所在。沈家本的影响，主要在法学领域，尤其是在法律技术领域。而在梁启超所影响的领域中，"政治学""哲学"等领域其实与"法理、法史""宪法"这样的法学二级学科是紧密相关的，甚至是相互交叉的。

---

① 孟祥才. 梁启超传. 北京：北京出版社，1980：420.
② 李泽厚. 李泽厚对话集·浮生论学. 北京：中华书局，2014：172. 李泽厚"最早肯定"梁启超的文章，应当是《梁启超王国维简论》[历史研究，1979(7)].

表1-3　　分别按"全文""参考文献""篇名"检索的
　　　　　结果数值（2016年5月27日检索）　　单位：次

检索方式＼检索词	梁启超	严复	沈家本	董康	伍廷芳	王宠惠	薛允升
按"全文"检索	191 874	71 274	20 011	4 296	9 311	4 987	2 768
按"参考文献"检索	59 150	16 048	5 834	1 549	1 621	780	1 419
按"篇名"检索	4 535	2 037	321	32	122	59	20

譬如，在"篇名"栏目中，输入检索词"梁启超"，可以发现，有些列在"哲学"学科的文献，完全可以归属于法学。其中，程燎原的《梁启超的"政体思维"是怎样被误解的》（《政法论坛》2014年第2期）、沙培德的《辛亥革命后梁启超之共和思想：国家与社会的制衡》（《学术研究》1996年第3期）等，就属于这种情况。有些列在"政治学"学科的文献，也可以归属于法学，譬如，唐静的《梁启超宪政思想研究》（南开大学2013年博士论文）、杨亮军的《秩序的整合与国家的重塑：梁启超宪政思想初探》（《中南民族大学学报》2011年第1期），就属于这种情况。有些列在"中国政治与国际政治"学科的文献，像张俊国的《从孙中山梁启超对民主问题的论争看"依法治国"方略的提出》（《解放军外国语学院学报》2001年第1期）等，也可以归属于法学。甚至在"社会科学理论与方法"学科中，陈丰的《不谋而合："年鉴派"与梁启超的新史学思想》（《读书》1993年第6期），其关于梁启超新史学思想的分析，也可以用于分析梁启超的法律史学。因为法律史学，既可归属于史学，也可归属于法学。

在"哲学""政治学""中国政治与国际政治""社会科学理论与方法"等领域，梁启超具有巨大的影响，相比之下，沈家本的影响很小，有些领域甚至几乎没有影响。专门针对梁启超、沈家本进行检索制成的表1-4与表1-5，可以支持这个判断。

表1-4 按"参考文献"检索的结果数值（2016年5月27日检索）

单位：次

	法学（根据表1-1数据）	政治学	中国政治与国际政治	哲学	社会科学理论与方法
梁启超	3 018	1 679	1 795	5 249	373
沈家本	4 807	34	99	0	0

表1-5 按"篇名"检索的结果数值（2016年5月27日检索）

单位：次

	法学（根据表1-2数据）	政治学	中国政治与国际政治	哲学	社会科学理论与方法
梁启超	130	275	42	580	76
沈家本	306	5	1	1	1

事实上，"哲学"学科中的"法哲学"与"法理学"很难严格区分。"政治学"中的"法政治学"与"法理学""宪法学"也存在着相互交叉的关系。因此，如果参考表1-4与表1-5中的数据信息，如果考虑到"哲学""政治学""中国政治与国际政治""社会科学理论与方法"等学科中的部分文献也可以归属于法理学、宪法学，如果把梁启超在法哲学、法政治学中的学术影响汇聚在一起，梁启超对中国现代法学的贡献，将会改写表1-1、表1-2中的数据所反映出来的沈、梁之间的对比关系。

第三，在性质上，沈家本的知识贡献主要属于中国传统律学，而不是中国现代法学，这是需要考虑的一个更加关键的因素。

从年龄、经历、时代来看，沈家本（1840—1913）比梁启超（1873—1929）年长33岁，历任天津、保定知府和刑部右侍郎、修订法律大臣、大理院正卿、法部右侍郎等官职，是清朝末年的法律重臣。在沈家本的法律著述中，虽然也有西方法学的因子，譬如《法学名著序》宣称，"近今泰西政事，纯以法治。三权分立，相互维持"，等等；① 但是，从总体上看，沈家本依然属于传统中国的律家，也许可以称其为中国传统律学的最后之人或集大成者。沈家本的代表作《历代刑法考》，是对中国传统刑律的研究，其范式、旨趣属于传统律学。沈家本的另一篇代表作《法学盛衰说》，从篇名看，谈的是现代人熟悉的"法学"，但文章的观点、风格、精神主要是传统的，譬如，这篇仅两千多字的文章开篇即说："孔子言道政、齐刑而必进之以德、礼，是制治之源，不偏重乎法，然亦不能废法而不用。虞廷尚有皋陶，周室尚有苏公，此古之法家，并是专门之学，故法学重焉。"② 这样的议论，几乎找不到现代法学的趣味。

此外，"从译介外国法律和法学角度来看，沈氏虽主持翻译过许多国家的刑法、诉讼法、民商法、组织法及个别法学著作，但只是为了满足在仿行立宪的新政中修订法律时参考借鉴的技术性需要，并未对它们进行过真正的学术研究。况且，其翻译的法典和著作极少出版公布，对国人影响不大"。因而，从总体上看，"在沈家本的著作中，我们看到的几乎仍是一个全然以旧法学语言说话的法学家，除偶尔讲到外国刑法及监狱的人道主义因素以外，我们看到的几乎是与自董仲舒到黄宗羲之间所有先儒先哲一样的法律论点"③。相比之下，梁启超的新法学，则完全是现代法学的套路。在梁启超的新法学中，几乎找不到中国传统律学的痕迹。这是梁启超与沈家本的本质区别。

第四，梁启超提出了新的法学范式，对法理学、法史学，

---

① 沈家本. 历代刑法考：附寄簃文存（第四册）. 邓经元，骈宇骞，点校. 北京：中华书局，1985：2239.
② 同①2141.
③ 范忠信. 认识法学家梁启超. 政治与法律，1998（6）.

特别是宪法学产生了持续的影响①。相比之下，沈家本的著述主要是法律史学需要处理的材料，沈家本的学术贡献与历代律家（譬如长孙无忌）的学术贡献，具有同样的性质。因而，沈家本不仅在现代宪法学、现代法理学方面的影响不如梁启超，甚至在中国现代法律史学方面的影响，也不如梁启超。对此，梁治平写道："在为中国现代史学奠定基础的开拓者中，有一位正可以被视为中国现代法律史学的奠基人。他就是19世纪20世纪之交在中国政坛、文坛、报界、学界均极活跃的人物，梁启超。在有关中国近现代法学和法律史发展的论说中，梁启超的名字并不常见，相反，论者提到最多的学者是另外两位，一位是清末修律大臣沈家本，另一位是历史著作家杨鸿烈。就发展中国法律传统而言，沈、杨两位确实都有特殊的贡献，但若与梁氏相比较，则沈氏所代表的毋宁说是前现代的旧传统，而杨氏则不过是梁启超之后，在沿梁氏所开创的方向对法律史作进一步发展的众多学者中比较有代表性的一位罢了。"较之于梁启超，"沈氏本人精于律学，对历代法制均有深入研究，所著《历代刑法考》足以令他侧身于中国历史上杰出法律史家之列。不过，由其著述我们也可以知道，沈氏尚未超越传统的历史观与法律观，其学术贡献仍在传统的律学框架之内"。沈家本的"历史叙述模式亦源于传统史学，大抵以王朝、事项为其经纬，按目分列，汇录史料，再考之以音韵训诂之学，出按语阐明己意。了解了传统法律史的式样，我们就可以知道梁启超所撰写

---

① 梁启超甚至在民法方面亦有研究兴趣与专门著作。据1907年梁启超写给徐佛苏的信："弟颇欲更组织一报，约如政治经济讲义录，其内容则（一）法学通论，（二）宪法，（三）民法，（四）行政法，（五）经济或多添一两门亦可，以辑著为主。其民法、经济两门，弟担任之，其宪法一门，兄可担任，自余则别觅人担任之。此议实因弟数月以来，欲自研究民法，……顷弟自有《日本民法集注》之著述，今呈上一阅，公可以见其内容。……弟于民法及经济学，皆有著述。"梁启超. 致徐佛苏//梁启超全集. 北京：北京出版社，1999：5955.

的法律史是如何地具有革命性"。在梁启超的众多法学论著中，《论中国成文法编制之沿革得失》（1904）堪称现代中国法律史的开山之作"①。按照这种说法，如果中国现代法学中的法律史学是由梁启超于 1904 年开其端绪的，那么，中国现代法学中的法理学、宪法学、行政法学、国际法学更是由梁启超开启的。

以上四个方面的分析表明，梁启超的新法学与沈家本的律学分别代表了中国现代法学的起点与中国传统律学的终点。对于中国现代法学来说，梁启超比沈家本、比其他法学家产生了更大的学术影响。

五、梁启超如何影响中国现代法学

早在 1998 年，范忠信就在一篇文章中写道："梁启超对中国近代法学的贡献，不在沈家本之下。"但是，很少有人认识到这一点，因为，"很少有人认识法学家梁启超。梁启超是中国近代学术史上首屈一指的百科全书式的大学者、大思想家。他对中国近代哲学、政治学、经济学、史学、文学、社会学、宗教学、伦理学的开创性贡献，是无与伦比的。这一切人们都已认识到了。但是，作为一代法学家的梁启超对中国近代法学的开创性贡献，人们至今并未认识到"②。笔者同意范忠信的这个评论。

如果把 19 世纪末 20 世纪初的中国法学家作为中国现代法学的第一代，那么，上文的比较分析已经表明，在第一代法

---

① 梁治平. 法律史的视界：方法、旨趣与范式//梁启超. 在边缘处思考. 北京：法律出版社，2003：193—195.

② 范忠信. 认识法学家梁启超. 政治与法律，1998（6）.

学家中，梁启超对中国现代法学的兴起做出了最突出的贡献。梁启超的新法学就是中国的新法学，代表了中国现代法学的兴起。分而述之，梁启超及其新法学在以下几个方面，促成了中国现代法学的兴起。

（一）为中国现代法学奠定了新的法学世界观

在梁启超之前，无论是薛允升还是沈家本，尽管他们都是中国法律史学界反复致意的重要人物，但是，正如上文所述，他们的法学其实是传统的律学；他们的法学世界观，还是中国传统的律学世界观；他们的法学范式其实是传统律学的范式。传统律学的范式是什么？"简单说，传统律学的范式包含了一种王朝更替循环的历史观、经世致用的知识观和探赜索隐的注释方式。"[1] 这样的律学范式自汉代以降，两千年来，一以贯之，直至薛允升、沈家本。

较之于薛、沈，梁启超的人生阅历、知识结构与中国传统律学几乎没有交集。梁启超是举着"维新""变法"的旗帜走上中国思想文化舞台的。梁启超在1896年写下的第一篇法学论著，就提出了革命性的法学世界观：把法学、法律作为通往更高文明的阶梯。梁启超倡导的这种全新的法学，实为文明秩序之学、文明提升之学。如果说，传统中国的法因为"兵刑同义"，不妨概括为"武化的法"，那么，梁启超界定的法，由于强调法与文明之间的因果关系，不妨概括为"文化的法"。如果说，以"注律"为核心的中国传统律学总是在传统中国的知识体系中居于相对边缘的地位，那么，以"文明"为归依的中国

---

[1] 梁治平.法律史的视界：方法、旨趣与范式//梁启超.在边缘处思考.北京：法律出版社，2003：194.

现代法学有理由在现代中国的知识体系中居于相对中心的地位。因为，任何国家、任何社会都无法排斥、低看这种"通往更高文明"的学问。梁启超阐述的这种法学世界观，相对于传统中国的律学世界观，具有革命意义，是货真价实的新学。这样的法学世界观，为中国现代法学的兴起，奠定了坚实的思想基础，是中国现代法学的起点。

（二）为中国现代法学确立了新的法学范畴

新学术、新理论需要新的范畴来支撑。中国现代法学作为迥异于中国传统律学的新学，同样离不开新的学术范畴。在这个方面，梁启超为中国现代法学的兴起同样做出了开创性的贡献。上文已经提及，中国现代意义上的"法学"一词，就是梁启超在 1896 年首创的。对于中国现代法学来说，现代意义上的"法学"一词，堪称最具基础性的范畴了。与此同时，还有若干关键性的法学范畴，也是梁启超确立的。

其中，"宪政"一词，也许是梁启超确立的最重要的法学范畴。在梁启超之前，虽然已经出现了宪政概念的胚胎，譬如，黄遵宪在 1887 年的《日本国志》中，就提到了"立宪政体"[1]，但是，最早直接提出"宪政"一词的，还是梁启超。1899 年，梁启超在《各国宪法异同论》一文中写道："宪政（立宪君主国政体之省称）之始祖者，英国是也。英人于 700 年前，已由专制之政体，渐变为立宪之政体……以至今日，非徒能不失旧物而已，又能使立宪政体，益加进步，成完全无缺之宪政焉。"[2] 在这篇文献中，梁启超多次提及"宪政"。这是汉语世界中第一

---

[1] 黄遵宪. 日本国志. 上海：上海古籍出版社，2001：46.
[2] 梁启超. 各国宪法异同论//梁启超全集. 北京：北京出版社，1999：318.

次正式提出"宪政"这个概念。

"法系"一词，几乎也可以说是源出于梁启超。从源头上说，"法系"是日本学者穗积陈重于19世纪晚期创造的概念。1903年，一个署名"攻法子"的中国留日学生，在日本发表了一篇关于法系的文章。① 但是，"攻法子"何许人也？笔者多方查找，仍不得而知；"攻法子"的学术影响，当然更是无人谈起。正是因为"攻法子"的湮没不彰，汉语法学界在追溯汉语世界中的"法系"一词时，一般都回溯至梁启超，把梁启超作为中国法学中"法系"一词的奠基人。② 因为，早在1904年的《中国法理学发达史论》的开篇，梁启超就写道："近世法学者称世界四法系，而吾国与居一焉。其余诸法系，或发生虽于我，而久已中绝；或今方盛行，而导源甚近。然则我之法系，其最足以自豪于世界也。"③ 同样是在1904年的《论中国成文法编制之沿革得失》中，梁启超又反复提及"法系"。譬如说，中国的法律"其所以能占四大法系之一，而烂然有声于世界者，盖有由也"④，等等。这两篇影响广泛的论文发表之后，引发了中国法学界经久不息的回响。历代学者围绕着"法系"一词，展开

---

① 攻法子. 世界五大法系比较论. 政法学报, 1903, 3 (2). 发表该文的《政法学报》, 可以略加说明。最初，《政法学报》名为《译书汇编》, 创刊于1900年12月6日, 由留学日本法政等学科的戢翼翚、雷奋、杨荫杭、杨廷栋、金邦屏、章宗祥、曹汝霖、钱承志、吴振麟等人, 共襄其事, 在日本东京出版发行, 1903年更名《政法学报》, 1904年即告停刊。程燎原. 中国近代法政杂志的兴盛与宏旨. 政法论坛, 2006 (4)."攻法子"似为笔名, 其真实姓名, 不得而知。有论者考证,"攻法子"可能是"钱承志、吴振麟、章宗祥、王鸿年"四人中的某一位。赖骏楠. 建构中华法系: 学说、民族主义与话语实践 (1900—1949)//北大法律评论: 第9卷第2辑. 北京: 北京大学出版社, 2008: 426.
② 俞荣根, 龙大轩. 中华法系学述论. 法治论丛, 2005 (4).
③ 梁启超. 中国法理学发达史论//梁启超全集. 北京: 北京出版社, 1999: 1254.
④ 梁启超. 论中国成文法编制之沿革得失//梁启超全集. 北京: 北京出版社, 1999: 1283.

了持续不断的研究。举其要者，马存坤1930年发表的《建树新中华法系》、陈顾远1933年出版的《中国法制史》以及1936年发表的《儒家法系与中国固有法系之关系》、居正1944年发表的《中法法系之重新建立》，尤其是，杨鸿烈的法律史研究三部曲《中国法律发达史》《中国法律思想史》《中国法律对东亚诸国之影响》，都继承了梁启超的法系概念。至今，"法系"依然是一个普遍适用于法理学、法史学、比较法学以及各部门法学的重要范畴。

此外，中国现代法学中的"法治主义"，几乎也是梁启超根据传统法家著作推陈出新，提炼出来的法学范畴。其中，"法治主义，为今日救时唯一之主义"[1]，堪称梁启超创造的法学名言。还有，西方法学中具有深厚底蕴的"自然法"概念，据俞荣根考证，也是梁启超率先用来解释中国古代法学理论的[2]，对此，前文已有交代，这里不再重复。

（三）为中国现代法学培养了学术人才

前文提到的法学家杨鸿烈，已被视为"中国法律思想史学的奠基人"[3]，在中国现代法学史上一直享有盛誉。杨鸿烈是梁启超的嫡传弟子，堪称梁启超法学衣钵的继承人。

据杨鸿烈自己回忆："我是梁氏晚年的门生，从一九一九年（民国八年）到一九二八年（民国十七年），即梁氏四十七岁到五十六岁这一段时间，过从较密切。我当时由昆明考取北京高等师范学校（后升格为师范大学）的史地部，又转入英语部，

---

[1] 梁启超. 中国法理学发达史论//梁启超全集. 北京：北京出版社，1999：1255.

[2] 俞荣根. 儒家法思想通论. 南宁：广西人民出版社，1992：41.

[3] 刘广安. 杨鸿烈与中国法律思想史学. 法学家，1994 (3).

课余在北京《晨报副刊》发表了一些响应梁氏的'整理国故'号召的文章。当时梁氏住在清华学校，每周从星期一到星期五都在清华，星期六到星期天才来北京城内，寓北海快雪堂，我谒见的机会较多，便成为私淑弟子。我考入清华国学研究院后，成为他的正式学生。毕业后，承梁氏推荐到天津南开大学教书，有暇即到梁氏住宅请益，并借阅藏书"①。这段颇有现场感的文字，交代了杨鸿烈多年受教于梁启超的经历。

杨鸿烈的代表作《中国法律发达史》之初稿，就是在梁启超指导下的毕业论文。据吴其昌的《清华学校研究院同学录》，"杨君鸿烈字宪武"，"所著中国法律史盈一箱，任公师许为必传之名著，其幼时所译著史地新论则传世已久"②。限于当时的具体条件，梁启超没有机会招收、培养大批的法学专业人才，但是，培养了杨鸿烈这样的法学传人，就已经体现了中国现代法学在第一代与第二代之间的薪火相传。正如范忠信、何鹏所言："中国法律思想史学科，在过去近百年历史里，我们不能不注意两位学术家的贡献。一位是学科的开创者梁启超先生，一位是学科体系的奠定者杨鸿烈先生。"③

（四）为中国现代法学提供了持续的发展动力

梁启超对中国现代法学的贡献还体现在，为中国现代法学的发展提供了持续的动力。梁启超的新法学就像一根激活学术、激活思维的马刺，在中国现代法学的演进历程中，总是能够产

---

① 杨鸿烈. 回忆梁启超先生//夏晓虹. 追忆梁启超. 北京：生活·读书·新知三联书店，2009：235.
② 吴其昌. 清华学校研究院同学录//夏晓虹，吴令华. 清华同学与学术薪传. 北京：生活·读书·新知三联书店，2009：457.
③ 范忠信，何鹏. 杨鸿烈及其对法律史学科的贡献//夏晓虹. 追忆梁启超. 北京：生活·读书·新知三联书店，2009：76.

生持续不断的促进作用。

在20世纪上半叶,陈顾远的《中国婚姻史》,就是梁启超的新法学启示下的产物。正如陈顾远在《中国婚姻史》一书"序"中所言:"此作共分六章,曰婚姻范围,曰婚姻人数,曰婚姻方法,曰婚姻成立,曰婚姻效力,曰婚姻消灭;系本梁任公纵断为史之法,与前作《中国法制史》同其体例。"[1] 瞿同祖的《中国法律与中国社会》,一直享有很高的学术声誉,但是,仔细查看此书,梁启超关于中国传统法律的论述得到了反复的引证。[2] 在20世纪下半叶,俞荣根概括地指出:"梁启超是法治主义的最早宣传者和鼓吹者。由于他是上个世纪末变法运动的领导人之一,本世纪初'言论界之骄子',整整一个时代的思想导师,因此,他的法治观一时左右着舆论,并且久久地影响着学术界。"[3] 在晚近,立足于梁启超的法学研究一直比较活跃,譬如,针对"法之不行,自上犯之"这一法治难题,程燎原就发掘出一个"梁启超方案"来予以解决[4],等等。这样一些学术个案,挂一漏万地反映了梁启超的新法学所蕴含的历久弥新的思想影响力、学术牵引力。

此外,还有必要指出的是,梁启超的法学论著在海外也引起了一定的讨论。譬如,早在1927年,俄罗斯思想家科耶夫就专门著文批判梁启超在《先秦政治思想史》中关于法家思想的论述。科耶夫认为,梁启超以法家思想比附西方的法治思想,是不恰当的;科耶夫自己的观点是,儒家思想与法家思想的关

---

[1] 陈顾远. 中国婚姻史. 北京:商务印书馆,2014:序,1.
[2] 瞿同祖. 中国法律与中国社会. 北京:中华书局,1981:199,205,278.
[3] 俞荣根. 论梁启超的法治思想:兼论梁氏对传统法文化的转化创新. 孔子研究,1996 (1).
[4] 程燎原. 法治必以立宪政体盾其后:从"商鞅难题"到"梁启超方案". 南京工业大学学报,2014 (2).

系，不过是理论哲学与实践政治学的关系。①

六、结论：梁启超是中国现代法学的主要奠基人

基于以上分析，笔者的结论是，中国现代法学的主要奠基人是梁启超。在梁启超阐述其新法学之前，严格意义上的中国现代法学虽有胚芽，但尚未正式萌生。从梁启超提出"法学"一词、倡导讲求"法律之学"的1896年开始，中国现代法学开启了它的演进、发展的现代历程。梁启超在法学领域内的众多著述，特别是他对"西人法律之学""吾圣人法律之学"的创造性发明，实为中国现代法学演进历程的第一环，也是中国现代法学史的"第一章"②。因为，在相当程度上，中国现代法学就是从梁启超开始的。对梁启超及其新法学的认知，就是对中国现代法学之起点、源头的认知。

虽然与梁启超同时代的其他法学家，以及梁启超之后的各代法学家，都对中国现代法学的兴起做出了各自的贡献，但是，如果我们一定要指出一个法学家，宣称这个法学家比其他法学

---

① 科耶夫的论文是《评梁启超〈先秦法的概念与法家理论〉》，原文笔者未找到。因此，此处引述的科耶夫的观点都是间接转引自肖琦. 科耶克与中国. 华东师范大学学报，2013（5）. 值得注意的是，在海外，关于梁启超的研究虽然很多，譬如，列文森. 梁启超与中国近代思想. 刘伟，刘丽，姜铁军，译. 成都：四川人民出版社，1986. 张灏. 梁启超与中国思想的过渡（1980—1907）. 崔志海，等，译. 南京：江苏人民出版社，1997 等，但是，这些著作侧重于讨论梁启超的一般思想，几乎不涉及梁启超在法学领域内的贡献。

② 顺便指出，"第一章"一说，本是梁启超用以评价乃师康有为之语。在《公祭康南海先生文》中，梁启超写道："后有作新中国史者终不得不以戊戌为第一章。"（梁启超全集. 北京：北京出版社，1999：5214.）今以梁启超之言，评梁启超本人：后有作中国现代法学史者不得不以梁启超为第一章。

家更多地促成了中国现代法学的兴起,那么,这个法学家就是梁启超。最后,不妨借用陈寅恪评价王国维的名言,来评价梁启超对中国现代法学的贡献:梁启超的法学著述,或有时而不彰。梁启超的法律学说,或有时而可商。惟此开拓之精神,创新之思想,历千万祀,与天壤而同久,共三光而永光。①

(原载《政法论坛》2016 年第 4 期)

---

① 陈寅恪为海宁王静安先生纪念碑撰写的碑文,原文是:"先生之著述,或有时而不彰。先生之学说,或有时而可商。惟此独立之精神,自由之思想,历千万祀,与天壤而同久,共三光而永光。"陈寅恪. 清华大学王观堂先生纪念碑铭//陈寅恪集·金明馆丛稿二编. 北京:生活·读书·新知三联书店,2001:246.

第二章　中国现代法理学的先声：梁启超的权利义务理论

一、问题的提出与界定

在当代中国的主流法理学中，权利与义务占据了基石性的地位。主要原因在于：一方面，"法是以权利和义务为机制调整人的行为和社会关系的，权利和义务贯穿于法律现象逻辑联系的各个环节、法的一切部门和法律运行的全过程"①。这就是说，法律本身是由权利和义务来定义、来支撑的。另一方面，由于"权利和义务作为法学的基石范畴揭示了法律现象的核心和实质"②，因

---

① 张文显. 法理学. 北京：法律出版社，2007：159.
② 张文显. 论法学的范畴意识、范畴体系和基石范畴. 法学研究，1991(3).

而有必要"以权利和义务范畴重构法学理论"①。这就是说，法学理论也是由权利和义务来定义、来支撑的。既然法律和法学都是由权利、义务来定义的，都是由权利和义务这一对基石范畴支撑起来的，那么，把当代中国的主流法理学称为"权利义务法理学"②，似乎并不为过，至少也是一种有依据的概括与归纳。

顾名思义，权利义务法理学的核心就是权利义务理论。自20世纪以来，尤其是20世纪80年代末期以来，关于权利义务理论的研究与再研究，构成了中国法理学的焦点、热点，由此积累起来的学术文献，数量也较为庞大。检索中国国家图书馆的汉语书目，可以发现，书名中包含了"权利义务"的专著，最早的一部是正中书局1946年出版的章若渊的《人民之权利义务》。此后，论述权利义务的著作持续不断地出版，截至2013年，书名中包含"权利义务"的专著共计140部。除此之外，还有一些法学著作，譬如张文显的《法哲学基本范畴研究》、张恒山的《法理要论》、谢晖的《法学范畴的矛盾辨思》等，虽然在书名中没有"权利义务"的字样，但它们都对权利义务进行了专门的论述。在"中国知网"上检索以权利义务为主题的文献，能够找到7 000篇以上；即使是单看其中的"法理、法史"论文，也在600篇左右。这些粗略的数据足以说明，关于权利义务的理论研究，确实受到了广泛的关注。中国现代法理学在一定程度上就是以权利义务作为轴心展开的。可见，在某种意义上，中国现代法理学可以缩减为权利义务法理学，或者说，权利义务法理学占据了中国现代法理学的核心地带。

在既有的学术文献中，特别是查阅其中的代表性著作，可

---

① 张光博，张文显. 以权利和义务范畴重构法学理论. 求是，1989（10）.
② 童之伟. 权利义务法理学方法论缺陷剖析. 法学评论，1998（6）.

以看到，关于权利义务的论述虽然繁多，但是，从学术思想史的层面上，研究权利义务理论的由来，对权利义务理论进行追根溯源式的探究，遭到了相当程度的忽视。在众多的相关文献中，关于权利本身的思想史、学术史考察确实不少[①]，但是，关于权利义务理论的学术思想史考察较为少见，也极为单薄。[②] 有鉴于此，我们可以提出一个基础性的问题：作为现代法理学之轴心的权利义务理论，在近代中国是如何产生的？在这里，我们不是要追问权利这个特定概念的由来，而是要追问当今流行的权利义务理论的由来。

在研究这个问题的过程中，笔者反复梳理相关文献，在比较、对照的基础上，进而注意到，梁启超对于中国权利义务理论的产生，做出了开创性、奠基性的贡献。梁启超在 19 世纪末 20 世纪初关于权利义务的理论建构，构成了中国权利义务理论的源头，同时也构成了中国现代法理学的先声。因此，笔者拟在"权利义务研究""近代思想研究""梁启超研究"这几个学术领域的交叉地带，提炼出一个学术主题：梁启超对中国权利义务理论做出的贡献，以之描绘中国现代法理学的先声。

为了阐明这个交叉性的学术主题，本章的基本思路与叙述框架是：首先，在汉语背景下，论述梁启超之前的权利观念、义务观念，以说明梁启超权利义务理论的前提与基础，同时也可以说明，梁启超是在一个什么样的汉语背景下阐述其权利义务理论的。在此基础上，再讨论梁启超理解的权利概念、义务概念，进而系统地论述梁启超关于权利义务的基本思想与基本

---

① 譬如，夏勇. 人权概念起源. 北京：中国政法大学出版社，1992. 刘广京. 晚清人权论初探：兼论基督教思想之影响//夏勇. 公法：第 1 卷. 北京：法律出版社，1999：23-40. 赵明. 近代中国的自由权利观. 济南：山东人民出版社，2003.

② 个别的例外情形有：姜昱子，孔祥艳. 戊戌维新时期权利义务思想述评. 学术交流，2007（10）.

理论。接下来，简述梁启超之后的权利义务理论，以说明梁启超的权利义务理论对于后世的影响。最后是一个简略的结语，以概括梁启超对于中国现代法理学的贡献，以及他的权利义务理论的局限。

二、梁启超之前的权利义务观念

在汉语世界中，权利与义务，无论是作为现代意义上的法学概念，还是作为传统中国固有的文化概念，都不是梁启超首创的。在梁启超之前，权利与义务作为汉语概念，都已经产生；只是，权利概念与义务概念是分别产生的，权利义务理论也还没有形成。

先看梁启超之前的权利概念。在中国固有的传统文献中，权利一词可谓源远流长。譬如，《荀子·君道》称："接之以声色、权利、忿怒、患险，而观其能无离守也。"《荀子·劝学》称："是故权利不能倾也，群众不能移也，天下不能荡也，生乎由是，死乎由是，夫是之谓德操。"《荀子》中反复出现的"权利"包含了两种成分：权势与货财，相当于今日所说的权力与金钱。在《史记》中，权利一词亦多次出现，譬如："家累数千万，食客日数十百人。陂池田园，宗族宾客为权利，横于颍川。"[①] 这里的"权利"，与《荀子》中的"权利"一样，也是指权势、货财。在《盐铁论》一书中，"权利"一词同样反复使用，据今人王利器分析，它同样"是权势、利益的意思"[②]。不

---

① 司马迁. 史记. 长沙：岳麓书社，1988：772.
② 王利器. 盐铁论校注：上册. 北京：中华书局，1992：69.

第二章　中国现代法理学的先声：梁启超的权利义务理论

过，传统中国的"权利"一词还有另一种用法。譬如，《商君书·算地》称："夫民之情，朴则生劳而易力，穷则生知而权利。易力则轻死而乐用，权利则畏罚而易苦。"这里的"权利"，就不是一个名词，而是一个动宾结构，是指"权衡利害"。概而言之，在传统中国的固有文献中，"权利"一词是常见的，但"权利"的含义有两种解说：有时指"权势与货材"，有时指"权衡利害"。这就是传统中国固有的权利概念，这样的权利概念与中国现代法理学中的权利概念有微弱的关联，但具有本质的区别（详见后文）。

在汉语文献中，现代法理学意义上的权利概念的"始作俑者"，是美国传教士丁韪良（William Alexander Parsons Martin）。1864年，丁韪良在他的中国同事的帮助下[①]，将美国学者亨利·惠顿（Henry Wheaton）的 *Elements of International Law* 汉译为《万国公法》并予以出版。这部汉译法学著作不仅创造了中国现代法学上的一系列新概念，譬如"公法""主权""民权"等，还创造了中国现代法理学中的"权利"概念。譬如，"国使之权利，分为二种：或本于天性，而不可犯；或本于常例，而随可改者"[②]。根据金观涛、刘青峰的检索，在《万国公法》的汉译本中，权利一词总共出现了81次，其含义全部是法律性的。[③] 可以说，1864年翻译出版的《万国公法》是现代法理学中的权利概念在近现代中国的肇始。

由于当时的中国人还不能完全理解这种含义新颖的"权利"概念，丁韪良又在其1877年翻译的《公法便览》一书的"凡

[①] 丁韪良的中国同事包括"江宁何师孟、通州李大文、大兴张炜、定海曹景荣"。惠顿. 万国公法. 丁韪良，译. 北京：中国政法大学出版社，2002：凡例，1.
[②] 惠顿. 万国公法. 丁韪良，译. 北京：中国政法大学出版社，2002：10.
[③] 金观涛，刘青峰. 观念史研究：中国现代重要政治术语的形成. 北京：法律出版社，2010：113.

例"中，对权利一词予以解释。他说："公法既别为一科，则应有专用之字样。故原文内偶有汉文所难达之意，因之用字往往似觉勉强。即如一'权'字，书中不独指有司所操之权，亦指凡人理所应得之分。有时增一'利'字，如谓庶人本有之权利，云云。此等字句，初见多不入目，屡见方知为不得已而用之。"①

丁韪良在《万国公法》中反复运用，又借《公法便览》之"凡例"进一步解释的"权利"概念，与传统中国固有的"权利"相比，已经发生了实质性的改变——借用丁韪良的说法，如果说"权"既可以指国家机构的"权力"，也可指凡人理所应得之分，那么，在"权"后增加一个"利"字而形成的"权利"，就是凡人、庶人、个人理所应得之分。而且，"理所应得"，还为"所得"赋予了某种道义上的理据或正当性的依据。按照这种理据，权利是指每个"庶人本有之权利"——这种关于权利的同义反复式的解释，已经表达了现代法理学意义上的权利概念。

如果说，在汉语文献中，丁韪良主译的《万国公法》是对现代法理学意义上的权利一词的最先运用，那么，最早在现代法理学意义上使用权利一词的中国人，很可能是郑观应。郑观应在1875年的《公法》一文中指出："夫各国之权利，无论为君主，为民主，为君民共主，皆其所自有，而他人不得夺之，以性法中决无可以夺人与甘夺于人之理也。"② 此后，薛福成在1892年指出："西人辄谓中国公法外之国，公法内应享之权利，阙然无与。③"康有为也曾在1897年指出："所谓宪法权利，即

---

① 丁韪良，译. 公法便览. 同文馆，清光绪三年（1877年）：凡例，2.
② 夏东元. 郑观应集：上册. 上海：上海人民出版社，1982：175.
③ 薛福成. 论中国在公法外之害//丁凤麟，王欣之. 薛福成选集. 上海：上海人民出版社，1987：415.

《春秋》所谓名分也,盖治也,而几于道矣。"① 康有为在此把权利理解为名分,似乎偏离了 right 意义上的权利。紧接着,严复在 1898 年汉译的《天演论》中,把 right 译为权利。譬如:"天行无过,任物竞天择之事,则世将自至于太平。其道在人人自由,而无强以损己为群之公职,立为应有权利之说以饰其自营为己之深私。"② 不过,在严复于 1902 年写给梁启超的信中,他又不愿以"权利"来译 right。他说:"惟独 right 一字,仆前三年,始读西国政理诸书时,即苦此字无译,强译'权利'二字,是以霸译王,于理想为害不细。"严复认为,权利属"霸",不具正当性;right 属"王",值得追求,因而,right 的正确汉译是"直","以直字翻 right 尤为铁案不可动也"③。

以上所述,就是梁启超之前的权利观念。接下来,再看梁启超之前的义务观念。大致说来,在传统中国,既然没有现代法理学意义上的权利概念,当然也就没有与权利相关联、相对应的义务概念。

在传统中国,与"义务"有一些联系的概念是"义",而且,"义"还是一个重要的、具有正面价值的核心概念。譬如,《礼记·礼运》称:"父慈、子孝、兄良、弟弟、夫义、妇听、长惠、幼顺、君仁、臣忠十者,谓之人义。"《礼记》列举的十种"人义",其实已经隐含着现代法理学意义上的"义务"。因为,"父慈、子孝"的实际指向就是"父应当慈,子应当孝"。按照古代中国的语境,"父慈"是一种"义",但是,以现代法理来解释,"慈"也可以理解为"父"的一种义务。"不义"是一个否定性的道德判断,但"不义"也隐含了"不履行义务"

---

① 康有为. 日本书目志//康有为全集:第 3 集. 北京:中国人民大学出版社,2007:357.
② 赫胥黎. 天演论. 严复,译. 北京:北京理工大学出版社,2010:97.
③ 严复. 与梁启超书//严复集:第 3 册. 北京:中华书局,1986:519.

或"背离义务准则"的含义。这就是"义"与义务的关联性。

但是,从根本上说,传统中国的"义",还是不能等同于现代法理学意义上的义务的。因为,在传统中国,跟"义"相对应、相纠缠的并不是现代法理学意义上的权利,而是"利"。按照孔子的划分,"君子喻于义,小人喻于利"①。孔子的这句名言,开启了传统中国的一个核心命题:"义利之辨。"② 按照传统中国人熟知的"义利之辨","义"在道德上是积极而正面的,但与之相对应的"利"在道德上是消极而负面的。可见,"义"隐含着"义务",但"义"绝不能等同于现代法理学意义上的"义务"。

在中国古代文献中,笔者没有找到"义务"一词。③ 有学者注意到,汉末作家、"建安七子"之一的徐干在《中论·贵验》篇中有一个论断:"言朋友之义务在切真以升于善道也",并认为,这就是中国古代文献中关于义务一词的表述。④ 在笔者看来,这样的观点值得商榷。在徐干的这句话中,"义"与"务"确实是连在一起的。但是,由于古典文献没有现代标点,按照现代法理学的理路,把徐干的话读作"言朋友之义务,在切真以升于善道也",似乎也是可以的。不过,根据古人的表达习惯,更恰当的断句方式也许应当是:"言朋友之义,务在切真以升于善道也。"换言之,徐干在此所言,还是古老的"义",而不是现代的"义务"。因此,如果要说徐干在此写下了"义

---

① 《论语·里仁》。
② 关于"义利之辨",可参见梁治平. 寻求自然秩序中的和谐——中国传统法律文化研究. 北京:中国政法大学出版社,1997:159.
③ 按照"说有易,说无难"的学术规则〔王之正. 说有易,说无难. 文学遗产,2009(1)〕,笔者不敢说传统中国典籍中没有"义务"一词,因为笔者的视野极为有限,只能说没有找到"义务"一词。
④ 徐显明. 公民权利和义务通论. 北京:群众出版社,1991:15. 张恒山. 法理要论. 北京:北京大学出版社,2002:307.

务"一词,很大程度上恐怕只是一种偶然的巧合,很可能不符合徐干的本意。

中国人笔下的义务一词,很可能是迟至1887年才出现的。根据金观涛、刘青峰的检索,关于义务一词,"1887年,黄遵宪在《日本国志》中用过两次,也是1895年之前中国人使用仅有的两次。另1874年,《筹办夷务始末》中有两例,是日本大使的来函。在1900年之前,'义务'使用过将近70次,且大多是在1899年"①。

根据金观涛、刘青峰的提示,笔者查阅了《筹办夷务始末》(同治朝),进而发现,有一个名叫柳原前光的日本使节,在1874年(同治十三年)给清政府写过一封信函,信中写道:"兹闻清国以生番为属地,言论不置。然此义务,既誓我民,爰发我师,为天下所共知,事在必行,刻不可忽。"② 这里的"义务"一词,是笔者所见到的汉语文献中最早出现的"义务"。

再看初版于1887年的《日本国志》。在此书的"刑法志"中,黄遵宪分别针对日本的刑事诉讼法与刑法,使用了"义务"一词,不是金观涛、刘青峰所说的两次,而是五次。其中,在"证人讯问"一节,黄遵宪写道:"为证人者瓣白事情,不令犯人漏法网,与无罪者陷冤枉,不翅为民生公权,亦为众庶义务,故不行义务者得罚之。"③ 在这句话中,"义务"一词凡两见。稍后,他又说:"证人得随即要求投案路费与日给费用,谓日人证佐虽属民生义务,若其费用非可自负,故得要求。"④ 这是

---

① 金观涛,刘青峰. 观念史研究:中国现代重要政治术语的形成. 北京:法律出版社,2010:135.
② 日本柳原前光来函(同治十三年七月)//中华书局编辑部筹办夷务始末(同治朝·第十册). 北京:中华书局,2008:3872.
③ 黄遵宪. 日本国志. 上海:上海古籍出版社,2001:290.
④ 同③291.

"义务"一词的第三次出现。在"伪造官文书罪"一节中,黄遵宪称:"伪造、卖买、借贷、赠遗、交换及关于义务权利诸文契,或增减变换而行使者,处四月以上、四年以下重禁锢。"① 在"毁坏家屋物品及害动植物之罪"一节中,黄遵宪又告诉我们:"凡有关于权利义务证书类,谓如官吏之位记、军人之赏牌、医生之执照、商人之准牌之类,或关于名誉,或关于生业,是皆经官允许者。"② 黄遵宪笔下的这些"义务",可能是在日本使节柳原前光之后,中国人最早使用的现代意义上的"义务"。当然,黄遵宪在《日本国志》中使用的"义务",主要是对日本刑法文本的翻译式使用,还不是对于义务一词的理论阐释。

以上所述,大致可以反映梁启超之前的权利义务观念。归纳起来,在梁启超之前,汉语世界中的权利义务观念大致呈现出以下几个特点。第一,现代法理学意义上的权利概念、义务概念都已经出现,都已经运用于汉语文献中。第二,权利与义务通常是分别表述的,权利与义务还没有联合起来,还没有成为一对相互关联的、不可分的法学理论范畴(除了黄遵宪的个别针对日本法律条文的翻译性质的连用),这就意味着,在学术理论的层面上,权利与义务基本上还是彼此孤立的概念。第三,就产生、成熟的过程来看,权利概念早生、早熟,义务概念晚生,甚至还没有成熟,至少还没有在学术理论层面上得到有效的阐释。更具体地说,在1898年之前,现代法理学意义上的权利概念已经在较为广泛地使用,但权利的含义还没有定型,有时指"名分",有时也指"权势与货财"。相比之下,中国现代法理学意义上的义务概念仅见于黄遵宪的《日本国志》以及日本使节的来函。在汉语世界中,这就是梁启超在阐述其权利义

---

① 黄遵宪. 日本国志. 上海:上海古籍出版社,2001:320.
② 同①330.

务理论之际的学术思想背景。

三、梁启超的权利概念与义务概念

如前所述，在中国古代的思想观念体系中，没有找到义务概念，当然更没有一个整体性的权利义务理论。在这样的背景下，要理解梁启超的权利义务理论，有必要先厘清梁启超对于权利与义务这两个概念的认知。

先看梁启超理解的权利。大致说来，在19世纪末20世纪初的两三年里，梁启超反复表达了自己对于权利概念的认知。归纳起来，梁启超理解的权利概念大致包括以下几点意涵。

（一）权利是人的条件

在1900年的《十种德性相反相成义》一文中，梁启超已经强调了权利的这种特质："凡人之所以为人者有二大要件：一曰生命，二曰权利，二者缺一，时乃非人。"[①] 这就是说，生命与权利构成了人的两个要件。在这两个要件中，如果说生命是人之为人的自然要件，那么权利就是人之为人的社会要件。生命标出了人之为人的自然属性，权利标出了人之为人的社会属性。

稍后，在1902年的《新民说·论权利思想》中，梁启超继续坚持己说，而且做出了进一步的发挥。他说："人之所以贵于万物者，则以其不徒有'形而下'之生存，而更有'形而上'

---

① 梁启超. 十种德性相反相成义//梁启超全集. 北京：北京出版社，1999：429.

之生存,形而上之生存,其条件不一端,而权利其最要也,故禽兽以保生命为对我独一无二之责任,而号称人类者,则以保生命保权利两者相倚,然后此责任乃完。苟不尔者,则忽丧其所以为人之资格者,而现禽兽立于同等之地位。罗马法视奴隶与禽兽等,于论理上诚得其当也。"① 换言之,人的"形而下"的生存,主要体现为生命,亦即前文所说的人之为人的自然要件。人的"形而上"的生存,则主要体现为权利,亦即人之为人的社会要件。因此,形而下的生命与形而上的权利,其实是对人的自然属性与社会属性的双重描述。

不过,梁启超的这种二元划分,主要目的并不在于分析人的双重属性,而是在于强调或突出人的权利对于人之为人的决定性意义。梁启超是想借此告诉我们,一个人倘若没有权利,即使他活着,也没有人的资格,只能等同于禽兽,或者等同于罗马法上的奴隶。

(二)权利思想测度人的品格

从精神境界的角度来看权利,权利不仅仅是人之为人的条件,而且,一个人是否具有权利意识,还是衡量其精神境界高低、人格品格高低的一把标尺。所谓权利意识,是指一个人对于权利的自觉性。在梁启超的笔下,是以"权利思想"来表达权利意识的。

梁启超认为,一个人倘若没有权利思想,可以说是"麻木不仁"。因此,一个人"权利思想之强弱,实为其人品格所关"。梁启超举出的例子是:"彼夫为臧获者,虽以穷卑极耻之事廷辱之,其受也泰然,若在高尚之武士,则虽掷头颅以抗雪其名誉,

---

① 梁启超. 论权利思想//梁启超全集. 北京:北京出版社,1999:671.

所不辞矣。"这两种人之间的差异在于：对于那些高尚的武士，"当其受侵受压受诬也，其精神上无形苦痛，直感觉不能自已"，这就是说，"受侵受压受诬"，本质上都是权利受到了侵害，但是，那些"误解权利之真相者，以为是不过于形骸上物质上之利益，斤斤计较焉"——梁启超认为，绝不能如此肤浅地理解权利。因为，维护权利绝不仅仅是维护物质利益，而是为了争人格，因而是一个道德行为，具有强烈的道义属性。譬如，有些维护权利的诉讼，原告事先就声明，胜诉获得的利益，全部用于慈善事业，"此等之诉讼，可谓道德上问题，而不可谓算学上之问题"。相反，"苟为算学上之问题，则必先持筹而计之，曰吾诉讼费之损所损，可以讼直之所得乎，能偿则为之，不能偿则已之。"这样的算计，"其目的在得物之利益，争权利则不然，其目的非在得物之利益也。故权利与利益，其性质正相反对。贪目前之苟安，计锱铢之小费者，其势必至视权利如弁毛。此正人格之高下垢净所由分也"①。

在这里，梁启超把权利置于利益的对立面，主旨在于突出权利的精神价值，同时也在于让传统中国的"权利"一词脱胎换骨，进而上升成为一个象征道义、象征价值的正面概念，因为传统中国的"权利"一词所指的权势与货材，在价值上是负面的，不具有正当性。

（三）权利源于斗争

这是关于权利起源的理论。关于权利起源，当代法学理论界已有相关的研究。② 梁启超把权利的起源归因于斗争。他认

---

① 梁启超. 论权利思想//梁启超全集. 北京：北京出版社，1999：672.
② 譬如，陈弘毅. 权利的起源：对几种文明的比较研究//夏勇. 公法：第1卷. 北京：法律出版社，1999：182.

为，在斗争中居于强势地位的一方，就可以获得权利。梁启超问："权利何以生？曰生于强。彼狮虎之对于群兽也。酋长国王之对百姓也。贵族之对平民也。男子之对女子也。天群之对小群也。雄国之对孱国也。皆常占优等绝对之权利，非狮虎酋长等之暴恶也。人人欲伸张己之权利而无所厌，天性然也。是故权利之为物，必有甲焉先放弃之，然后有乙焉能侵入之。"①

在这里，梁启超把强者相对于弱者的优势地位概括为权利，并予以正当化的论证。这样的权利观念，实际上是社会达尔文主义支配下的结果，是对弱肉强食之现实格局的承认。梁启超说："自由云者，平等云者，非如理想家所谓天生人而人人畀以自由平等之权利云也。……康南海昔为强学会序有云：天道无亲，常佑强者。至哉言乎！世界之中，只有强权，别无他力，强者常制弱者，实天演之第一大公例也。"② 在梁启超看来，物竞天择的进化论，可以解释权利的起源。

既然竞争或斗争产生权利，那么，在国内的政治法律生活中，国民就必须为自己的权利而争取立法权，这也是一种"争"。因此，"有权利思想者，必以争立法权为第一要义。凡一群之有法律，无论为良为恶，而皆由操立法权之人制定之以自护其权利者也。强于权利思想之国民，其法律必屡屡变更，而日进于善，盖其始由少数之人，出其强权以自利，其后由多数之人，复出其强权相抵制，而亦以自利。权利思想愈发达，则人人务为强者，强与强相遇，权与权相衡，于是平和善美之新法律乃成"③。斗争既产生权利，同时还可以促成美好的法律。

---

① 梁启超. 论权利思想//梁启超全集. 北京：北京出版社，1999：671.
② 梁启超. 论强权//梁启超全集. 北京：北京出版社，1999：353.
③ 同①674.

（四）权利促进国家利益

如果每个人都维护自己的权利，那么，国家利益也能得到很好的维护。从这个角度来看，权利思想亦是立国之思想。譬如，"英国人之游历欧洲大陆者，或偶遇旅馆舆夫，有无理之需索，辄毅然斥之，斥之不听，或争议不决者，往往宁延迟行期数日数旬，所耗旅费视所争之数增至十倍，亦所不恤焉。无识者莫不笑其大愚，而岂知此人所争之数喜林，实所以使堂堂英吉利国屹然独立于世界之要具也。盖权利思想之丰富，权利感情之敏锐，即英人所以立国之大原也"。只有能够维护自己权利的国民，才可能维护国家的权利。如果国民连自己的权利都不能维护，怎么能够指望他们有效地维护国家利益？在国家与国家之间的竞争中，如果"一方里被夺而不敢问者，则十里亦夺百里亦夺千里亦夺，其势不至以全国委于他们而不止也。而此避竞争贪安逸之主义，即使其国丧其所立国之原也"[①]。由此看来，维护权利还关系到国家的安危。

对于国家与权利的关系，梁启超打了一个比方："国家譬犹树也，权利思想譬犹根也，其根既拔，虽复干植崔嵬，华叶蓊郁，而必归于槁亡，遇疾风横雨，则摧落更速焉。"如果说权利是国家兴旺的根源，那么，"为政治家者，以勿摧压权利思想为第一义，为教育家者，以养成权利思想为第一义。为一私人者，无论士焉农焉工焉商焉男焉女焉，各以自坚持权利思想为第一义。国民不能得权利于政府者，则争之，政府见国民之争权利也，则让之"。国民应当争取自己的权利，政府应当以维护、保障国民权利为宗旨。"历觉东西古今亡国之史乘，其始非无一二

[①] 梁启超. 论权利思想//梁启超全集. 北京：北京出版社，1999：672.

抵抗暴制以求自由者，一锄之，三四锄之，渐萎废，渐衰颓，渐销铄，久之而猛烈沈酿之权利思想，愈制而愈顺，愈冲而愈淡，乃至回复之望绝，而受羁受轭，以为固然。积之数十年数百年，每下愈况，而常至澌亡。"① 概而言之，国家的衰亡，是因为权利的熄灭。

  以上就是梁启超理解的权利。从源头上看，梁启超对权利的认知，受到了多个方面的思想资源的影响。首先是道家学派，特别是杨朱的影响。如前所述，中国固有的权利一词，意指权势、货材，在传统中国编织起来的价值体系、意义体系中，不具有正面意义。为了让权利一词正当化，梁启超依据杨朱的"贵己"观念，对权利一词进行创造性的转换。早在1900年的《十种德性相反相成义》一文中，梁启超就说："天下之道德法律，未有不自利己而立者也。"可见，法律因自利而产生，权利也因自利而产生；倘若"人而无利己之思想者，则必放弃其权利，弛掷其责任，而终至于无以自立"，因此，应当"以人人不拔一毫之心，以自利者利天下"②。在1902年的《新民说·论权利思想》中，梁启超再次引用杨朱的名言"人人不损一毫，人人不利天下，天下治矣"③，并对其进行了新的阐释："其所谓人人不利天下，固公德之蟊贼，其所谓人人不损一毫，抑亦权利之保障也。"每个人维护自己的利益，就是在保障权利。"一部分之权利，合之即为全体之权利，一私人之权利思想，积之即为一国家之权利思想。故欲养成此思想，必自个人始，人人皆不肯损一毫，则亦谁复敢撄他人之锋损其一毫者。故曰天下治矣，非虚言也。虽然，杨朱非能解权利之真相者也，彼知

---

  ① 梁启超. 论权利思想//梁启超全集. 北京：北京出版社，1999：674-675.
  ② 梁启超. 十种德性相反相成义//梁启超全集. 北京：北京出版社，1999：431.
  ③ 《列子·杨朱》.

权利当保守而勿失,而不知权利以进取而始生,放佚也,娱乐也,任运也,厌世也,皆杀权利之刽子手也。而杨朱日昌言之,以是求权利,则何异饮鸩以祈永年也。"①

梁启超吸收了杨朱的思想,但同时又认为,按照杨朱之言,只能保守权利,并不能真正有效地维护权利;德国法学家耶林的"为权利而斗争"的思想,则补充了杨朱思想之不足。按照梁启超的自述,他的"论权利思想",其"要领大率取材伊氏之作,故述其崖成略如此"——此处所谓的"伊氏之作",梁启超译为《权利竞争论》,现在译为《为权利而斗争》。② 不过,无论是竞争还是斗争,都要求积极争取权利。耶林的这种"为权利而斗争"的思想,对梁启超的权利概念,产生了明显的形塑作用。由此可见,梁启超的权利概念,主要吸收了两种思想渊源:耶林的权利思想和杨朱的自利思想。当然,在这两种思想之外,物竞天择的进化论思想,也对梁启超理解的权利概念产生了较大的影响。

接下来,再看梁启超的义务概念。如上文所示,汉语文献中比较广泛地使用义务概念,主要是从 1899 年开始的。恰好,梁启超也是在 1899 年开始使用义务概念。这就是说,在黄遵宪之后,梁启超几乎可以说是最早使用义务概念的中国人之一。譬如,在 1899 年的《各国宪法异同论》一文中,梁启超对"义务"一词进行了初步的解释:"义务者,略如名分,职分之意。"③ 这里的"名分",其实也是一个比较含糊的概念;倒是"职分"一词,能够大致揭示出现代法理学中义务概念的基本意涵:你的职责、职位、职能是什么,你就应当做什么。在这里,

---

① 梁启超. 论权利思想//梁启超全集. 北京:北京出版社,1999:673.
② 耶林. 为权利而斗争. 胡宝海,译//梁慧星. 为权利而斗争:梁慧星先生主编之现代世界法学名著集. 北京:中国法制出版社,2000:1.
③ 梁启超. 各国宪法异同论//梁启超全集. 北京:北京出版社,1999:322.

透过梁启超对于义务一词的解释方式，亦可以注意到，在梁启超发表《各国宪法异同论》的1899年，义务概念确实还没有成熟，甚至还没有普遍而广泛地流行起来，否则，梁启超不会在文章中对义务一词做出如此解释。

在《新民说·论义务思想》中，梁启超集中阐述了他对义务概念的理解。他认为，中国人没有义务思想。不但国民没有义务思想，统治者也没有义务思想。对于国民来说，核心的义务是两项："曰纳租税也，曰服兵役也。"一方面，国家本身不可能产生财富，国民如果不纳税，则公共费用无从产生。另一方面，既然是一个国家，必然与其他国家相并列，国民如果不服兵役，则国防就没有保障。但是，"吾国民最畏此二事，若以得免之为大幸者，此最志行薄弱之征也。昔之颂君德者，皆以免减赋为第一仁政，若宋之改征兵为佣兵，本朝康熙间下永不加赋之计谕，皆民间所最讴歌而最感戴者也。而岂知兵由于佣者，则爱国心必不可得发现，而永不加赋者，苟欲为民事新有所兴作，费无所出，而善举亦不得不废也"。可见，中国人以不承担、不履行义务作为追求，甚至把减免义务称为仁政。正是鉴于中国人义务概念的淡薄，梁启超提出了新的义务概念："抑吾中国先哲之教，西人所指为义务教育者也，孝也，悌也，忠也，节也，岂有一焉非以义务相责备者，然则以比较的言之，中国人义务思想之发达，宜若视权利思想为远优焉。虽然，此又不完全之义务思想也，无权利之义务，犹无报偿之劳作也，其不完全一也。有私人对私人这义务，无个人对团体之义务，其不完全二也。吾今将论公义务。"①

由此可见，梁启超的义务概念，也是一个推陈出新的结果。所谓"推陈"，是把传统中国的"孝、悌、忠、节"等因素作为

---

① 梁启超. 论义务思想//梁启超全集. 北京：北京出版社，1999：708.

义务概念的雏形或"前世"。只是传统中国的"孝、悌、忠、节",并不是完整的义务概念,因为"孝、悌、忠、节"与权利无关。更重要的是,传统中国的"孝、悌、忠、节"即使包含了义务的某些成分,也主要是个体对于个体的义务,而不是个体对于群体的义务,所以是不完整的、未发育完全的义务。至于完整的义务概念,亦即所谓新的义务,应当具有两个特点。

其一,新的义务概念强调个体对于群体、团体的义务,这样的义务,可以称为"公义务"。"公义务"主要是个体对于国家的义务,譬如纳税的义务、服兵役的义务,等等。值得注意的是,梁启超强调的"公义务",其实具有深远的思想史背景。因为,在传统中国,有君父和王朝,有"家"和"天下",当然也有"家"与"天下"之间的作为过渡地带的"国",但是,传统中国并没有现代意义上的国家概念。而且,随着春秋战国时代的结束,随着郡县制取代分封制,"家"与"天下"日渐实体化,处于中间地带的"国"则日渐虚化。从汉至清,按照传统中国人的文化逻辑,历代皇帝其实并不是"国君",而是"天下之君",是天下的共主。因此,传统中国人的"忠"与"孝",主要是针对"父"与"君"的。在19世纪末、20世纪初期,随着天下体系转向万国体系[①],在这个过程中,"家"与"天下"都趋于虚化,居于中间环节的"国"又重新实体化,成为了人的群体化生存的主要载体。梁启超的"公义务",就是这种政治变迁的产物。

其二,新的义务概念必须建立起与权利概念的联系。这就是说,义务不是无报偿的劳作,义务与权利有关。那么,如何理解义务与权利的关系?从这里,恰好可以转入下一个问题:梁启超对于权利义务关系的理解。

[①] 葛兆光. 中国思想史:第2卷. 上海:复旦大学出版社,2001:328.

四、梁启超理解的权利义务关系

在 1899 年的《各国宪法异同论》中,梁启超已经开始把权利与义务合并在一起予以论述。在这篇论文的第六章中,在"臣民之权利及义务"的标题下,梁启超写道:"厘定臣民之权利及职分,皆各国宪法中之要端也。如言论著作自由,集会结社之自由,行为之自由,居住之自由,所有权利(如某物为我之所有,他人不能占夺者,谓之为所有权利),请愿权利(请愿者,如欲做某事,先请之于行政官或与此事有交涉之人是也)及其他重大之各权利,并纳税义务,兵役义务,及其他重大之各义务,皆须确定之。"①

在这段论述中,梁启超既对某些权利进行了解释,同时也强调个体的权利与义务,都应当是由宪法一并予以规定的内容。梁启超此时关于权利义务的论述,虽然是以比较"各国宪法异同"的名义展开的,主要是介绍与比较,但是,这些论述与当代中国宪法文本及法学理论中的内容具有相当大的同构性。譬如,中国现行宪法的第二章就叫"公民的基本权利和义务",具体内容也是在列举了公民的若干权利之后,列举了纳税、服兵役等方面的公民义务。在流行的法学著作中,同样是把公民的基本权利与基本义务并置在一起加以论述。②

梁启超从"各国宪法比较"的角度,把权利与义务一并讨论,以今天的学术眼光来看,可能只是一些常识。但在 1899

---

① 梁启超. 各国宪法异同论//梁启超全集. 北京:北京出版社,1999:322.
② 譬如,胡锦光,韩大元. 中国宪法. 北京:法律出版社,2007:167.

年，在义务概念几乎不为中国人普遍知悉、普遍使用的背景下，梁启超对于权利义务关系的阐述，就具有极大的开创意义了。事实上，同样是在 1899 年，梁启超还著有《爱国论》一文，此文从法理上论述了权利与义务的关系："盖当三代以前，君与民之相处，实如家人妇子焉，依于国家，而各有其所得之权利，故亦对于国家，而各有其应尽之义务。人人知此理，人人同此情，此爱国之心，所以团结而莫解也。"① 这番论述，强调了国家与个体之间的关系：个体"依于国家"而享有权利，个体也要对国家承担相应的义务。对于个体来说，既享受权利，也承担义务，权利与义务是相互关联的。这样的权利义务观，已经体现出现代法理学的基本旨趣。迁延至 1902 年，梁启超又在《新民说·论义务思想》中，对权利义务的关系进行了全面的发挥，其理论要点，可以归纳为以下四个方面。

（一）权利与义务的基本关系

如何理解权利与义务的基本关系呢？梁启超回答说："义务与权利对待者也，人人生而有应得之权利，即人人生而有应尽之义务，二者其适量相均。其在野蛮之世，彼有权利无义务有义务无权利之人，盖有焉矣。然此其不正者也，不正者固不可以久，苟世界渐趋于文明，则断无无权利之义务，亦断无无义务之权利。"②

这段话包含了权利义务关系的多个要点：首先，权利与义务不可分，有权利必有义务，有义务必有权利，权利与义务总是相互对应的，总是彼此依赖的。其次，权利与义务是等值的，

---

① 梁启超. 爱国论//梁启超全集. 北京：北京出版社，1999：272.
② 梁启超. 论义务思想//梁启超全集. 北京：北京出版社，1999：706.

所谓"适量相均",就是"数量等值"。一个人享有多少数值的权利,也应当承担同等数值的义务。无论是权利还是义务,都可以折算出某个数值。最后,如果一些人只享有权利或只承担义务,那就不是文明状态,而是野蛮状态;在一个文明的世界里,不允许权利与义务处于相互分离的状态。

(二)权利义务关系的理论依据

如前所述,梁启超的基本观点是权利义务不可分,如果权利义务分离了,有些人有权利却没有义务,另一些人有义务却没有权利,都属于野蛮世界中的权利义务状况。这种状况属于异化的权利义务状况,用梁启超的话来说,属于"不正"的权利义务状况。这种"不正"的权利义务状况是不能持久的。为什么不能持久?其间的道理可以用物竞天择的进化论来解释。

梁启超以进化论来分析权利义务关系的基本思路是:"权利何自起?起于胜而被择。胜何自起?起于竞而获优。优者何?亦其所尽之义务之分量,有以轶于常人耳。"[①] 按照这个逻辑,我们可以说,如果某个人比其他人履行了更多的义务,他付出了更多,他做得更多,那么,这个人相对于其他人,就处于某种优势地位,由于他占据了优势地位,这个人在与其他人的竞争中,就可以获得胜利,在竞争中胜利而获得的奖赏,就是获得权利。归根到底,某个人获得了较多的权利,是因为他履行了较多的义务;某个人获得的权利较少,是因为他履行了较少的义务。他履行了多少义务,就意味着他可以享受多少权利。根据这样的分析理路,可以得出的结论是:义务是权利的依据,义务导致了权利,权利源自义务。这个结论背后的理论依据,

---

[①] 梁启超. 论义务思想//梁启超全集. 北京:北京出版社,1999:707.

是以物竞天择为核心的进化论。

（三）权利义务关系理论的运用

权利与义务不可分，从逻辑顺序来看，从因果关系来看，权利还源于义务。这种立基于"义务先定"的权利义务关系理论[①]，可以用来解释传统中国的君主政治。梁启超解释说，君主享有的权利[②]，无论是否正当，在君主最初获得其权利的时候，必然是事先履行了不可替代的特别义务，然后才获得他的权利作为补偿。世袭君主的权利，当然不具备正当性。但是，从源头上看，君主的权利是怎样产生的？一种情况是，"民初为群，散漫柔弱，于是时也，有能富于膂力，为众人捍禽兽之患，挫外敌之暴者，乃从而君之"。这是因为某个人力量强大，能够保护众人免遭禽兽、外敌的伤害，所以在大家的拥戴下，他成为君主，获得了君主的权利。另一种情况是，"纪纲混乱，无所统一，于是时也，有能运其心思才力，为众人制法立度，调和其争者，乃从而君之"。这是因为某个人智力优越，能够为众人制定规则，协调矛盾，所以在大家的拥戴下，他成为君主，获得了君主的权利。诸如此类，不一而足。正是因为君主对于某个群体，履行了比别人更多的义务，所以君主的权利在产生之初，"不得谓之不正"[③]。

君主的权利变得不正当，失去了正当性，主要是指世袭产生的继任君主。因为，世袭的君主滥用君主权利，违背了"天

[①] 关于义务先定论，可参见张恒山. 义务先定论. 济南：山东人民出版社，1999：33.

[②] 按照现在的观念，权利与权力是有区别的，君主享有的是权力，而不是权利。但在这里，梁启超并不区分权力与权利。不过，讨论"君主的权利"，用以指代"君主的权力"，大致也是可以成立的。

[③] 梁启超. 论义务思想//梁启超全集. 北京：北京出版社，1999：707.

演大例，使竞争力不能遵常轨，然后一切权利义务，乃不相应，故专制政体之国，必束缚其民之心思才力于无可争之地"，君主有权利，但民众没有权利，民众被束缚，这是极其不正当的。不过，"天演固非可久抗者，譬诸水然，为堤以障之，固未尝不可使之改其常度，移时则或溢而出焉，或决而溃焉，而水之性，终必复旧。故夫权利义务，两端平等而相应者，其本性也。故近今欧美诸国所谓不正之权利义务，殆既绝迹。而此后之中国，亦岂能久抗焉？"① 概而言之，在梁启超看来，他那个时代的中国所呈现的权利与义务相分离的"不正"状况，是不可能持久的。有义务但没有权利，或有权利但没有义务的时代，一定会终结，这是物竞天择的必然结果。

还有一个迫切的现实问题：某外族夺取我们的国土，长期享受无义务的权利，这种现象又该如何解释呢？梁启超说，这种现象可以从两个方面来解释：其一，承袭了数千年君主权利的余荫，习惯使然。其二，是因为国民的义务思想太浅薄，让外族乘虚而入。"夫朝纲紊乱，从而正之者，国民之义务也。国中有乱，从而戡之者，国民之义务也，而皆不能焉，是举国中皆放弃其义务矣。自不能复有其权利，正天演之公例也。"② 由此可见，外族统治中国，固然是继承了不正当的君主权利的余绪，但更重要的是，国民放弃了自己的义务；国民既然放弃了自己的义务，当然不能享受相应的权利，这也是物竞天择的必然结果。

（四）反对无义务之权利

在权利与义务之间，梁启超主张强化国民的权利意识，但

---

① 梁启超. 论义务思想//梁启超全集. 北京：北京出版社，1999：707.
② 同①.

是，他更强调国民的义务观念。梁启超说，他以前写文章论证权利思想的迫切性，读者当然会很高兴，也会积极地应和他争取权利的呼吁。然而，"吾所谓权利思想者，盖深恨吾国数千年来有焉长拥此无义务之权利，而谋所以抗之也"。这就是说，梁启超倡导权利的核心旨趣，还不是简单地争取权利，而是要反对那些无义务的权利，"而误听吾言者，乃或欲自求彼无义务之权利，且率一国人而胥求无义务之权利，是何异磨砖以求镜，炊沙以求饭也"。梁启超提醒我们，在泰西诸国，人民履行某种义务，是因为他们知道，他们会获得与某种义务相对应的权利，所以泰西人民对于"国家之义务，不辞其重，而必要索相当之权利以为之偿"。与之不同的是，"中国人民对国家之权利不患其轻，而惟欲逃应尽之义务以求自逸，是何异顽劣之童，不服庭训，乃曰吾不求父母之养我，而但求父母之勿劳我也。夫无父母之养则不能自存，而既养则不能勿劳，此不可避免之数也。惟养且劳，然后吾与父母之关系日益切密，而相爱之心乃起。故权利义务两思想，实爱国心所由生也"。然而，"今之论者，每以中国人无权利思想为病，顾吾以为无权利思想者，乃其恶果，而无义务思想者，实其恶因也"。因此，如果"不急养义务思想，则虽日言权利思想，亦为不完全之权利思想而已"[①]。简而言之，权利思想应当由义务思想滋养而成；没有义务思想，亦不可能有健全而成熟的权利思想。

梁启超以父母与子女的关系来解释权利与义务，其实也是在用父母与子女的关系来解释国家与公民的关系。按照这种具有法律父爱主义倾向的权利义务理论，子女享有被父母养育的权利，同时承担对于父母的义务。如果子女不承担对父母的义务，那就是不服庭训的顽劣之童。梁启超认为，在传统中国，

---

① 梁启超. 论义务思想//梁启超全集. 北京：北京出版社，1999：707.

这种"顽劣之童"普遍存在：他们不担心权利太少，他们只想摆脱对于国家的种种义务。然而，如果公民宁愿放弃权利，也不愿履行对于国家的义务，那么，国家与公民之间的纽带就松弛了，爱国心无由产生，国家的凝聚力也会因此而弱化。只有强化公民的义务观念，强调公民向国家履行义务的同时，也向国家索取相应的权利，才是权利义务关系正常发展、良性循环的方向。因此，要反对无义务的权利。没有权利思想不行，但是只要权利不要义务更不行。

以上四个方面，大致反映了梁启超对于权利义务关系的认知。归纳起来，梁启超建构的权利义务理论具有以下特点。

首先，从理论本身来看，梁启超强调权利与义务的关联性、对应性、不可分，反对无权利的义务，更反对无义务的权利。梁启超通过把权利与义务糅合在一起，已经有效地把权利和义务建构成为一对法理学范畴。梁启超还从进化论的角度解释权利义务关系，主张义务先定，权利后生，权利源于义务，义务导致权利。

其次，从思想指向来看，梁启超的权利义务理论还有一个更加宏大的背景或指向，那就是"新民"。梁启超"极言新民为当务之急，其立论之根柢有二：一曰关于内治者，二曰关于外交者。"① 正是在新民的总体目标下，梁启超提出了他的权利义务理论。如果只看梁启超对于权利义务的强调，似乎带有个体本位的色彩。但是，梁启超以"新民"为当务之急，其实是以"内治外交"的改进作为目标，"新民"的目标还在于"新国"。这就为梁启超的"新民说"及其权利义务理论打上了某种国家主义的特色。对于梁启超权利义务理论的这种思想指向，日本学者狭间直树的观点也许可以聊备一格。他说："梁启超的阐述

---

① 梁启超. 新民说·叙论//梁启超全集. 北京：北京出版社，1999：655.

以个人为出发点，以国家之优位为归结。由于国家与新民并无矛盾，当他的国权和民权论从'国民'的观点展开时就倾向于民权主义，从'国家'的观点展开时就倾向于国家主义，可以说有两个轴心，正像椭圆有两个焦点一样。"①

最后，从思想渊源与学术背景来看，梁启超论述的权利义务理论，主要受到了日本19世纪末制定的几部新式法律的影响，同时也受到了日本生成的新式法学概念的影响。应当看到，梁启超的权利义务理论是在1899年开始萌生的。此时，正值梁启超在1898年"百日维新"失败后流亡日本的第二年。这就意味着，梁启超在阐述其权利义务理论之际，可资借鉴的学术思想资源，主要是19世纪末期日本新近形成的法律制度与法学观念。

就法律层面而言，明治维新时，渊源于罗马法的欧洲大陆法传入日本。"明治维新当时的客观情势是：为了废除治外法权，缔结平等条约，就必须引入欧洲的大陆法。所以，明治政府对欧洲的大陆法，无暇进行详细的研究和斟酌就匆匆忙忙地引进了德国的法律和拿破仑法典。"② 更具体地说，当时的"明治政府主要模仿德国和法国的法典，制定了六个基础法典。最早于1889年颁布了明治宪法，尔后在此基础上，从1890年至1898年先后颁布了几个法典。即民法、商法、刑法、民事诉讼法、刑事诉讼法"。在这几个法典中，"民法以私有财产为基础，规定了有关国民私有财产的权利和义务以及有关家庭的权利和义务"③。在更早颁布的明治宪法的第二章，已经规定了个体的

---

① 狭间直树.《新民说》略论//狭间直树. 梁启超·明治日本·西方：日本京都大学人文科学研究所共同研究报告. 北京：社会科学文献出版社，2012：78.
② 本田正义. 日本对外国法的继承和日本人共同的法律意识. 赵晓刚，译. 国外法学，1984（3）.
③ 川岛武宜. 现代化与法. 王志安，等译. 北京：中国政法大学出版社，1994：132.

权利与义务，譬如，第 20 条规定"日本臣民依法律规定有服兵役之义务"，第 21 条规定"日本臣民依法律规定有纳税之义务"。如前所述，梁启超主张个体的义务，主要就是服兵役与纳税，这与明治宪法关于臣民义务的规定是一致的。明治宪法在规定了两项主要义务之后，从第 22 条至第 30 条，都是关于个体权利的规定。明治宪法把臣民的义务与权利并置在一起，而且将义务置于权利之前，这样的格局，在梁启超的权利义务理论中，得到了直接的体现。由此，我们可以看到，梁启超流亡日本之时，恰好是在日本几部新式法典颁布之后。日本宪法、民法中规定的权利义务，构成了梁启超创获其权利义务理论的历史背景与思想渊源。而且，明治政府制定这些法律正是为了废除治外法权；在 19 世纪末 20 世纪初的中国，同样面临着摆脱半殖民地困境、缔结平等条约的现实需要。中日之间相似的现实需要，促使梁启超把日本宪法、民法中的权利义务规定抽离出来，作为建构其权利义务理论以及"新民说"的依据。

就法学层面而言，梁启超的权利义务理论，同样是在日本当时的法学语境下生成的。根据日本学者川岛武宜的研究，在日本，"'权利'一词本来并非德川时代以来的固有日语。据说，幕府末期的荷兰学者在翻译相当于今天的'权利'一词的荷兰语'regt'时，苦于找不到对应的日语。而到了明治时期，该词时而被译作'权理'，时而又被译作'权利'。不用说，后者'权利'一词成了明治法典的公用语，至今仍被广泛使用"[①]。明治维新以后在日本广泛使用的权利概念，构成了梁启超阐述其权利义务理论的学术资源。

[①] 川岛武宜. 现代化与法. 王志安，等译. 北京：中国政法大学出版社，1994：140.

五、梁启超之后的权利义务理论

在1899年至1902年之间,梁启超既阐述了权利概念、义务概念,同时也阐述了他对于权利义务关系的理解。梁启超关于权利义务及其相互关系的理论阐述,不仅在当时得到了回响,而且直至百年后的今天,依然没有过时,依然具有历久弥新的意义。

关于权利概念,有论者在1903年发表的《权利篇》中写道:"权利之实质,即人之本分也。夫人生息于世,非徒有体质而已,必有当为与不当为之本分。"换言之,"本分即权利之实质,权利因本分而生"①。这种强调人有"体质"与"本分"两个方面的论述,与梁启超关于人有生命与权利两个要件的论述,具有一定的同构性,它们都强调权利是人之为人的两个条件之一。

关于义务概念,有一篇发表于1905年的文章指出:"义务是什么呢?是各人对于国家份内应当做的事体、应当担的责任。一国的人,上至皇帝,下至平民,各有当尽的义务。那一个不尽忠替国家办事,都是不尽义务。"② 1913年,吴贯因在自己编辑的《庸言》报上写道:"人民对于国家之义务,其最大者,一曰纳税,二曰当兵。此二者实国家所恃以生存发达之具。"③ 这些关于义务概念的论述,与梁启超在1902年之前论述的义务概

---

① 权利篇. 直说:第二期//张枬,王忍之. 辛亥革命前十年间时论选集:第一卷·上册. 北京:生活·读书·新知三联书店,1960:484.

② 中国人. 奉劝大家要晓得国民的权利和义务. 安徽俗话报,1905-09-13(21,22):2.

③ 吴贯因. 宪法问题之商榷//庸言:第一卷第十号,1913-04-16:9.

念，也具有较大的相似度。

　　梁启超关于权利与义务相互关系的理论，在百年中国的权利义务理论演进史上，得到了不间断的重述。譬如，早在1903年，亦是《新民说》发表的次年，就有人重述了梁启超的观点："人生此世，须发达其天禀之德性，严行其应尽之义务。小而一身一家，大而一国一种，皆须维持之，发达之，竭其本分（duty）以尽人之所以为人者是也，法律上之人格者。人生在世，必有种种行为。若权利 right，若义务 obligation，凡此等行为，不能背于国家所定之法律者也。凡在法律范围之内者，则方有自由行动之权利。而对于国家，则仍负有义务者也。盖义务者，权利之因也；权利者，义务之果也。二者，其关系极密切；不能离一而得一者也。"① 康有为同样承认权利义务的一体性，他在1913年写道："《春秋》有临一家之言焉，有临一国之言焉，有临天下之言焉，自臣民身家之权利义务，与国家君相之权利义务，天下万国之权利义务，皆规定焉。权利义务者，《春秋》、庄子谓之道名分也，人人皆守名分，则各得其所矣。"②

　　1933年11月，吴经熊在上海青年会做过一次演讲，演讲内容以《宪法中人民之权利及义务》为题，刊发于《法令周刊》。在这次演讲中，吴经熊认为："人民既然要享权利，当然也须尽此义务。义务也可以说是权利之代价。"而且，"权利义务的来源是时势和潮流，权利义务的作用是在时势和潮流所要求和所容许之内尽量地发展人生的理想——真善美。"③

　　到了20世纪50年代，主流法理学关于权利义务的基本观

---

①　酙癸. 新名词释义. 浙江潮，1903-03-18（2）：4.
②　康有为. 刊布春秋笔削大义微言考题词//汤志钧. 康有为政论集：下册，北京：中华书局，1981：807.
③　吴经熊. 宪法中人民之权利及义务//吴经熊. 法律哲学研究. 北京：清华大学出版社，2005：108.

点是:"在我们国家里,人民是国家的主人。人民和国家之间的关系是一种完全新的密切的关系,这种关系具体表现在公民权利和义务的一致性上。国家赋予公民广泛的权利,公民向国家忠实地履行义务,这两方面的结合,就使国家和人民像血肉般地联系在一起。"这个评论,与梁启超的观点一脉相承。进一步看,"公民享受权利和履行义务,具体体现为个人利益和集体利益融合在一起。因此,在实际工作中,必须在不违反集体利益的前提下,充分注意对个人利益的照顾。如果忽视公民权利、强调公民义务,就会忽视公民的个人利益,就不能够充分发挥每一个公民的政治积极性和劳动热情,实际上也会影响到国家的利益;如果片面强调公民权利,忽视公民义务,就会直接妨害国家利益,因而,公民的个人利益也会失去保障,这也是显而易懂的道理"[①]。这个道理,也是梁启超阐述过的道理。

20 世纪 80 年代,主流法理学关于权利义务的基本观点是:"只有权利没有义务,或只有义务没有权利,都不能形成具体的法律关系。二者互为条件,相互制约,既对立,又统一。"[②]"我国公民行使权利和履行义务,不仅具有同等重要的意义,而且彼此起着互相促进的作用。"[③]"任何一个公民,有权利就有义务,行使权利就要履行义务。从法理上说,权利和义务是一对相互对应的法律规范,它们的关系十分密切。"[④]"公民享受权利和履行义务,利益是一致的,都贯穿着一个共同的目的:巩固和发展社会主义制度,促进国家的富强,保障人民的幸福。"[⑤]

[①] 中央政法干部学校国家法教研室. 中华人民共和国宪法讲义. 北京:法律出版社,1957:268-269.
[②] 刘升平,等. 法学概论. 兰州:甘肃人民出版社,1983:211.
[③] 李步云,徐炳. 权利和义务. 北京:人民出版社,1986:44.
[④] 张友渔. 公民的基本权利和义务. 天津:天津人民出版社,1987:30-31.
[⑤] 吴大英,沈宗灵. 中国社会主义法律基本理论. 北京:法律出版社,1987:296.

法律关系"是通过法律上规定的权利和义务把人们联系起来的关系。由于权利、义务是统一的,一方享受权利,一方就要承担义务,或者双方既享受权利又承担义务,这样就建立了联系"①,等等。这些关于权利义务关系的论断,在梁启超的权利义务理论中,都可以找到大致相同的说法。

20世纪90年代以后,正如本章开篇的文献回顾所示,在主流法理学论著中,权利义务既是法理学的基石范畴,也是整个法学理论的基石范畴。法理学乃至于整个法学理论,都需要围绕着权利义务来建构。概而言之,在1902年的《新民说》之后诞生的众多关于权利义务的学术理论文献,由于某些特殊的原因,② 这些文献的作者虽然很少引证梁启超的论著,虽然很少有人在注释或参考文献中承认受到了梁启超的影响,但是梁启超的权利义务理论,在百年中国的权利义务理论的演进过程中,依然可以占据"通说"的地位。

从学术史的角度来看,中国百年以来的权利义务理论,特别是当代中国的权利义务理论,与梁启超建构的权利义务理论,具有明显的传承关系。譬如,当代中国以统编教科书为代表的主流法理学认为,"权利和义务是互相关联的","一方如果不存

---

① 孙国华. 法学基础理论. 天津:天津人民出版社,1988:342.
② 背后的特殊原因包括:一方面,如下文所述,在马克思的理论中,也包含了关于权利义务相互关系的理论。自20世纪中叶以后,随着马克思主义作为全国性指导思想地位的确立,在法理学研究中,引证马克思的经典著作成为一个普遍性的学术选择。因此,当代中国的主流权利义务理论,习惯于把马克思的权利义务理论作为权威文献来引证。在当代中国,特别是在20世纪80年代的法学语境下,马克思关于权利义务的论述可以为当代中国的权利义务理论提供足够权威的支撑。另一方面,自20世纪中叶至80年代,在时代语境中,梁启超由于"保皇"立场,由于"改良"立场,由于主张"君主立宪",由于与革命党的分歧,其整体形象趋于负面[譬如,王介平,李润苍. 批判梁启超的反动史学观点和方法. 四川大学学报,1959(4)]。这样的负面形象,也让梁启超的权利义务理论在较长的时间内隐而不彰。

在了，另一方也不能存在"；"权利和义务在数量上是等值的"①，等等。这些关于权利义务相互关系的论述，与前文述及的梁启超对于权利义务基本关系的认知，几乎完全一致。

当然，在当代中国的主流权利义务理论与梁启超的权利义务理论之间，也有某些微妙的差异。譬如，对于义务的理解，就略有不同。在梁启超的理论中，如前所述，义务主要是"公义务"，"公义务"作为个体对于群体、个体对于国家的义务，是一个被褒扬的概念；而且，在权利与义务的关系中，义务还构成了权利的依据，权利源于义务。梁启超的"公义务"概念，以及他对权利义务关系的界定，与当代主流法理学所张扬的"权利本位论"②，就存在明显的差异。尽管存在这样一些差异，梁启超的权利义务理论还是在相当大的程度上支配了百年中国权利义务理论的叙述框架与理论风格。

六、结论

上文以梁启超为轴心，在重点剖析梁启超权利义务理论的同时，既回溯到梁启超以前的汉语文献中的权利义务观念，同时也延伸至梁启超之后的汉语文献中的权利义务理论，通过这样的梳理，我们对于中国语境下的权利义务理论的沿革，可以获得一个大致的把握，因而，在一定意义上，本章可以作为一篇简写的有详有略的权利义务理论沿革史。当然，本章的旨趣，

---

① 张文显. 法理学. 北京：法律出版社，2007：167.
② 郑成良. 权利本位说. 政治与法律，1989（4）. 张文显. "权利本位"之语义与意义分析. 中国法学，1989（1）.

并不在于提供一篇空泛的权利义务理论史，而是在于凸显梁启超对于中国权利义务理论的贡献。

在当代中国的法学语境下，关于权利义务，法学界习惯于引证马克思在1871年《国际工人协会共同章程》中写下的著名论述："没有无义务的权利，也没有无权利的义务。"① 学界习惯于认为，马克思的这个论断是当代中国权利义务理论的主要思想渊源。② 但是，本章的分析表明，早在19世纪末、20世纪初，在马克思的权利义务理论传播到中国之前③，梁启超就已经做出了与马克思大致相同的论述，就已经表达了权利义务不可分的理论观点。这就意味着，梁启超对于现代中国的权利义务理论，做出了开创性的贡献。如果中国现代法理学可以概括为权利义务法理学，那么，梁启超对于中国权利义务理论的贡献，在相当程度上就是对中国现代法理学的贡献。综合前文的论述，梁启超对中国现代法理学的突出贡献，可以归纳为以下两个方面。

一方面，梁启超是汉语世界中权利义务理论的主要奠基人。在梁启超之前，现代意义上的权利概念已经得到了比较广泛的运用，但是，义务概念还没有得到广泛的运用，除了黄遵宪等人，现代意义上的义务概念几乎不为中国人所注意，甚至不为中国学界所熟知。因而，梁启超是较早使用现代意义上的权利概念的中国人之一，同时也是最早使用现代意义上的义务概念的中国人之一。至于把权利与义务结合起来，把权利与义务作为一对不可分割的法理学范畴予以建构，梁启超是影响最大的

---

① 马克思恩格斯选集：第2卷.2版.北京：人民出版社，1995：610.
② 譬如，付子堂.法理学进阶.北京：法律出版社，2005：38.
③ 马克思的《国际工人协会共同章程》何时传入中国，还不好急于下结论，但是，据学界考证，汉语文献中最早出现的对于马克思及其言论的介绍，是1899年出版的《万国公报》。孙建昌.马克思主义何时传入中国考略.学习时报，2012-03-26（9）.

第二章 中国现代法理学的先声：梁启超的权利义务理论

肇始者。在 19 世纪与 20 世纪之交，在笔者的阅读视野之外，也许还有其他中国人把权利与义务融合起来予以论述，但是，比较明显的是，其他任何人的论述，都没有产生像梁启超那样大的影响。梁启超以启蒙思想家、言论界骄子的身份，比其他人更早、更有效、更有说服力地向汉语世界传播了现代意义上的权利义务理论。因而，可以把梁启超视为中国权利义务理论的主要创建人、主要奠基人。

另一方面，由于权利与义务对于中国现代法理学所具有的基石性的作用，梁启超开创的权利义务理论堪称中国现代法理学的先声。有学者在论述中国近现代法理学的文章中认为，梁启超"写于 1904 年的《中国法理学发达史论》，可以说是中国近代最早的法理学著作"[①]。这个论断，其实是值得商榷的。因为，梁启超在 1902 年写成的《论权利思想》《论义务思想》，不仅在时间上早于 1904 年的《中国法理学发达史论》，而且是狭义的法理学著作。一般说来，法理学可以有广义与狭义之分。广义的法理学，可以包括法哲学、法社会学、法律思想史，以及法律与其他人文社会科学的交叉研究。梁启超的《中国法理学发达史论》，作为法律思想史论著，当然也可以归属于广义的法理学。但是，狭义的法理学，主要是指向法律概念、法律规范、法律体系的法理学，亦即西方法学流派中的分析实证主义法学。中国语境下的权利义务法理学，正是狭义的法理学，正是法理学的核心地带。就是在这种狭义的法理学领域，梁启超亦是主要的开创者。他在中国学界还没有权利义务理论的背景下，创造性地建构了现代意义上的权利概念、义务概念，尤其是权利义务关系理论。他建构起来的权利义务理论不仅影响了当时的公共话语，而且与当代中国的法理学遥相呼应。当下正

---

① 范忠信. 梁启超与中国近代法理学的主题和特征. 法学评论，2001 (4).

在流行的狭义的法理学，强调以权利与义务作为基石范畴来建构，而这两个基石范畴及其相互关系，梁启超早在19世纪、20世纪之交，就已经奠定起来。从这个意义上看，梁启超阐述的权利义务理论，是中国现代法理学的先声。

当然，梁启超的权利义务理论也有其历史的、理论的局限性。譬如，他所阐述的权利义务理论较多地受到了社会达尔文主义的影响，他把权利的起源归因于物竞天择的进化论，并从弱肉强食的格局和语境中解释权利义务关系。这样的权利义务理论，也许具有现实主义的品格，但同时也因为过于现实而削减了其理论的厚度与思想的包容能力，并可能因此而丧失精神上的感召力。须知，理论确实来源于实践，但理论也要从实践中抽离出来。再譬如，他把义务解释为"公义务"，认为义务主要是个体对群体、个体对国家的义务，这样的义务观念也是片面的。因为，义务既包括个体对于群体的义务，更包括个体对于个体的义务。在合同、婚姻等私法领域，大量的义务都是个体对于个体的义务。

（原载《法商研究》2016年第1期）

第三章　梁启超的法治主义：从救亡本位到启蒙本位的转变

在清末民初，梁启超既是一个活跃的政治人物，又是一个善于开风气之先的思想人物。[①] 稍作回顾即可注意到，现当代中国广泛流行的若干新概念，追根溯源，都可以在梁启超的笔下找到它们最初的胚芽，"宪政"如此，"法治"或"法治主义"

[①] 关于梁启超的角色与身份，朱维铮认为："梁启超不是思想家，但对中外古今的思想学说都极感兴趣。他也不是纯学者，但也许饱受康有为教导的缘故，尤其爱好考察'学术源流'，他是清末的改革家，民初更直接登上国内政坛，直到去世前夜，不仅亲历了从戊戌维新到北伐战争的三十年间中国政局的一切变化，而且多次置身于变化的漩涡中心。他是政论家，也从事实际的政治活动。"（朱维铮. 前言//梁启超：清代学术概论，上海：上海古籍出版社，2005：3.）这个评论有待商榷。因为，梁启超"出仕"做官的时间，全部加起来，不过三年，其中，"以六品卿衔专办大学堂译书局事务"三个月，为袁世凯做司法总长将近半年，做币制局总裁将近一年，为段祺瑞做财政总长三个月。大部分时间，是"在野闻人"，并非"民初更直接登上国内政坛，直到去世前夜"。就在同一篇"前言"中，朱维铮也认为："病逝前，总共八年多，他主要以学者面目现身。"因此，更准确的说法应当是：1918年以前，梁启超主要是一个政论家、政治活动家，但在1918年以后，他主要是一个学者型的思想家或具有思想家品质的学者。

也是如此。因而,要理解现代中国的法治观念,尤其是现代中国逐渐凝聚生成的法治传统,梁启超反复论述的"法治主义"概念是一座无论如何都绕不过去的桥。有鉴于此,本章拟在已有研究成果的基础上,对梁启超的"法治主义"概念再作进一步的探讨,试图从语境化的角度,厘清现代性的法治观念在中国诞生初期的精神风貌。

本章从以下几个方面展开:首先回顾并评析最近二十余年来学术理论界关于梁启超的"法治主义"的若干代表性观点。接下来,根据梁启超不同时期的代表性论著,分别论述其"法治主义"在不同时期的不同品性:早期的以救亡为本位的"法治主义"和晚期的以启蒙为本位的"法治主义"。在此基础之上,最后分析梁启超从救亡本位的"法治主义"转向启蒙本位的"法治主义"之前因后果,以揭示这种转变的思想史意义。

一、代表性观点的回顾与评论

自 20 世纪 90 年代以来,关于梁启超的"法治主义"的研究构成了一个引人注目的学术主题。相关的文献虽然较多,但代表性的观点可以归纳为三个方面:一是价值层面上的批评,旨在指出梁启超的"法治主义"概念之不足。二是着眼于"同情式的理解"或"一分为二"的评价;虽批评,但主要是肯定梁启超的"法治主义"。三是立足于学术史层面上的剖析,具有"价值中立"的态度。对于这三种观点,可分述如下。

对于梁启超的"法治主义"的批评,主要体现为这样一种思维定式:以西方近现代主流的法治理论作为标准,来评价梁启超的"法治主义",来说明梁启超"法治主义"话语的粗疏甚至错误。这种批评性的观点，以王礼明的论文《对法家"法治"说质疑——评梁启超的一个观点》（以下简称"王文"）作为代表。王文的基本判断是，梁启超首倡法家的法治说；梁启超所说的法治其实就是刑治，就是运用法律来治理国家的意思；梁启超把实行法治与法家的重视法律搞混淆了。由于法家法制的主要矛头是指向劳动人民的，又由于法家的法是等级法、特权法；更由于法家强调法制是为了"增益君权"，因而法家绝不是法治主义者。"法家的学说，从根本上来说，是适应建立封建君主专制制度需要的学说。"① 王文认为，传统法家学说的实质是扩张君主权力；为了实现这个目标，传统法家比较重视法律，而梁启超把这样的学说称作"法治主义"，显然是把法治主义与法家学说搞混淆了。

在学术理论界，王文这种批评具有相当的代表性。它表明，主流学术界理解的法治概念或法治主义，是与民主、自由、人权、平等这样一些现代性因素联系在一起的，且与这些现代性因素相互支持、密不可分；由于传统的法家学说与这些现代性因素没有任何关联，因而梁启超以法治或法治主义命名传统的法家学说，是不能接受的。譬如，冯友兰就认为，"把法家思想与法律和审判联系起来，是错误的"②，梁启超不仅把法家思想与法律联系起来，而且还把它等同于法治或法治主义，当然就错得更多了。

如果说以王文为代表的观点表达了"旗帜鲜明"的批评立场，第二种观点则体现了更多的包容性：着眼于"同情式的理解"、着眼于"一分为二"的分析，用运动的、变化的观点来看待梁启超的"法治主义"。这种观点，以俞荣根的《论梁启超的

---

① 王礼明. 对法家"法治"说质疑——评梁启超的一个观点. 中国法学，1991（4）.
② 冯友兰. 中国哲学简史. 北京：北京大学出版社，1996：135.

法治思想——兼论梁氏对传统法文化的转化创新》一文（以下简称"俞文"）作为代表。

俞文认为："梁启超是法治主义的最早宣传者和鼓吹者。由于他是上个世纪末变法运动的领导人之一，本世纪初言论界之骄子，整整一个时代的思想导师，因此，他的法治观一时左右着舆论，并且久久地影响着学术界。"而且，"梁启超的法治，是与民主、民权相结合的近代意义上的法治"，是"三权分立的法治"，也"是以近代西方资产阶级法治国为模式的近代法治"。这就是说，对梁启超的"法治主义"思想应当给予正面的、甚至是高度的评价。同时，俞文还进一步指出，梁启超的法治主义是变化的。在20世纪头十年，梁启超"把近代法治套到中国古代法家的头上，强调法治精神我国'古已有之'"，这种"观点带有极大的主观性，除了其在宣传法治主义上有一定积极作用外，实际上并不科学"。但是，到了20世纪20年代，这种"不科学"的观念就完全被克服了。因为，在1922年完成的《先秦政治思想史》一书中，梁启超"明确指出，法家是与宪政相违背的，是反民治、民权而尊君权的，与欧美之近代法治主义貌合而神离"[①]。

在这篇论文中，作者描述了梁启超"法治主义"话语的转变：在20世纪的最初几年，梁启超理解的法治主义确有"不科学"之处，因为他只是简单地把西方的法治概念牵强附会地套用于传统中国的法家学说。但是，到了20世纪20年代，梁启超终于能够将法家学说与欧美近代的法治主义区分开来了，能够以批判的眼光看待法家学说了。

比较俞文与王文，可以看到，它们的差异在于：王文只看

---

① 俞荣根. 论梁启超的法治思想——兼论梁氏对传统法文化的转化创新. 孔子研究，1996 (1).

到了梁启超早期的"混淆",俞文则进一步延伸至梁启超后期对于法治主义与法家学说之差异的认知,因而对梁启超的"法治主义"思想进行了更全面的描绘,并在"一分为二"、既肯定也批评的前提下,对梁启超的"法治主义"思想给予了较高的评价。俞文与王文虽然得出了不同的结论,但两者在价值预设、分析路径方面,其实具有更多的相似性:都对梁启超以"法治主义"指称法家学说提出了批评,都认为法治主义的标准形态是欧美近现代的法治理论及实践。

现代欧美的法治主义与传统中国的法家学说当然不是一回事,这是毋庸置疑的。从这个角度上说,王文与俞文的批评都可以成立。但与此同时,我们也要看到,以欧美传过来的概念来描述中国古代的思想学说,本来就是一种不得已的办法,不恰当、不准确根本就不可避免。傅斯年即说:"大凡用新名词称旧事物,物质的东西是可以的,因为相同;人文上的物事是每每不可以的,因为多似同而异。"傅斯年自己就喜欢用"方术家"或"方术论者"这个名词来称呼诸子,就"因为这个名词是当时有的,不是洋货"。从"《庄子天下篇》至《淮南鸿烈》、枚乘《七发》皆如此称,这是他们自己称自己的名词"。周秦诸子"大多数是些世间物事的议论者,其问题多是当年的问题,也偶有问题是从中国话的特质上来的(恰如希腊玄学是从希腊话的特质出来的一样),故如把后一时期、或别个民族的名词及方式来解他,不是割离,便是添加"。傅斯年强调,"不用任何后一时期、印度的、西洋的名词和方式"来处理中国思想言说,应当作为研究中国古代思想必须遵守的"教条"①。

---

① 傅斯年. 与顾颉刚论古史书//傅斯年全集:第4册. 台北:联经出版事业公司,1980:473. 战国子家叙论//傅斯年全集:第2册. 台北:联经出版事业公司:88. 傅斯年致胡适//耿云志. 胡适遗稿及秘藏书信:第37册. 合肥:黄山书社,1994:357.

如果按照傅斯年的这个"教条",梁启超以西洋来的法治主义概念处理中国先秦法家的思想言说,其"割离"与"添加",当在意料之中。严格地说,在西洋法治主义与先秦法家学说之间,无论是求同还是辨异,似乎都难逃附会之嫌。从这个角度上说,无论是王文的批评还是俞文的高度评价,似乎都没有揭示问题的症结。当然,如果把傅斯年提出的"教条"加以绝对化,推向极端,又可能全面阻塞中西文化比较与交流的路径,其因噎废食之处,恐怕也值得警惕。因此,在梁启超的"法治主义"思想这个主题上,既要注意"人文上的物事""多似同而异",也要小心审慎地求同辨异,也许这才是我们应该采取的理性态度。

王文、俞文之外的第三种观点主要是从学术史的立场上来解释梁启超的"法治主义",其代表性论著是程燎原的《晚清"新法家"的"新法治主义"》一文(以下简称"程文")。在这篇文章中,作者引入了一个重要概念——新法家,并以这个概念作为研究视角与分析平台,对梁启超的"法治主义"话语做出了颇有意义的理论阐释。程文认为,在晚清新法家代表人物中,梁启超是担纲主导者之一(其他代表人物还有章太炎、刘师培、沈家本等),他"在晚清倡导法家思想,以《中国法理学发达史论》和《管子传》为其代表性的著作"。他主要是"以启蒙思想家的身份释放法家思想的时代意义"。程文把梁启超关于法家"法治主义"的论述归纳为:"将法家的治道命名为'法治主义'";"讨论了法家'法治主义'的发生及其衰亡";"揭示了法家'法治主义'的真精神,即'救世'的精神";"法治就是以法为治";等等。程文的结论是:"梁启超的运思方式及其思想表述,可能有中西附会的痕迹,但也是一种恰如林毓生所说的'创造性转化',所谓'创造性',是以西释中,用现代西方'法治'或'法治主义'的话语,归纳和解说原始法家的思想。……

换而言之，晚清'新法家'运用'法治'或'法治主义'的概念，远摄传统，近合域外，力求旧义新理的融通。"①

程文虽然不是针对梁启超"法治主义"的专题论文，但它为阐释梁启超的"法治主义"概念提供了一个新的视角，那就是新法家。换言之，程文是把梁启超作为传统法家的现代传人、法家思想遗产的现代继承人来看待的，既然如此，梁启超按照传统法家的思路来阐述"法治主义"的概念，也就顺理成章了。而且，按照程文的解释框架，梁启超并不是"照着说"，而是"接着说"的②，是根据西方传来的新式的法治概念，对传统法家学说进行了"创造性转化"。这意味着，对于梁启超的"法治主义"话语，就不能按照欧美近现代法治的标准来苛求了。因为，梁启超本身就在传统法家的思想谱系之内，仿照儒家或儒学的分期理论③，梁启超作为"法家第二期"的代表人物④，当然要站在传统法家的立场上立论。因此，在程文看来，梁启超以法治或"法治主义"来指称传统法家学说，不但不成问题，反倒是一种"创造性转化"，是一种"创新"或"开新"之举。

程文没有像王文、俞文那样纠缠于梁启超的"法治主义"话语是否科学、是否符合欧美近现代法治的标准，而是从学术史的立场上，为梁启超关于"法治主义"的言说提供了一个新的解释，即，这是一个"新法家"的"法治主义"。"新法家"

---

① 程燎原. 晚清"新法家"的"新法治主义". 中国法学，2008（5）.

② "接着说"与"照着说"的划分，出自冯友兰，他说："我们现在所讲之系统，大体上是承接宋明道学中之理学一派。我们说'大体上'，因为在许多点上，我们亦有与宋明以来的理学，大不相同之处。我们说'承接'，因为我们是'接着'宋明以来的理学讲的，而不是'照着'宋明以来的理学讲的。"冯友兰. 贞元六书. 上海：华东师范大学出版社，1996：5.

③ 黄万盛，李泽厚，陈来，等. 儒学第三期的三十年. 开放时代，2008（1）.

④ 以梁启超作为"法家第二期"的代表人物，可以参见喻中. 法家三期论. 法学评论，2016（3）.

的角色与身份，一方面意味着梁启超属于"法家"，因而就该像传统法家那样思维，梁启超对管子的推崇，不过表明了他是管子学说的继承人而已。另一方面，还意味着梁启超是"新"的法家。这里的"新"，主要体现为对欧美法治概念的吸纳与接受，或者说，梁启超试图把欧美流行的法治概念作为标签，粘贴到传统法家的理论货架上。这就是"新法家"之所以"新"的缘故。

程文的学术意义在于：为我们理解梁启超关于"法治主义"的话语和言说提供了一个新的通道。但是，程文也有一个缺陷，那就是把梁启超的"法治主义"看作一个理念的产物：梁氏作为新法家的代表人物之一，一方面在"释放法家思想的时代意义"，另一方面又在"以西释中，用现代西方'法治'或'法治主义'的话语，归纳和解说原始法家的思想"，这就把梁启超的"法治主义"当成了一个自足、自恰、圆融无碍的话语体系，似乎梁启超数十年一以贯之、念兹在兹的思想追求，就是要"力求旧义新理的融通"。这种"学者型"的思维模式，虽然给我们描绘了一个"程版"的梁启超，但由于脱离了语境，由于忽略的因素太多，很可能并没有真正搔到梁启超"法治主义"话语的痒处。

那么，梁启超"法治主义"话语的"最痒处"是什么？本章的结论不妨先行给出：从救亡本位到启蒙本位的转变，亦即从早期的以政治救亡为本位的"法治主义"，转向了后期的以思想启蒙为本位的"法治主义"。对于这样一个判断，兹论证如下。

二、早期的救亡本位的法治主义

梁启超早期的"法治主义"话语，主要见于 1904 年的《中国法理学发达史论》(以下简称《法理史论》),以及1909年的《管子传》两篇论文中。

先看《法理史论》。在这篇文章中,梁启超提出了一个著名的命题:"法治主义,为今日救时唯一之主义。"这句话,几乎隐藏了梁启超早期"法治主义"观念的核心秘密,那就是,1904年前后的中国,内外交困,只有法治主义才能解救中国于倒悬。梁氏自己的说法则是:"逮于今日,万国比邻,物竞逾剧,非于内部有整齐严肃之治,万不能壹其力以对外。"于是,"法治主义,为今日救时唯一之主义"①。正是在这里,梁氏提出了"法治主义"这个影响深远的概念。

梁氏所谓的"法治主义",就是传统中国的法家学说。他说:"我国自三代以来,纯以礼治为尚。及春秋战国之间,社会之变迁极剧烈,然后法治思想乃始萌芽。法治主义者,应于时势之需要,而与旧主义宣战者也。"② 这里的"旧主义",包括"放任主义""人治主义""礼治主义""势治主义","而四者皆不足以救时弊,于是法治主义应运而生焉"③。

在梁启超看来,春秋战国时期诞生的"法治主义",就是为了拯救时弊的。那时的"时弊",是指原来的由周天子主导的政治秩序已经崩溃,为原有秩序体系提供义理支撑的思想观念体系也随之坍塌。这样的"时弊"就是所谓的"周文疲弊"(详见后文)。由于诸侯争霸成为新的政治与社会现实,因而整个社会迫切地需要一种新的思想观念体系,法家学说就是适应这样的"时势需要"而横空出世的。在那个新旧交替的战国时代,在法家学说向儒家学说"宣战"并进而"开战"的过程中,儒家学

---

① 梁启超. 中国法理学发达史论//梁启超全集. 北京:北京出版社,1999:1255.
② 同①1254.
③ 同①1269.

说溃不成军，法家学说所向披靡。孔子、孟子的失意与管子、李斯的得意，已经形象地表现了法家学说相对于儒家学说的实效性与优势地位。① 齐国、秦国都是通过引进法家学说，并以之作为立国的指导思想，而在列国弱肉强食的生存竞争中胜出的。正如牟宗三所言："同样是针对周文疲弊的问题，儒家向立教方面发展，而道家则变成玄理，此是由儒、道两家对人生的态度，基本方面有所决定而转成者。如此当然就不切于当时的客观问题了。儒、道两家既不能解答当时政治社会方面之客观问题，那么谁能呢？谁来解答呢？就是法家"；"能切当时问题的只有法家"②。熊十力也认为："法家综核名实，有言必征之以事，任事必严责其功。……法度张而万事举，民用乂安，国以富强，此必然之应也"③。"其志在致国家于富强以兼并天下"④，"余虽不取韩子之为术，而深感其言有亟切于吾国当今之务者"⑤。

"逮于今日，万国比邻，物竞逾剧"，简直就是春秋战国时代的第二次重演。皇帝君临的"天下"被碾平了，变成了彼此平行的"万国"，就类似于周天子统领的世界变成了诸侯们竞争的世界。古老的中华帝国，不得不屈尊放下身段，与比邻的万国相互竞争。这样的局势，在梁启超的眼里，惟有两千多年前的战国时代差可比拟。因而，在这样的"新战国"时代，最值得依赖的思想体系就是法家学说。因为法家学说应对战国时代的实际效应，在两千多年以前就已经得到验证了。现在，在列强环伺的险境之下，要救亡、要图存，唯一的办法就是再次乞灵于法家学说。

---

① 喻中. 韩非天下第一，比较法研究，2009（6）.
② 牟宗三. 中国哲学十九讲. 上海：上海古籍出版社，2005：125.
③ 熊十力. 韩非子评论. 与友人论张江陵. 上海：上海书店出版社，2007：176.
④ 同③6.
⑤ 同③41.

第三章 梁启超的法治主义：从救亡本位到启蒙本位的转变

在"新战国"的背景下再次求助于法家学说，对于中国人来说，其实是一个很自然的选择。梁启超的新意在于：他把法家学说称为"法治主义"，于是，以法家学说救中国，就变成了以"法治主义"救中国。在这里，梁启超把"法治主义"与先秦法家学说等同起来，把两者的意义与价值都归结于救亡、救时、自存、自强。这就意味着，这个时候的梁启超，主要是以救亡者、救时者的身份在发言。在作为救亡者的梁启超看来，"法治主义"的好处，就在于它是救亡的灵丹妙药。至于法治主义与民主、人权、自由、平等的关系是什么，法治是否与民主、人权、自由、平等密不可分，诸如此类的问题，都可以置而不论。——这样的"法治主义"观念，其实并非梁启超所独有，牟宗三就表达过类似的见解。他说："中国人平常所说的法治与西方人所说的现代化的法治不同。在西方，例如英国的民主政治中，法治是由三权独立，顺着民主政治之保障自由、保障民权而来的；而中国人所说的'法治'是顺着法家的观念而来的，是相对于儒家的'礼治'或'德治'而言的。"[①]

梁启超直接以欧美传统中的法治主义来表达先秦法家的理论旨趣，在百年后的当代学人看来，显然是一个误会。因为，先秦法家与欧美法治确实不是一回事。梁启超把这两个事物简单地等同起来，明显是一种误读。然而，正如德国汉学家顾彬所言，不能仅仅止步于看到这种误读，还要注意到这种误读的正面意义。[②]

这种误读实际上是当时的语境使然。1900年，八国联军侵占北京，清政府接受了《议和大纲十二条》。1901年，清政府签订了《辛丑条约》。1902年4月，梁启超在致康有为的信中

---

① 牟宗三. 中国哲学十九讲. 上海：上海古籍出版社，2005：126.
② 顾彬. 误读的正面意义. 王祖哲，译. 文史哲，2005 (1).

说:"弟子以为欲救今日的中国,莫急于以新学说变其思想(欧洲之兴全在此),然初时不可不有所破坏。"① 1903 年 12 月,梁启超访美归来后,"言论大变,从前所深信的'破坏主义'和'革命排满'的主张。至是完全放弃,这是先生政治思想的一大转变"②。1904 年 3 月,梁启超赴香港参加保皇会大会;4 月,《时报》出版,梁启超在《时报缘起》一文中写道:"以公平之论,研究其是非利害,与夫所以匡救之应付之之方策。"③ 就是在这种内外交困、"救亡压倒一切"的背景下,32 岁的梁启超在 1904 年写成了《法理史论》,提出了以法家的"法治主义"来拯救中国的主张。由此可见,梁启超当时的一个基本判断是:不能搞种族革命,也不能走向共和,只希望在维持国体现状的情况下"救今日的中国"。因此,挽救国家危亡就成为第一要务,而救亡的路子,先秦法家的指引最具可行性;以"法治主义"来指称法家学说,则为法家学说的复活提供了正当性。这就是梁启超早期的"法治主义"话语的逻辑。

三、再论早期的救亡本位的法治主义

五年后的 1909 年,即清宣统元年,十六省咨议局代表决定成立国会请愿同志会,"共谋立宪救亡",梁启超每三日必有一通手札,指导"救亡运动"之进行。这就意味着,36 岁的梁启超充当了这个救亡团体的领袖。同样是在这种救亡精神的鼓动下,梁启超写成了《管子传》。在这篇传记中,他同样恪守救亡

---

① 梁启超.致康有为//梁启超全集.北京:北京出版社,1999:5936.
② 丁文江,赵丰田.梁启超年谱长编.上海:上海人民出版社,1983:334.
③ 同②338.

的本位,把"法治主义"的发明权归于管子,并以此为基础,对"法治主义"进行了进一步的阐释。他说:"法治者,治之极轨也,而通五洲万国数千年间。其最初发明此法治主义,以成一家言者谁乎?则我国之管子也!"在梁启超看来,管子不仅是全世界范围内"法治主义"的发明人,而且是"法治主义"的实践者,甚至可以说实践法治主义的典范,因为"管子以法家名,其一切设施,无一非以法治精神贯注之"①。这就表明,梁启超进一步深化了他在《法理史论》中已经提出的观点:法家学派的主张与实践,就是欧美近现代盛行的法治主义。

梁启超依然着眼于"法治主义"对于救亡的实际效用。他说:"今天下言治术者,有最要之名词数四(应为'五'之误——引者注)焉:曰国家思想也,曰法治精神也,曰地方制度也,曰经济竞争也,曰帝国主义也。此数者皆近二三百年来之产物,新萌芽而新发达者,欧美人所以雄于天下者,曰惟有此之故。中国人所以弱于天下者,曰惟无此之故。中国人果无此乎?曰恶,是何言?吾见吾中国人之发达是而萌芽是,有更先于欧美者。谓余不信,请语管子。"② 这就是说,欧美人之所以"雄于天下",主要是因为有五大法宝,其中之一就是"法治精神"或"法治主义"。换言之,"法治主义"乃是一个国家"雄于天下"的重要法宝。这个法宝欧美人有,中国人也有。而且,中国人比欧美人更早地拥有这个法宝——这就是由管子阐述并实践的法家学说或"法治主义"。而且,管子代表的"法治主义"与欧美近现代法治一样,其核心价值都在于让国家"雄于天下"——这就是梁启超对于"法治主义"的想象

---

① 梁启超. 管子传//梁启超全集. 北京:北京出版社,1999:1865.
② 同①1859.

与期待。

梁启超认为:"管子之学识,诚卓越千古而莫能及矣。"为了表明管子学说是一种可以与欧美对话的理论,梁启超还将管子的学说与欧美的"政术"进行了比较。他说:"泰西学者之言政术,率分两派:其一则主张放任者,其一则主张干涉者。主张放任者,谓一切宜听民之自为谋,以国家而为民谋,所谓代大匠斫必伤其手也;主张干涉者,谓假使民各自为谋而能止于至善,则复何赖乎有国家?民之所以乐有国家者,正以幸福之一大部分,各自谋焉而决不能得,故赖国家以代谋之。国家而一切放任,则是自荒其职也。"梁启超总结出来的这两种"治道",即为现代思想家伯林所谓的消极自由与积极自由,也可以对应于古典自由主义与现代福利国家。对于这两种不同的"政术"与法治,梁启超明显偏重于后者,因为"国家者非徒为人民个人谋利益而已,又当为国家自身谋利益,故以图国家之生存发达为第一义,而图人民个人之幸福次之。苟个人之幸福而与国家之生存发达不相容,则毋宁牺牲个人以裨益国家,何也?国家毁则个人且无所丽,而其幸福更无论也!是故放任论者,以国民主义为其基础者也;干涉论者,以国家主义为其基础者也。故放任论盛于十八世纪末与十九世纪初,干涉论则近数十年始悖兴焉。……然以今后大势之所趋,则干涉论必占最后之全胜,盖无疑矣!……大抵人民自治习惯已成之国,可以用放任;人民自治习惯未成之国,必须干涉。对外竞争不烈之国,可以放任;对外竞争极烈之国,必须干涉,此其大较也。"[1] 这就是说,个人利益并不高于国家利益,个人利益是正当的,国家应当为之谋取,但是,国家利益也是正当的,且在价值排序中,还优于、先于、高于个人利益。考诸当时的中国,国家

---

[1] 梁启超. 管子传//梁启超全集. 北京:北京出版社,1999:1867.

的最高利益是什么？回答是"生存发达"。这就是梁启超在当时的核心观点：国家在万国竞争中的生存、发达，乃是第一要务。

在此基础上，梁启超把欧美历史上"放任"与"干涉"之划分套用于中国先秦学术思想："我国之言政者，大别为儒墨道法四家，道家则纯主放任者也，儒墨则亦畸于放任者也；其纯主干涉者，则法家而已。而历观数一千年来，其有政绩可传法于后者，则未有舍干涉而能为功者也。此无他故焉，管子所谓治莫贵于得齐，非有以牧之，则民不一而不可使。齐也，一也，国家所以维持发达之最要条件也。苟放任之而能致焉，则放任容或可为；放任之而不能致焉，则干涉其安得已也？试观我国今日政治之现象与社会之情态，纪纲荡然，百事丛脞；苟且偷惰，习焉成风；举国上下，颓然以暮气充塞之，而国势堕于冥冥，驯致不可收拾者，何莫非放任主义滋之毒也。故管子之言，实治国之不二法门，而施之中国尤药之瞑眩而可以疗疾者也！"①

这就是说，在传统中国的四种政治理论中，只有法家的"法治主义"才可以对应于欧美"近数十年始悖兴"之干涉主义。在战国时代，法家的"干涉主义的法治主义"已经造成了有目共睹的政绩与发达，当下中国"不可收拾"的局势则可归咎于放任主义的流毒，而要扭转颓势、救亡图存，除了重新采用法家的干涉主义与"法治主义"之外，别无他途。

在《法理史论》中，梁启超以"法治主义"概括法家学说，并认为"法治主义"是救时唯一之主义；在《管子传》中，梁启超的"法治主义"思想已经增添了新的内容：法家学说不仅可以归结为"法治主义"，还可以归纳为干涉主义，由于这两种

---

① 梁启超. 管子传//梁启超全集. 北京：北京出版社，1999：1867-1868.

主义都是欧美最新、最先进的学说，因而管子学说的优越性自然毋庸置疑。换言之，在梁启超看来，法家学说、法治主义、干涉主义实为一个事物的三个不同侧面，其共同点在于：它们是救时、图存的"不二法门"。

梁启超注意到，对于他的这套"法治主义"言说，当时就有责难者提出了异议："今世立宪国之言法治，凡以限制君权；而管子之言法治，乃务增益君权。此未得为法治之真精神也。"梁启超的回答是："是诚有之，然不足为管子病也。一国之中而有两独立机关以相维系，此乃近世所发明，岂可以责诸古代？夫当代议制度未兴以前，非重君主之威权，不足以致治，此事理之至易见者也。况管子时，乘古代贵族专政之旧，政出多门，而主权无所统一，其害国家之进步莫甚焉。昔在欧洲封建时代，亦尝以此为患。而能以君主压服贵族者，则其国日以兴。贵族专横而无所制者，则其国日以亡。然则得失之林，既可睹矣！管子之独张君权，非张之以压制人民，实张之以压制贵族也。虽然，管子之法治主义，又非有所私于君主也。管子之所谓法，非谓君主所立以限制其臣民，实国家所立，而君主与臣民同受其限制者也。……君主当受限制于法，然后法治之本原立也。"①

梁启超承认，以管子为代表的法家学说、"法治主义"确实有"增益君权"的目的，但是，这无损于管子"法治主义"的光辉。一方面，两个或多个国家机构相互制衡，乃是近代的事物，不能以之苛责古人；另一方面，管子的"法治主义"对于君权的弘扬，并不是为了压制人民，而是为了与贵族抗衡。此外，管子的"法治主义"还要求君主与臣民都受法律的限制与约束，这正是法治的基础与保障。不仅如此，"管子

---

① 梁启超. 管子传//梁启超全集. 北京：北京出版社，1999：1869.

之言法治主义，以得良法为究竟者也"①，管子的"君者执本，相执要，大夫执法，以牧其群臣"的观念，也"与今世立宪国内阁之制正相合"②，而且，管子不仅主张法治，同时也要求"张四维"（即礼、义、廉、耻），因而，其法治"于富国强兵之外，尤有一大目的存焉"，这个目的便是"化民成俗"，所以，管子的法治，"治本而兼治标者也"③，不但贤于商鞅，而且超越于西方，是"圆满无遗憾"的法治主义。④

以上分析表明，《管子传》中的"法治主义"思想与《法理史论》中的"法治主义"思想一脉相承，前后相继，共同展示了梁启超早期（清末时期）对于"法治主义"的认知："法治主义"就是救时之主义，它的实质内容就是法家学说，法家的法治主义与欧美近现代的法治主义与干涉主义，没有什么本质上的区别。在这种"法治主义"话语的背后，实际上是对救亡图存的追求。因而，可以归结为救亡本位的"法治主义"，或"救亡主义的法治主义"。

四、晚期的启蒙本位的法治主义

到了20世纪20年代，梁启超的"法治主义"概念出现了一个明显的转变，那就是对于法家"法治主义"的批评甚至否定。

1922年10月下旬，年届五旬的梁启超赴北京、南京等地

---

① 梁启超. 管子传//梁启超全集. 北京：北京出版社，1999：1872.
② 同①1873.
③ 同①1874.
④ 同①1876.

的学校讲授中国政治思想史，12月20日，他把课程讲义整理成为《先秦政治思想史》一书。在这本思想著作中，梁启超虽然还是坚持以"法治主义"命名法家学说，认为："法治主义，则起源甚早，管仲、子产时确已萌芽，其学理上之根据，则儒道墨三家皆各有一部分为之先导。"① 但是，在此时的梁启超看来，法家的"法治主义"存在着致命的缺陷。梁启超主要从以下几个方面阐明了法家"法治主义"的弊端。

首先，"法家最大缺点在立法权不能正本清源。彼宗固力言君主当'置法以自治立仪以自正'，力言人君'弃法而好行私谓之乱'，然问法何自出，谁实制之，则仍曰君主而已。夫法之立与废，不过一事实中之两面。立法权在何人，则废法权即在其人。此理论上当然之结果也。"② 制定法律的权力归属于君主，废除法律的权力也由君主享有，在梁启超看来，这构成了法家"法治主义"最大的缺点——它"尊权而不尊民"③，缺少对于人民地位的尊重与承认。④ 这就是说，在此时的梁启超看来，严格意义上的"法治主义"，应当承认人民的立法权。用现在的

---

① 梁启超.先秦政治思想史//梁启超全集.北京：北京出版社，1999：3669.

② 同①3677.

③ 同①3691.

④ 也许有人认为，早在1902年，梁启超就在《论立法权》一文中提出了立法权应当归属于民众的思想——"然则今日求国家意志之所在，舍国民奚属哉！"似乎早期的梁启超就已经认识到这个问题了，不必等到20世纪20年代，不必诸《先秦政治思想史》。对于这个责难，我的回答是：一方面，梁启超在1902年提出的"立法权归国民"的思想，只是救亡图存的一个手段或措施，是一种权宜之计，最终的目标依然是维护君主的利益。因为在"然则今日求国家意志之所在，舍国民奚属哉"之后，梁启超紧接着又说："况以立法权界民国，其实于君主之尊严，非有所损也。"（梁启超全集.北京：北京出版社，1999：798.）这就意味着，此时的梁启超，尽管主张立法权归民众，但仍立足于君主的利益与立场，与传统中国的法家学说，在本质上是共通的。另一方面，梁启超在这里讨论的主题，是立法权的问题，与本章讨论的梁启超的"法治主义"概念虽有联系，但着眼点还是有差别的。

第三章 梁启超的法治主义：从救亡本位到启蒙本位的转变

话说，就是要恪守民主立法。

其次，法家的"法治主义"没有建立立宪政体，也没有监督机关，因而是不合格的"法治主义"。梁启超说："欲法治主义言之成理，最少亦须有如现代立宪政体者以盾其后，而惜乎彼宗之未涉及此也。……夫无监督机关，君主可以自由废法而不肯废法，则其人必尧舜也。夫待尧舜而法乃存，则仍是人治而非法治也。……法家之论治也，颇有似今日军阀官僚反对民治主义者之所云。今语军阀官僚以民治，彼辈则曰：'国民程度不足。'盖法家之言亦曰：'民智之不可用也，犹婴儿之心也，夫婴儿不剔首则腹痛，……剔首……必一人抱之，慈母治之，犹啼呼不止。婴儿子不知犯其所小苦致其所大利也'。"① 换言之，法家学说中没有宪政体制的安排，更没有设立监督机关，完全把希望寄托在君主的品德上，这就表明，法家的"法治主义"本质上仍然是人治主义；而且，法家的逻辑就像当时军阀的逻辑，都是借口民智低下，不把民众当回事，因而是反民治主义的。

最后，法家的"法治主义"拒不承认个体的自由个性，把人当作物来处理，没有体现人的尊严与人的主体地位，因而只是一种机械的"物治主义"。梁启超说，法家"思想以'唯物观'为出发点，常注意当时此地之环境，又深信政府万能，而不承认人类个性之神圣。其政治论主张严格的干涉，但干涉须以客观的'物准'为工具，而不容主治者以心为高下。人民惟于法律容许之范围内，得有自由与平等。吾名之曰'物治主义'或'法治主义'"②。因此，法家的"法治主义者，其实则物治主义也"③。所谓"物治主义"，就是"纯以客观的物准驭事变，

---

① 梁启超. 先秦政治思想史//梁启超全集. 北京：北京出版社，1999：3678.
② 同①3636.
③ 同①3674.

其性质恰如权衡规矩"①。而且，法家"所谓'以法治国则举而措之而已'者，稍有常识，当知其不然也。不特此也，就令人人不作弊于法之中，人人能奉法为神圣以相检制，而其去治道也犹远。盖法治最高成绩，不外'齐一其民'，不外'壹同天下之义'，其结果则如陶之制埴，千器万器，同肖一型，个人之个性，为国家吞灭净尽。……法家言最大之流毒，实在此一点上。……要而论之，儒家以活的动的生机的唯心的人生观为立脚点，其政治论当然归宿于仁治主义，即人治主义。法家以道家之死的静的机械的唯物的人生观为立脚点，其政治论当然归宿于法治主义，即物治主义。两家孰优孰劣，以吾济观之，盖不烦言而决也。"② 在这里，梁启超又把法家"最大之流毒"，归结于国家对于公民个性的吞噬。在价值位阶上，法家的"法治主义"作为一种"治道"，甚至远逊于儒家的人治主义。

至此，梁启超对于法家"法治主义"的态度，就不只是批评了，几乎是进行了全面的否定，法家"法治主义"作为一种思想体系、作为一种"治道"，其正当性几乎丧失殆尽。

概而言之，在此时的梁启超看来，法家及其"法治主义"的缺陷主要包括：忽视民众，反对民治主义；没有监督，滑向人治主义；泯灭个性，沦为"物治主义"。这几个方面的批评表明，梁启超心中理想的法治主义图景已经发生了实质性的变化：传统中国的法家学说，已经不是严格意义上的法治主义了；只有欧美近现代的法治理论及实践，譬如民主立法、主权在民、权力制约、自由个性等，才是值得追求的法治目标。由此可见，梁启超晚年的"法治主义"思想，主要是通过批判传统法家学说的方式体现出来的，主要是以欧美近现代的法治作为理想图

---

① 梁启超. 先秦政治思想史//梁启超全集. 北京：北京出版社，1999：3670.
② 同①3679.

景的。"法治主义"是否有助于"救亡""救时",已经无关紧要了。"法治主义"可以与"救时"无关,但"法治主义"必须承认民治主义、权力监督、自由个性——这样的"法治主义"观念,已经超越了一个政治救亡者的角色定位,已经体现了一个思想启蒙者的基本品格。

五、如何解释梁启超法治主义的转向

20 世纪 80 年代,李泽厚在分析"五四"时期知识分子群体的走向时,曾经论证了一个颇有影响的命题:救亡压倒启蒙。他说:"五四时期启蒙和救亡并行不悖相得益彰的局面并没有延续多久,时代的危亡局势和剧烈的现实斗争,迫使政治救亡的主题又一次全面压倒了思想启蒙的主题。"[①] 李泽厚的这句话描述了"五四"时期多数知识分子的共同命运,但却不可能适用于那个时代的每一个知识分子,尤其不适合描述梁启超在"五四"时期的思想轨迹。因为梁启超恰好走上了一条相反的路:从救亡转向启蒙。

梁启超的前半生颠沛流离,时时卷入政治旋涡,可谓政治救亡的行动者。早在 1895 年 3 月 28 日,时年 22 岁的梁启超为了反对《马关条约》,就在北京发动了广东、湖南两省举人上书都察院,要求拒绝中日议和。这个行动,比康有为主导的 1 300 多名举人联名上书(5 月 2 日),还要早一个多月。从那以后,梁启超就开始了自己的以办报为核心的多方面的政治活动。而

---

① 李泽厚. 中国现代思想史论. 北京:生活·读书·新知三联书店,2008:29.

办报的宗旨，正是宣传"变法图存"。他参与戊戌新政，新政失败后又逃亡日本，后来又参加护国战争、出任司法总长及币制局总裁，诸如此类的活动，其总体的指向与目标，就是政治救亡。这是那个时代的最强音。梁启超置身于那个时代最激烈的政治旋涡中，既受到了时代潮流的推动，同时也是"救亡"大潮的积极推动者和主要塑造者。

这样的身份和角色意味着，梁启超早期对于"法治主义"的阐释，绝不仅仅是一种学术性、经院化的推导与演绎，也不能把他看作是一个专业性的法治理论家或法学家，他在阐述自己的"法治主义"的时候，在相当程度上，是在服务于救亡图存这个极端现实、极其迫切的政治主题的，政治高于学理，实效重于真知。他建构的关于"法治主义"的话语体系，与其说是关于法治主义的学术论文、法学论文，不如说是一系列鼓动变法、唤起民众、以求救亡图存的政治檄文，且确实也达到了"振臂一呼、应者云集"的效果。因此，梁启超早期的"法治主义"概念与话语，都应当在这种救亡图存的急迫背景下来理解，都应当从政治宣传的角度来理解。在梁启超生活的时代，《民报》就载文斥之为"蝙蝠名士""反复小人"[1]，其师康有为则说他"流质易变"[2]；在《清代学术概论》中，梁启超也承认自己"保守性与进取性常交战于胸中"，"不惜以今日之我，难昔日之我"，"世多以此为诟病，而其言论之效力亦往往相消，盖生性之弱点然矣"[3]。其实，梁启超的个性特征固然值得重视，但时代的限制、要求与语境，往往具有更为强烈的影响。清朝末年，救亡是压倒一切的第一主题。在风口浪尖上的梁启超，更是这个主题的主要发言人。他以"法治主义"一词概括法家

---

[1] 李华兴，吴嘉勋. 梁启超选集. 上海：上海人民出版社，1984：1.
[2] 丁文江，赵丰田. 梁启超年谱长编. 上海：上海人民出版社，1983：299.
[3] 梁启超. 清代学术概论. 上海：上海古籍出版社，2005：72.

学说，以之作为"救时之主义"，也就不难理解了。

但是，到了年届五旬之时，梁启超的公众形象与自我定位都发生了一个微妙但深刻的变化：他已经从一个政治的救亡者，更多地变成了一个思想的启蒙者，转而严厉地批判传统中国的法家学说及其"法治主义"。

为什么从政治救亡转向思想启蒙？朱维铮的一个说法是：1917年，梁启超"被北洋军头们抛弃，到死也没能重返政坛"[①]，我以为这样的描述不够恰当，顶多说出了事实的一半。梁启超从政治活动转向学术思想，当然有被动的成分，但也绝不乏主动的成分。梁启超与那些两只眼睛只盯着官位的政客虽有某些共性，但还是有实质性的区别。梁启超转向的根本原因，是政治救亡活动的劳而无功；政治实践的不确定因素太多；梁启超二十多年的政治救亡远远没有达到他预期的目标。正如萧公权所说："梁氏清末新政，民国从政，数十年之努力，大致均归失败。然而以后人之眼光平心论之，则梁氏对于民国未尝无重要之功绩"，尤其是他"开通风气之影响，固非吾人所得否认"[②]。萧公权的这个评论表明，梁启超对于时代的核心贡献，并不在于政治上的救亡行动，而在于学术思想建设。

梁启超从救亡到启蒙的转向并不是一夜之间发生的，而是深思熟虑、各种因素交互作用的结果。从时间上看，这种转向的标志性年份是1918年，它是梁启超从救亡本位走向启蒙本位的一个转折点。据《梁启超年谱》记载，这一年的七八月间，在写给陈叔通的一封信中，梁启超说，"倾复思出杂志，专言学问，不涉政论"[③]。10月26日，梁启超又就和平及国事问题向

---

① 朱维铮. 前言//梁启超. 清代学术概论. 上海：上海古籍出版社，2005：17.
② 萧公权. 中国政治思想史. 北京：新星出版社，2005：515.
③ 丁文江，赵丰田. 梁启超年谱长编. 上海：上海人民出版社，1983：863.

记者发表谈话，表示："吾自觉欲效忠于国家社会，毋宁以全力尽瘁于著述，为能尽吾天职，故毅然中止政治生涯，非俟著述之愿略酬，决不更为政治活动。故凡含有政治意味之团体，概不愿加入。"又说："今中止政治生涯，将从别方面有所积极耳"①。12月28日，梁启超由上海起航，赴欧洲游历，临行之前，他"和张东荪、黄溯初谈了一个通宵，着实将从前迷梦的政治活动忏悔一番，相约以后决然舍弃，要从思想界尽些微力，这一席话要算我们朋辈中换了一个新生命了"②。1918年下半年来的这些话，反反复复地传递了一个相同的信息：梁启超希望把自己的后半生，从政治救亡转向思想启蒙。两年后的1920年，梁启超又在《清代学术概论》一书中写道："启超虽自知其短，而改之不勇，中间又屡为无聊的政治活动所牵率，耗其精而荒其业。识者谓启超若能永远绝意政治，且裁敛其学问欲，专精于一二点，则于将来之思想界尚更有所贡献。"③ 这里的"永远绝意政治"虽出自"识者"的建议，但得到了"启超"的认同，则是毫无疑义的。

正是在这样的权衡中，梁启超或主动或被动地从政治救亡实践中逐渐隐退，从而把自己的重心更多地转向了学术研究与思想启蒙。"从一九二〇年三月他从欧洲回国以后，到他于一九二九年一月病逝前，总共八年多，他主要以学者面目现身。"④ 包括《先秦政治思想史》在内的众多学术思想著作，以及1923年出任清华国学研究院导师等思想学术活动，都是在此期间完成的。不过，我们现在检视梁启超的职业生涯与角色定位，依

---

① 丁文江，赵丰田. 梁启超年谱长编. 上海：上海人民出版社，1983：868-869.
② 同①874.
③ 梁启超. 清代学术概论. 上海：上海古籍出版社，2005：76.
④ 朱维铮. 前言//梁启超. 清代学术概论. 上海：上海古籍出版社，2005：17.

然不妨以 1918 年作为一个分水岭，此前的梁启超"以政治为业"，总是在奔走、呼号、联络、逃亡，因而可以视为一个政治救亡的实践者；此后的梁启超"以学术为业"，因而可以视为一个思想的启蒙者。① 这就是本章解释梁启超的"法治主义"的基本框架。

可见，无论是对梁启超早期的"法治主义"的批判，还是对梁启超晚期的"法治主义"的赞同，其实都没有真正地走进梁启超的世界，都是对于梁启超"法治主义"思想的简单化处理。相反，从救亡本位的"法治主义"走向启蒙本位的"法治主义"，或者说，从政治行动本位的"法治主义"走向学术思想本位的"法治主义"，可以更准确地描绘出梁启超"法治主义"话语的核心精神与本质特征。

六、结论及延伸性讨论

早期（1918 年以前）的梁启超以"法治主义"概括传统中国的法家学说，这种"法治主义"话语的逻辑，实际上是"救时"逻辑、"变法图存"逻辑的运用与延伸。

要救时就要变法，变法的方向表面上虽然指向了从西方传来的具有普遍意义的"法治主义"，实质上却链接到传统中国古已有之的法家学说。这就是说，梁启超以维新变法的名义、以"反传统"的名义、以改革家的名义千呼万唤的灵丹妙药，其实

---

① 有一个细节也可以佐证这个判断：1921 年 5 月 16 日，梁启超在致梁思顺的一封家信中写道："吾自汝行后，未尝入京，且除就餐外，未尝离书案一步，偶欲治他事，辄为著书之念所夺，故并汝处亦未通书也。"丁文江，赵丰田. 梁启超年谱长编. 上海：上海人民出版社，1983：930.

还是在传统之内，这是一个令人困惑的悖论。对于这个悖论，葛兆光有一个解释，他说："所谓'传统'并不是只强调接续的意义，在中国的传统中是有一种内在的紧张的，人们常常忽略了'传统'中本来就包含了'复古''革命''更化'等等反传统的倾向和资源，因此，当人们在痛感传统失去意义的时候，也会从传统的另一个口袋中找到资源，正因为如此，中国近代反传统主义者，恰恰是从传统和经典的资源出发的，像康有为、梁启超，像公羊学、大同论等等，在这些思想中，民族主义由世界的普遍价值出发，世界主义靠民族的实际存在而获得普遍意义。"① 按照这个解释框架，梁启超早期的"法治主义"论，正像康有为的"大同论"一样，都是从世界的普遍价值，亦即欧美流行的法治主义出发的；至于欧美的法治主义，也正是靠着传统中国法家学说的实际存在，而在中国获得了普遍意义与现实意义。

晚期（1918 年以后）的梁启超逐渐淡出了第一线的政治活动，他的"法治主义"话语主要体现为批判传统的法家学说，转而强调欧美法治的核心要素。这种政治行动上的撤退，其实意味着思想启蒙上的挺进，也从一个特殊的层面上，展示了梁启超在根本问题上的一种觉悟。陈独秀曾说："儒者三纲之说为吾伦理政治之大原，共贯共条，莫可偏废……近世西洋之道德政治，乃以自由、平等、独立之说为大原，……此东西文化之一大分水岭也。……此而不能觉悟，则前之所谓觉悟者，非彻底之觉悟，盖犹在徜徉迷离之境。吾敢断言曰，伦理之觉悟为最后觉悟之觉悟。"② 这就是说，从"儒家三纲"转向自由、平等、独立（"新三纲"?），才是思想启蒙的终极使命。套用陈独

---

① 葛兆光. 中国思想史：第 2 卷. 上海：复旦大学出版社，2001：548-549.
② 陈独秀. 吾人最后之觉悟//任建树，张统模，吴信忠. 陈独秀著作选：第 1 卷. 上海：上海人民出版社，1993：179.

秀的这个说法，梁启超从浮泛的政治转向深刻的思想，既是在为自己、也是在为中国人寻求安身立命的"最后之觉悟"。

章学诚说："不知古人之世，不可妄论古人文辞也。知其世矣，不知古人之身处，亦不可以遽论其文也。"① 按照这样的训诫，梁启超关于"法治主义"的"辞"与"文"，我们就不能简单地以今人的眼光去打量，而是必须回到梁启超当时的生活世界与个人境遇，必须在当时的语境中还原其思想观念。只有这样，我们对于梁启超反复论述的"法治主义"，尤其是对于 20 世纪初期的法治观念以及由此生成的中国现代法治传统，才能获得更细致、更妥当的理解。

(原载《新疆社会科学》2011 年第 2 期)

---

① 章学诚. 文史通义全译. 严杰，武秀成，译注. 贵阳：贵州人民出版社，1997：336.

第四章 法治主义及其对立面：梁启超对法家思想的界分

一、问题意识与基本思路

关于先秦法家与现代法治的关系，学界的看法差异较大，甚至严重对立。譬如，有学者认为，先秦法家表达了一种最低限度的法治概念，因为，"法家有关法的许多见解构成了当代中国法治问题的'遗传共业'。虽然不能把'以法治国'作为现代法治概念加以使用，但它无疑是法治概念最基本、最重要的内容。法家的法思想与普世主义法治观的某些观点的异曲同工之处"，可以从多个方面体现出来，譬如，关于法律规则的看法，形式主义法治等。① 这就是说，先秦法家思想与现代法治是相

---

① 王人博. 一个最低限度的法治概念——对中国法家思想的现代诠释. 法学论坛，2003（1）.

第四章　法治主义及其对立面：梁启超对法家思想的界分

通的，有很多方面是异曲同工的。但是，另一种观点则认为，先秦法家与现代的法治甚至法律，根本就没有任何关联，"把法家思想与法律和审判联系起来，是错误的，用现代的术语说，法家所讲的是组织和领导的理论和方法，谁若想组织人民，充当领导，谁就会发现法家的理论与实践仍然很有教益，很有用处，但是有一条，就是他一定要愿意走极权主义的路线"[①]。既然先秦法家与法律、审判都没有什么联系，先秦法家与现代法治的联系就更是无从谈起了。

那么，到底应当如何理解先秦法家与现代法治的关系呢？它们之间到底有没有关联呢？对此，我们可以从两个不同的视角来分析。一方面，从现代法治的角度来看先秦法家，先秦法家表达的某些思想能够为现代法治所吸纳（详见下文的分析），先秦法家与现代法治之间，确实存在着一些交叉地带。另一方面，如果我们从法家思想的角度、立场来看法治，则可以发现，当代中国兴起的依法治国，在一定程度上可以视为传统法家的延伸。这就意味着，进一步思考先秦法家与现代法治的关系，是一个既有思想意义、同时也有现实意义的学术主题。

从先秦法家与现代法治的关系着眼，法家思想的演进历程可以分为三个阶段：先秦法家代表了法家的第一期。20世纪上半叶，从清末至民国的"新法家"，是法家的第二期。20世纪中叶以来的法家，尤其是20世纪晚期以来日渐兴起的依法治国，代表了法家的第三期。[②] 多年来，学界较多地注意到了法家第一期与法家第三期——关于先秦法家的研究文献，以及关于新时期以来依法治国理论与实践的研究文献，可谓汗牛充栋。但对于法家第二期，则有所忽视。在法家第二期的代表人物中，

---

① 冯友兰. 中国哲学简史. 北京：北京大学出版社，1996：135-136.
② 喻中. 法家第三期：全面推进依法治国的思想史解释. 法学论坛，2015(1).

既包括显见的陈启天,也包括隐匿的梁启超。关于陈启天的法家思想,学界已有专门的研究①,但从法家第二期的角度,研究法家思想谱系中的梁启超,似乎还没有引起学界的足够重视。

有鉴于此,本章拟在"法家思想研究""梁启超研究""法治研究"等多个理论板块的交叉地带,从法家思想演进的角度,分析法家第二期代表人物梁启超对于第一期法家思想的认知,剖析的重点是梁启超对于法家思想中的法治主义及其对立面的界分。做出这样的选择,主要基于两个方面的考虑:一方面,从思想史的层面,揭示法家第二期对于法家第一期的批判性吸纳,以及法家思想从第一期到第二期的传承与演进。另一方面,从东西文化比较的角度,解释梁启超对于先秦法家思想的界分,梁启超的观点如何影响西方世界,西方世界又如何影响了梁启超的观点。为了实现这样的学术旨趣,下文首先分析梁启超早年对于法家思想中法治主义与非法治主义的界分,接下来,分析梁启超后期对于法家思想中法治主义与非法治主义的界分。在此基础上,略述梁启超关于法家思想的界分对于西方世界所产生的影响,以及西方世界对于梁启超的界分所产生的影响。通过这种双向的考察,揭示梁启超界分法家思想中的法治主义及其对立面的意义与旨趣。最后是一个简单的结语。

二、梁启超早年对法家思想的界分

梁启超早年关于法家思想的界分,是他界分法家思想的第

---

① 程燎原. 论"新法家"陈启天的"新法治观". 政法论坛, 2009 (3).

第四章　法治主义及其对立面：梁启超对法家思想的界分

一次尝试。这次尝试主要体现在1904年的《中国法理学发达史论》一文中。这篇关于先秦时期法理学的论文，论述的焦点与轴心是法治主义。根据这篇论文的观点，中国的法治主义萌生于春秋初年，鼎盛于战国末年。其间，与法治主义对峙的思想主要包括四种：放任主义、人治主义、礼治主义、势治主义。遗憾的是，这"四者皆不足以救时弊，于是法治主义应运而生焉"①。

其中，放任主义主要出于道家，道家的"无为""以不治为治"，可以概括为放任主义。礼治主义主要是由儒家来代表的。至于人治主义，既是墨家的主张，又是儒家的主张。大致说来，梁启超分述的多种"主义"，并不能与各个学派一一对应。因此，法治主义虽然是法家的主张，虽然主要是由法家学派来阐述的，但是，法治主义并不是法家学派的专属标签，因为，势治主义也是法家的主张，法家学派同时还阐述了势治主义。

在法家学派内部，慎到是势治主义的主要代表，管子则是法治主义的先驱。《管子·任法篇》称："君臣上下贵贱皆从法，此之谓大治"，就是关于法治主义的概括。《韩非子》也记载了很多法治主义的言论，譬如《韩非子·难二篇》称："人主虽使人，必度量准之，以刑名参之；以事遇于法则行，不遇于法则止。"也是对法治主义的正面表达。相比之下，《韩非子·难势篇》则体现了法家学派内部法治主义与势治主义之间的对立。顾名思义，"难势"就是对"势治主义"的责难与批判。

正是依据《韩非子·难势篇》，梁启超对法治主义与势治主义的关系进行了初步的界定。一方面，法治主义与势治主义具有一定的相关性。因为，"法治必籍强制而始实现，强制必籍权

---

① 梁启超. 中国法理学发达史论//梁启超全集. 北京：北京出版社，1999：1269.

力而后能行。故言法治者，动与势治相混，几成二位一体之关系（法家以势治立言者甚多，今不暇枚举）"。这就是说，法治离不开以权力为支撑的强制力，而权力与权势没有本质的区别，甚至是同一个事物的不同侧面。因此，法治主义与势治主义总是混在一起的，或者说，法治主义不能离开势治主义而独立存在。但是，另一方面，法治主义并不认同势治主义，"法家决非徒任势者。且决非许任势者，凡以势言法者，非真法家言也"①。梁启超的这个论断，对法家进行了限缩性的解释："真法家"是讲法治的；讲势治的法家，以势治立言的法家，并不是"真法家"。

这样的判断，与前面所说的"法家以势治立言者甚多"，在逻辑上是相互矛盾的。按照"真法家"的标准，"以势治立言者"并不属于法家；但是，法家又包含了甚多的"以势治立言者"。这种前后不一的观点，表明了梁启超的价值立场：对法治主义的推崇。因为，正是在这篇《中国法理学发达史论》中，梁启超提出了"法治主义，为今日救时唯一之主义"的论断。②这种唯一可以依靠的法治主义，正是法家阐述的法治主义。由此可见，梁启超在价值上偏好法家思想中的法治主义，排斥法家思想中的势治主义。正是这种价值上的强烈偏好，冲击了梁启超在理论逻辑上的自洽：把主张势治主义的法家排斥在法家之外，至少也是排斥在"真法家"之外。

当然，在宽泛的意义上，主张势治主义的法家也可以归属于法家。由此，法家学派中，就存在着法治主义与势治主义两种不同的思想。而且，"法治与势治之区别，甚明。势也者，权力也。法治固万不能舍权力。然未有法以前，则权力为绝对的。既有法

---

① 梁启超. 中国法理学发达史论//梁启超全集. 北京：北京出版社，1999：1278.

② 同①1255.

以后，则权力为关系的。绝对的故无限制，关系的故有限制。权力既有限制，则受治于其权力下者，亦得确实之保障矣"①。

概而言之，法治主义与势治主义的区别在于：势治主义的要义是权力之治、权势之治，其特征主要体现为权力是无限的、绝对的、不受限制的，这样的势治主义，大约可以等同于现代所谓的专制主义或极权主义。而且，在势治主义的支配下，被治理者的权利得不到保障。与这样的势治主义相对应，法治主义的要义是权力受法的严格限制。法治主义也需要权力作为支撑。没有权力及其强制性的力量，法治也不能存在。但是，在法治主义的支配下，由于权力受到了法的限制与约束，权力不能恣意行使，这就可以有效地保障被治理者的权利。这些观点，体现了梁启超早期对于法家思想中法治主义及其对立面的界分。

三、梁启超后期对法家思想的界分

1922年完成的讲义《先秦政治思想史》，是梁启超后期思想的定型化表达。在此书之第十三章"法家思想"中，梁启超对法家学派与法治主义进行了理论上的切割："法家成为一有系统之学派，为时甚晚，盖自慎到、尹文、韩非以后。然法治主义，则起原甚早。管仲、子产时确已萌芽。其学理上之根据，则儒道墨三家皆各有一部分为之先导。"② 这就是说，法治主义与法家学派不能画等号。法治主义是一种渊源于管子的思想；

---

① 梁启超. 中国法理学发达史论//梁启超全集. 北京：北京出版社，1999：1279.

② 梁启超. 先秦政治思想史//梁启超全集. 北京：北京出版社，1999：3669.

作为一个学派的法家，则是慎到、尹文、韩非时代才出现的。从法家学派的角度来看，在"当时所谓法家者流中，尚有两派与法治主义极易相混而实大不同者，一曰术治主义，二曰势治主义。"① 换言之，法家学派的思想可以一分为三：法治主义、术治主义与势治主义。法治主义与其他两派的差异可以分述如下。

（一）法治主义与术治主义

法治主义与术治主义之间，是相互对立的关系。它们之间的对立缘于法与术是"相反之两名词"。概而言之，"术治主义者，其作用全在秘密"，与"编著诸图籍布之于百姓"之公开而画一的"法"，其性质完全不同。术治主义的主要代表是申不害。"申子一派，殆如欧洲中世米奇维里辈，主张用阴谋以为操纵，战国时纵横家所最乐道，亦时主所最乐闻也。而其说为法家正面之敌。"② 把中国的申不害比作意大利的马基雅维利，术治主义也可以说就是传统中国的马基雅维利主义。这样的术治主义，完全处于法治主义的对立面，是法治主义的正面之敌。

术治主义由申不害表达，关于法治主义的表达同样见于《管子》《韩非子》。譬如，《管子·任法篇》说："任法而不任智。"意思是，要实现国家治理，只能依靠法律，不能依靠计谋。《管子·明法篇》说："威不两错，政不二门，以法治国，则举措而已。"根据这句被反复引证的管子之言，现代学者得出的结论是："法治者管子治术之主干也。"③《管子·君臣篇》又说："有道之君，善明设法而不以私防者也。而无道之君，既已

---

① 梁启超. 先秦政治思想史//梁启超全集. 北京：北京出版社，1999：3671.
② 同①.
③ 萧公权. 中国政治思想史. 北京：新星出版社，2005：132.

设法，则舍法而行其私者也。……为人君者弃法而好行私，谓之乱。"正是为了防乱，为了求治，《韩非子·有度篇》才提出"奉公法，废私术"这一格言式的论断。

可见，法治主义与术治主义之间的对立主要体现在：第一，法治主义所依据的法是公开的、确定的；术治主义所依据的术是秘密的、隐藏的，因而也是不确定的。第二，法治主义是约束君主的，"实于好作聪明之君主最不便。此所以商鞅、吴起，最能致国于盛强而身终为谬也"[①]。术治主义则是迎合君主的，就像马基雅维利主义是迎合君主的。第三，法治主义是"为公"的主义，它依据的是"公法"，因而是实现国家强盛、国家治理的主义；术治主义是"为私"的主义，它依据的是"私术"，只是为了满足君主的一己之私，最终必将导致混乱。

（二）法治主义与势治主义

法治主义与势治主义也是相互对立的。势治主义代表人物慎到的名言是："尧为匹夫，不能治三人。而桀为天子，能乱天下。吾以此知势位之足恃，而贤智之不足慕也。"《韩非子·难势篇》对这样的势治主义进行了批判："夫势者，非能必使贤者用己，而不肖者不用己也。贤者用之则天下治，不肖者用之则天下乱。人之情性，贤者寡而不肖者众，而以威势济乱世之不肖人，则是以势乱天下者多矣，以势治天下者寡者。"梁启超由此发现："势治者正专制行为，而法治则专制之反面也。势治者自然的惰性之产物，法治则人为的努力所创造。故彼非人所得设，而此则人所得设也，是法与势之异也。"[②]

---

① 梁启超. 先秦政治思想史//梁启超全集. 北京：北京出版社，1999：3672.
② 同①.

由此，可以看到法治主义与势治主义之间的对立：第一，势治主义的产物是专制，法治主义的产物是专制的反面——梁启超虽然没有指出专制的反面是什么（譬如民主之类），但法治的产物显然不是专制。第二，势治主义是自然形成的，是随机产生的。如果占据权势者是尧那样的人，那就天下大治；如果占据权势者是桀那样的人，那就天下大乱。势治导致的结果也是自然形成、随机产生的。但是，法治却是政治家积极努力的结果。因为，无论是制定法律还是执行法律，都需要发挥政治家的创造性、能动性，甚至也是整个政治共同体积极努力、共同合作的结果。第三，势治主义很难导致天下大治，因为在政治共同体中，势治所期待的贤者总是很少，而不肖者却很常见。但是，法治主义却能形成天下大治的局面。因为法治主义并不指望贤人当政，"中者"依据法治主义就可以实现天下大治。——正如《韩非子·难势篇》所言："且夫尧舜桀纣，千世而一出，……中者上不及尧舜，而下者亦不为桀纣。抱法则治，背法则乱。背法而待尧舜，尧舜至乃治，是千世乱而一治也。抱法而待桀纣，桀纣于乃乱，是千世治而一乱也。"

比较梁启超早期与后期的代表性论著，可以看到，梁启超对法家思想的界分大同而小异。"大同"的方面体现在：都是站在法治主义的立场上，界分了法家思想中的法治主义与非法治主义，都是推崇法治主义而贬斥非法治主义。"小异"的方面体现在：在1904年的《中国法理学发达史论》中，法治主义的对立面是势治主义；在1922年的《先秦政治思想史》中，法治主义的对立面既包括势治主义，也包括术治主义。这就意味着，梁启超关于法家思想的界分是发展的、变化的，《先秦政治思想史》体现了梁启超界分法家思想的定型化表达。

四、梁启超界分法家思想的域外影响

由于势治主义与术治主义都处于法治主义的对立面，因而先秦法家思想可以分为两大阵营：法治主义与非法治主义。梁启超关于法家思想的这种界分，早在20世纪20年代，就已经引起了域外学术思想界的注意。

1926年，亦即梁启超的《先秦政治思想史》正式发表四年之后，其中的"法家思想"部分，亦即本章讨论的部分，就被法国民法学家、比较法学家让·埃斯卡拉（Jear Escarra, 1885—1955）译成法文，并以《先秦法的概念与法家理论》之名予以出版。在此值得一提的是，埃斯卡拉于1921年至1930年之间，曾经担任中华民国国民政府法律顾问。他于1936年出版的《中国法》（Le Droit Chinois），受到了西方学术界的高度评价，他本人则被哈佛大学安守廉教授（William Alford）称为"欧洲中国法顶尖专家及中国法国际先驱之一"[1]。正是这位中国法的研究者，把梁启超的《先秦政治思想史》中关于法家思想的部分传播至西方世界。

1927年，年仅25岁的法国思想家科耶夫（Alexandre Kojève, 1902—1968）萌生了对于中文及中国思想文化的兴趣[2]，他在阅读了法文版的《先秦法的概念与法家理论》之后，

---

[1] 蒋隽. 《中国法》及其作者让·埃斯卡拉//中国法律史学会. 法史学刊：第1卷. 北京：社会科学文献出版社，2007：453.

[2] 根据科耶夫的传记："从1927年起，他在索邦和高等研究实践学校，除了宗教学和哲学之外，他还学了俄国文学、梵文、中文和藏文。"奥弗莱，科耶夫. 哲学、国家与历史的终结. 张尧均，译. 北京：商务印书馆，2013：166. 据此，很可能在学习中文的过程中，科耶夫萌生了对于梁启超著作的兴趣。

以《评梁启超〈先秦法的概念与法家理论〉》为题，为该书写下了一篇评论。在这篇评论中，科耶夫写道："译者（大概也包括作者本人）在出版这本书的时候，都追求现实的政治目标：在法家学说中寻求亲西方的中国思想流派（方向），他们致力于恢复那些被希望的学说，从而使新的中国的建设以及中国与西方的接受变得更容易。"①

这就是说，《先秦政治思想史》的作者梁启超与译者埃斯卡拉一样，都希望在法家学说中寻求亲西方的中国思想，或者是，寻求能够被中西方接受的思想。梁启超对法家思想进行界分，把法家思想中的法治主义单独提炼出来，并予以进一步的突显，使之与术治主义、势治主义形成某种对照，就是在法家思想中寻求中西方可以接受、能够理解的法治主义。

因而，梁启超对法家思想的划分、尤其是对法家法治主义的彰显，让科耶夫产生了这样的印象："所有中国对法的理解中有价值的地方都是法家创造的，这些东西为新的中国奠定了基础，新的中国只需要发展这一基础，来达到西方已获得的成就。"② 在这里，科耶夫认同法家的法治主义，在相当程度上是基于对梁启超观点的认同，因为梁启超把法治主义归属于法家，而法治主义是西方文明的一个组成部分，它促成了"西方已获得的成就"。

对于法家的法治主义，科耶夫的看法是，法家"关于法的学说并不是源于实际上的新思想，而是来源于现实政治的实际需要：他们与儒家的争议不是中国思想不同流派间的争议，而是实践政治家与哲学理论家（如果合适的话，可称为乌托邦主义者）间的争议。所以他们的法的概念与罗马的法的思想没有

---

① 科耶夫. 评梁启超《先秦法的概念与法家理论》（手稿，1927 年，法国国家图书馆）//肖琦. 科耶夫与中国. 华东师范大学学报，2013 (5).

② 同①.

任何共同之处：他们的法不是绝对的，它仅仅是国家手中的一种实用工具，而这种工具还处于与国家的职能关系中，或者确切地说是与其首领间的关系。就如梁启超说的，这不是因为法家学者们没有考虑好自己的前提条件，而是他们基本观点的直接后果。这样一来，在科耶夫那里，刚被梁启超从术治和势治中解救出来的法家思想再一次遁入其所谓的'米奇维里'辈之列。科耶夫甚至认为，不能把法家看作亲西方的思想，他们学说的理论方面并没有任何创新之处，对中国的思想不具有深刻的影响"①。

科耶夫进一步指出："即使希望在法家理论中寻找关于法的新学说，也不该忽略这种学说与中国一点关系都没有，甚至，在当今的中国'西方主义者'也不完全赞同他们。"换言之，梁启超在法家思想中挑选出来的法治主义，如果把它理解为西方意义上的法治，那么，它与古代中国没有关联，因为古代中国不可能有西方意义上的法治。对于梁启超本人及埃斯卡拉法译的《先秦法的概念与法家理论》，科耶夫的看法是，"梁启超无法完全站到接近他自己支持的西方的法家观点那边去"，而且，梁启超的"阐述带有某种主观局限性。一方面，他所采用的法家学派的概念极其宽泛，将所有观点与此学派采用的主要观点的定义相符的人都纳入了这个学派，而从另一方面看，他着重强调了支撑这一定义的引文，自己却什么都没有说。"②

这些出自异域思想家的评论，无论是肯定性的评论还是否定性的评论，无论是否恰当，无论是否带有评论者自己的立场（这几乎是不可避免的），都可以说明梁启超关于法家思想的论述与界分在西方主流思想界所产生的影响。

---

① 肖琦. 科耶夫与中国. 华东师范大学学报，2013（5）.
② 同①.

五、梁启超界分法家思想的西方背景

梁启超对法家思想的界分，一方面，对西方学界产生了一定的影响，受到了西方学界的关注；另一方面，从根本上说，则是西方思想影响下的产物。而且，从影响的程度来看，西方世界影响梁启超的程度，远远大于梁启超影响西方世界的程度。那么，是西方世界中的哪些思想影响了梁启超对于法家思想的界分呢？倘若要全面地看，1922年之前的梁启超所接触到的所有西方思想，都对他界分法家思想产生了间接的影响。不过，即使只在"法家思想"一章中，我们也可以看到多个方面的西方思想。梁启超把多种西方思想与法家思想混在一起予以论述，说明这些西方思想直接地、明显地影响了梁启超对于法家思想的界分。

（一）自然法

梁启超对于中国现代法学的重要贡献之一，就是率先把自然法的概念引入中国。早在1904年的《中国法理学发达史论》一文中，梁启超就以自然法比附儒家、道家、墨家的法律观念。据学者考证，这是中国人以自然法概念解释中国古代法的肇始。[①]

在"法家思想"一章中，梁启超同样习惯于以自然法的概念解释法家关于法的概念。他说："广义的法"，"即以自然法为

[①] 俞荣根. 儒家法思想通论. 南宁：广西人民出版社，1992：41.

标准以示人行为之模范也。法家所谓法，当然以此为根本观念，自不待言"①。梁启超举出的例子，是《管子·七法篇》之所言："根天地之气，寒暑之和，水土之性，百姓、鸟兽、草木之生，物虽不甚多，皆均有焉，而未尝变也，谓之则。义也、名也、时也、似也、类也、比也、状也，谓之象。尺寸也、绳墨也、规矩也、衡石也、斗斛也、角量也，谓之法。渐也、顺也、靡也、久也、服也、习也，谓之化。"《管子·七法篇》中的这些论述，在梁启超看来，就表达了法家的自然法观念。梁启超以西方的自然法概念解释法家关于法的概念，一个基本的理论预期就是为法家的法治主义正名：因为法家关于法的概念，能够在西方的自然法理论中得到解释，这就意味着，法家关于法的概念、特别是法家的法治主义，能够在西方世界中得到承认。

（二）立宪政体

在关于法家思想的界分中，西方的立宪政体也是一个重要的思想参照。梁启超认为，法家思想有一个最大的缺陷，那就是，在立法权问题上不能正本清源。法家的法治主义理论虽然提醒君主："弃法而好行私，谓之乱"（《管子·法法篇》），但是，法家面对的法，毕竟还是君主制定的。君主既可以立法，也可以废法，这就让法家的法治主义在实践过程中面临着重大的危险。因此，法家所谓"抱法以待，则千世治而一世乱"的设想，根本就不能成立。"欲法治主义言之成理，最少亦须有如现代所谓立宪政体以盾其后"，但是，法家的法治主义与现代的立宪政体毕竟没有任何关联。《管子·七法篇》虽然指出了"国皆有法，而无使法必行之法"所导致的弊端，但却无法加以解

---

① 梁启超. 先秦政治思想史//梁启超全集. 北京：北京出版社，1999：3670.

决。因为，"'使法必行之法'，在民本的国家之下，能否有之，且未可定。在君权的国家之下，则断无术以解决此问题"①。

这就是法家法治主义的内在难题：在君主政体之下，法律随时可以被废除，法律的执行得不到保障，这就使"抱法以治"从而实现"千世治"的目标成了无源之水、无本之木。梁启超为此提出的对策是，以"立宪政体"盾其后，通过创设"使法必行之法"，以保障"抱法以治"目标的实现。梁启超所谓的立宪政体，并没有一个严格而精准的定义。按照他早期的理解，立宪政体的简称即为宪政②，立宪政体的核心标志是：设立议会，制定宪法。在这样的立宪政体之下，宪法和法律由议会制定，并由议会监督执行，这就在立法权上实现了正本清源。以这样的"立宪政体以盾其后"，有可能克服法家法治主义的最大缺陷。梁启超的这个观点，被学者称为解决"商鞅难题"的"梁启超方案"③。

（三）君主立宪

在立宪政体中，君主立宪是一种特别的、具体的形式。梁启超不仅强调立宪政体，而且还反复提到了立宪政体中的君主立宪。从梁启超的思想历程来看，西方的君主立宪思想与虚君共和实践，尤其是英国的君主立宪，是辛亥革命之前梁启超认同的思想与实践。写于1905年的《开明专制论》堪称梁启超君主立宪思想的集中表达。④ 迁延至1922年的中国，即使在君主

---

① 梁启超. 先秦政治思想史//梁启超全集. 北京：北京出版社，1999：3677.
② 梁启超. 各国宪法异同论//梁启超全集. 北京：北京出版社，1999：318.
③ 程燎原. 法治必以立宪政体盾其后——从"商鞅难题"到"梁启超方案". 南京工业大学学报，2014（2）.
④ 梁启超. 开明专制论//梁启超全集. 北京：北京出版社，1999：1451.

立宪或虚君共和已经没有现实可能性的背景下，源于英国的君主立宪也是梁启超界分法家思想的一个重要参照。

在"法家思想"一章中，梁启超写道："法家根本精神，在认法律为绝对的神圣，不许政府动轶法律范围之外。"这种关于法律神圣、政府守法的思想，见于《管子·法法篇》："明君置法以自治，立仪以自正也……禁胜于身，则令行于民。"这样的法家精神，"可谓与近代所谓君主立宪政体者精神一致"①。而且，按照法家的设想，君主也不必劳神费力去承担更多的责任，"现代法治国元首不负责任，理论亦半同于此"②。可见，法家的法治主义，还可以在君主立宪理论和虚君元首实践中得到解释，君主立宪亦是梁启超界分法家思想的一种具体的参照。

（四）马基雅维利

上文已经提及，梁启超以申不害比附马基雅维利，认为申不害的术治主义就相当于马基雅维利的"权术"论。关于马基雅维利的"权术"论，梁启超写道："米奇维里 Machiavelli，1649生，1527死，意大利人。著有《君主政治论》一书，欧洲人以为近初期一名著也。其书言内治外交皆须用权术，十八九世纪之政治家多视为枕中鸿秘。"③ 梁启超的这种比附，一方面，旨在把法家的法治主义与术治主义区分开来，将申不害的术治主义与马基雅维利主义一起置于道义的低洼地带；另一方面，也可以把法治主义与声名不佳的马基雅维利主义割裂开来，以此提升法治主义的道义基础。

---

① 梁启超. 先秦政治思想史//梁启超全集. 北京：北京出版社，1999：3676.
② 同①3673.
③ 同①3672.

在当代中国的比较文化研究中，学界一般倾向于把韩非子与马基雅维利相提并论。譬如，有学者写道："韩非子与马基雅维里虽然民族不同、国籍不同、时代不同，但在政治理论的建构上却都摆脱了以往的宗教信仰主义和道德理想主义，走上了一条政治功利主义的道路。"① 这样的比较研究，显然与梁启超的旨趣有较大的差距，因为，按照梁启超对法家思想的界分，与马基雅维利相对应的人物不是韩非子，而是申不害；韩非子作为法家思想的集大成者，虽然也吸纳了"术"的因素，但是，韩非子思想中的主要成分是"法"。

六、梁启超界分法家思想的意义追问

根据上文的叙述，梁启超关于法家思想的界分，把法家思想划分为法治主义与反法治的术治主义、势治主义，大致包含了以下两个方面的旨趣与追求。

一方面，以西方的法治思想作为参照，从中国的法家思想中提炼出一个堪与西方法治思想对话的中国式的法治主义，以此说明，法治虽然盛行于西方，但法治也可以"到中国的历史中去寻找相似物和先例"②。为了证明这一点，梁启超把先秦法家思想进行了界分，把法家思想中的术治主义、势治主义打入另册，从而彰显了法家思想中的法治主义。回顾历史，可以发现，"在传统中国，自秦汉迄至清代，许多学者和士大夫都痛恨和诅骂法家之学，甚至视其为必欲摒弃的异端学说。这一传统，

---

① 陈炎. 韩非子与马基雅维里的政治哲学. 复旦学报，2012 (1).
② 勒文森. 梁启超与中国近代思想. 刘伟，刘丽，姜铁军，译. 成都：四川人民出版社，1986：289.

仍在晚清得以延续"①。梁启超的界分旨在矫正这一偏见，进而告诉我们，法家之学绝非一无是处，法家思想中的法治主义就是一个积极的、值得挖掘的、能够产生正面效应的思想；在法家思想中，只有与法治主义相对立的术治主义、势治主义，才是应当摒弃的异端学说，这些反法治的异端学说，可以视为法家思想中黏附在法治主义躯体上的累赘，只要把这样的累赘剥离下来，就可以让法治主义及其支撑的法家思想轻装前行。

另一方面，从更广的视野中看，法家思想中的法治主义虽然源远流长，虽然在价值上优于术治主义与势治主义，但是，法家的法治主义跟儒家的仁治主义相比，毛病与缺陷就显露出来了。梁启超以"物治主义"描述法家的法治主义。梁启超所谓的"物治主义"是指：法律本身相当于衡量事物的秤杆或直尺，法律约束的人，相当于一成不变的死物。这样的法治主义，可谓"物文主义"的"物治主义"②。在实践中，法治主义的最高成绩，不外乎"齐一其民""壹同天下之义"，这样的结果，就像陶工制作陶器，千件万件，同一个模型；个体的个性，被法律与国家吞噬殆尽。把这样的法治逻辑推向实践、推向极致，国家就成为了一个死物。因此，"法家言最大之流毒，实在此一点，儒家惟有见于此，故其政治目的，在'能尽人之性'（《中庸》）"。因此，"吾愿更取儒家最精深博大之语反复乐道曰：'人能弘道，非道弘人。'若以应用于政治，则吾亦曰：'人能制法非法制人'而已矣。要而论之，儒家以活的动的生机的唯心的人生观为立脚点，其政治论当然归宿于仁治主义——即人治

---

① 程燎原. 法家的解放：以《劝学篇》引发的争论为中心. 法学论坛，2015（3）.

② 在当代法学理论中，徐国栋所谓的"物文主义法律观"，居于"人文主义法律观"的对立面，大致可以解释梁启超的"物治主义"。徐国栋. 物文主义民法观的产生和影响. 河北法学，2009（1）.

主义。法家以道家之死的静的机械的唯物的人生观为立脚点，其政治论当然归宿于法治主义——即物治主义。两家孰优孰劣，以吾侪观之，盖不烦言而决也"①。

这就是梁启超对法家法治主义与儒家仁治主义进行比较之后得出的结论：法治主义虽然有助于治理天下，虽然优越于术治主义与势治主义，但法治主义与儒家的仁治主义相比，在精神层面、价值层面上又低了很多，因为"法治"相当于"物治"。在法家法治主义与儒家仁治主义之间，梁启超更多地表达了对于儒家仁治主义的向往。梁启超的这种立场，受到了两个因素的影响。

第一个因素，是梁启超在1918年至1920年之间的欧洲之行。这次欧洲考察，既让梁启超看到了西方在民主法治方面取得的成就，同时也让梁启超看到了西方世界的另一面："崇拜势力，崇拜金钱，成了天经地义；就国家方面论，军国主义、帝国主义变了最时髦的方针。这回全世界国际大战争，其起源实由于此。将来各国内阶级大战争，其起源也实由于此。"从根本上说，"大凡一个人，若使有个安身立命的所在，虽然外界种种困苦，也容易抵抗过去。近来欧洲人，却把这件没有了"②。这就是说，欧洲在民主法治的体制下发展了科学技术，虽然物质发达，但精神迷茫，心灵没有寄托。把欧洲的这种现实格局投射到先秦政治思想，让梁启超注意到，虽然法家法治主义有助于富国强兵，但儒家的仁治主义却有助于实现人的全面发展——"尽人之性"。

第二个因素，是儒家思想与法家思想之间的关系。这是一个复杂而古老的问题，但也不妨一言以蔽之：法家思想虽然实

---

① 梁启超. 先秦政治思想史//梁启超全集. 北京：北京出版社，1999：3679.
② 梁启超. 欧游心影录//梁启超全集. 北京：北京出版社，1999：2972.

用——其中的法治主义很实用，其中的术治主义、势治主义更实用，然而，唯其实用，甚至是过于实用，尤其是彻头彻尾的功利算计，让法家思想——哪怕是其中的法治主义——没有超越性，没有精神魅力，没有精神与道义上的感召力，在人类精神领域缺少高端的贡献。相反，儒家思想——包括其中的仁治主义——虽然有其理想化的一面，甚至有其不切实际的一面，但是，思想的理想化、不切实际，恰恰指示了它的精神高度。也许正是某些儒家思想、儒家仁治主义的"不切实际"，让儒家充当了"半哲学、半宗教"的角色。对于历代中国人来说，儒家思想的魅力远远超越于法家思想，其原因就在这里。梁启超在"法家思想"一章的末尾表达了对儒家的推崇，特别是对儒家仁治主义的推崇，其原因也在这里。

由此，我们可以看到梁启超心镜中的思想图谱：受西方法治理论与法治实践的吸引，梁启超通过对法家思想的界分，通过排斥术治主义与势治主义，在法家思想中挖掘出法治主义，展示了法家思想中具有现代性的、能够为中西方世界所接纳的、具有社会科学性质的知识。但是，从更高的层面来看，法家的法治主义因为其"物治主义"的本性，因为其"把人当作物"的局限性，还不能满足人与国家在更高层面上的精神需要、心灵需要、情感需要。儒家思想由于包含了更加丰沛的人文含量、精神含量，因而在价值位阶上，要高于法家的法治主义。正可谓，"东方的学问，以精神为出发点；西方的学问，以物质为出发点。救知识饥荒，在西方找材料；救精神饥荒，在东方找材料"[①]。

[①] 梁启超. 东南大学课毕告别辞//梁启超全集. 北京：北京出版社，1999：4160. 在这篇作于1923年1月13日的"告别辞"的开端，梁启超就说："诸君！我在这边讲学半年，大家朝夕在一块儿相处，我很觉得愉快。并且因为我任有一定的功能，也催逼着我把这部十万余言的《先秦政治思想史》著成；不然，恐怕要等到十年或十余年之后。"这就是说，关于"西方物质，东方精神"的观点，正是梁启超写作《先秦政治思想史》、对法家思想进行界分之际的基本观念。

七、结语

在梁启超包罗万象的兴趣和论著中,关于法家思想的界分,其实是一个比较细微的问题。但是,本章的分析表明,通过这个思想细节,可以发现西方与东方之间的纠缠,功利与道义之间的权衡,"精神饥荒"与"知识饥荒"之间的对照。梁启超区分法家思想中的法治主义与非法治主义,是"西方""功利"以及"知识"牵引的结果。不过,他以西方观念作为参照来区分法家思想,反过来又引起了西方世界的注意。从这个角度来看,梁启超对法家思想中法治主义及其对立面的界分,堪称烛照东西文明的一面镜子。

梁启超在法家法治主义与儒家仁治主义之间的比较,则可以反映出人文学科与社会科学所承担的不同功能:法家的法治主义作为一种社会科学知识,主要在于满足功利世界、富国强兵的需要;儒家的仁治主义作为一种侧重于人文性质的东方"材料",较多地满足了精神世界、情感世界的需要。由此,即使是在关于法家法治主义的辨析中,也可以看到,梁启超兼具人文学科与社会科学两种头脑,兼顾功利世界与精神世界,在相当程度上占据了一个"超越东西方"的位置。

(原载《社会科学战线》2016 年第 1 期)

第五章　见之于行事：梁启超宪法思想的液态属性

一、视角与理路

关于梁启超的宪法思想，学界已经做出了比较深入而全面的研究，其中既有综合性的研究[①]，同时也不乏专题性的研究。[②] 不过，无论是哪种取向的研究，都倾向于把梁启超的宪

[①] 譬如，邱远猷，王贵松. 梁启超宪法学思想研究. 法学家, 2004 (3). 丁洁林. 梁启超与中国近代宪政. 中国政法大学学报, 2013 (1). 王德志. 论梁启超的宪政学说. 山东社会科学, 2009 (3).

[②] 譬如，熊月之. 论戊戌时期梁启超的民权思想——兼论梁启超与康有为思想的异同. 苏州大学学报, 1984 (2). 李秀清. "梁启超宪草"与民国初期宪政模式的选择. 现代法学, 2001 (6). 龚培. 梁启超的早期议会思想. 武汉纺织大学学报, 2012 (5). 程燎原. 法治必以立宪政体盾其后：从商鞅难题到梁启超方案. 南京工业大学学报, 2014 (3).

法思想或宪法理论做出某种本质主义的界定，即侧重于回答：梁启超的宪法思想是什么？但是，这样的回答恐怕并不符合梁启超的本意，亦不是理解梁启超宪法思想的有效路径。正如日本学者土屋英雄在论及梁启超的民权理论时所言："从体系性的角度或从原典的比较的角度讨论梁在民权救国期的权利—自由论都是费解的。某种意义上说会让人莫名其妙。问题就在于：第一，梁的西方权利—自由论的摄取主要的是通过日本译文以及日本人的论著这一中介（日本式的变形）进行的。第二，梁启超摄取新的权利—自由的目的，并不是为了系统地研究学问，而是要在实践的意义上寻找救国灵药，以充实其时代认识和亡命日本以前的思想理论。"①

按照土屋英雄的观点，从体系性的角度讨论梁启超的"权利—自由论"是不得要领的。同样，从体系性、本质主义的角度解读梁启超的宪法思想或宪法理论也会面临着相似的陷阱。因为，梁启超的宪法思想也像他的权利—自由理论一样，是他在实践过程中寻找救国灵药的产物，因此，还需要引入新的视角、新的理路、新的法学方法，对梁启超的宪法思想做出新的解释。

什么样的新视角、新理路、新方法才能更有效地揭示梁启超宪法思想的本真状态呢？对此，《史记·太史公自序》记载的一句孔子之言颇有借鉴的价值。孔子说："我欲载之空言，不如见之于行事之深切著明也。"② 参照孔子的意见，以"见之于行事"的思维方式来审视梁启超的宪法思想，也许是比较恰切、妥帖的。因为，从历时性的角度来看，梁启超在不同阶段、不同语境下反复致意的宪法，其实并没有一个定型化的指向，亦未得

---

① 土屋英雄. 梁启超的"西洋"摄取与权利—自由论//狭间直树. 梁启超明治日本西方：日本京都大学人文科学研究所共同研究报告. 北京：社会科学文献出版社，2001：124.

② 司马迁. 史记. 长沙：岳麓书社，1988：944.

出一个本质性的结论。相反，梁启超的宪法思想可谓切玉削金，随势赋形，实为不断变迁的宪法情势在梁启超心镜上的投射，具有鲜明的"见之于行事"的液态属性。有鉴于此，本章且以"见之于行事"作为视角，以考察梁启超的"液态"宪法思想。

就演进过程来看，从1899年到1918年，在大约20年的时间段落里，梁启超在不同的时势背景下，分别强调了面相各异的宪法：以议会为核心的宪法，追求君主立宪的宪法，美式共和政体的宪法，优越于约法的宪法，提升国会权能的宪法，以及以职业选举与国民投票为中心的宪法。这些指向各异的宪法图景，都是梁启超先后秉持的宪法观念，它们是流动的、液态的，是梁启超"见之于行事"的思想结果。对于梁启超的颇具液态属性的宪法思想，可以分述如下。

二、以议会为核心的宪法：来自孟德斯鸠的启示

梁启超关于宪法的集中论述，始于1899年。此前，梁启超虽然也曾论及宪法领域内的相关问题，譬如议会、立法、变法等，但是，关于宪法的专题论述暂付阙如。戊戌变法失败后，梁启超在日本人的帮助下，于1898年9月流亡日本。"自此居日本东京者一年，稍能读东文，思想为之一变"①。在1899年的《论学日本文之益》一文中，他述及自己思想视野的变迁："既旅日本数月，肄日本之文，读日本之书，畴昔所未见之籍，纷触于目；畴昔所未穷之理，腾跃于脑。如幽室见日，枯腹得酒，沾沾自喜，而不敢自私。"梁启超注意到，日本"自维新三

---

① 丁文江，赵丰田. 梁启超年谱长编. 上海：上海人民出版社，1983：171.

十年来，广求智识于寰宇，其所译所著有用之书，不下数千种，而尤详于政治学资生学（即理财学，日本谓之经济学），智学（日本谓之哲学），群学（日本谓之社会学）等皆开民智强国基之急务也。吾中国之治西学者固微矣。其译出各书，偏重于兵学艺学，而政治资生等本源之学，几无一书焉"①。从此，日文世界中质佳量大的思想论著，为梁启超打开了于国内不曾有的思想视野，这就是1899年完成的《各国宪法异同论》一文的写作背景。

此文可以视为梁启超宪法思想的真正起点。在这篇文章中，梁启超理解的宪法，是以议会为中心的。他说："宪法者英语称为Constitution，其义盖谓可为国家一切法律根本之大典也。故苟凡属国家之大典，无论其为专制政体（旧译为君主之国）、为立宪政体（旧译为君民共治之国）、为民主政体（旧译为民主之国），试皆可称为宪法。虽然，近日政治家之通称，惟有议院之国所定之国典乃称为宪法，故今之所论述，亦从其狭义，惟就立宪政体之各国，取其宪法之异同，而比较之云尔。"②

按照这段话，宪法有广义与狭义之分。广义的宪法，见之于任何时代的任何国家。无论什么样的国家，都有一个根本性的法律——亦即梁启超所谓的"国家之大典"，无论它是否成文，只要去寻找、总结、提炼，都能找到这样的"大典"。但是，对于这种广义的宪法概念，梁启超自己并不十分自信，因为他随即指出，按照1899年已经出现的——很可能是日文世界中的——"通称"，只有那些有议会的国家制定的"国典"，才能称为宪法。这种狭义的宪法概念，意味着宪法只属于有议会的国家；没有议会的国家，也就不可能有宪法。梁启超试图比

---

① 丁文江，赵丰田. 梁启超年谱长编. 上海：上海人民出版社，1983：176.
② 梁启超. 各国宪法异同论//梁启超全集. 北京：北京出版社，1999：318.

较的各国宪法，也是狭义的宪法。

在这篇文章中，梁启超对各国宪法的比较，主要涉及"政体"（包括立宪君主国与共和国两类）"行政立法司法之三权""国会之权力及选举议员之权利""君主及大统领之制与其权力""法律命令及预算""臣民之权利及义务""政府大臣之责任"等几个方面。这样的内容安排意味着以下几点。

第一，宪法应当对政体做出规定，要么规定立宪君主国，要么规定共和国。这样的划分，隐藏着梁启超在此时的政治价值观：国家不能是专制君主国，专制君主国已经不再具备政治上的正当性与合法性。只有像英国、日本这样的立宪君主国，以及西方世界中广泛出现的共和国，才具备政治上的正当性和合法性。在立宪君主国中，君主享有的实际政治权力几近于无；在共和国中，根本就没有君主。这就是说，宪法的对立面主要是专制君主。宪法可以接受君主，但君主必须是英国、日本式的虚君。

第二，宪法必须对行政权、立法权、司法权进行划分，"今日凡立宪之国，必分三大权"。梁启超承认，这个观点来自孟德斯鸠。在此时，孟德斯鸠的著作对梁启超产生了深刻的影响。正如美国学者列文森所注意到的："在1898年以前，梁启超著作中出现的'孟'字，几乎一律代表'孟子'；而他在流亡日本期间，'孟'字通常是'孟德斯鸠'的意思。"[1] 这个出自法国的新"孟子"，全面取代了中国古代的孟子，成为梁启超的思想导师，塑造了梁启超对于宪法的想象。

第三，既然"有议院之国所定之国典"才能称为宪法，那就意味着，议院才是宪法的核心，议院才是政治的中心。对于

---

[1] 列文森. 梁启超与中国近代思想. 刘伟, 等, 译. 成都：四川人民出版社, 1986：117-118.

此时的梁启超来说,"立宪政府与众不同的只是一个有限政府,它的实质内容可归结为两部分:成文宪法的颁布和立法机关在立宪政府中居首位。换言之,在西方立宪政体中使梁感兴趣的主要是这一思想——政府应该根据颁布的宪法组成和运作,在这当中,民选的立法机关扮演主导角色"[1]。这里的民选立法机关,就是议会。

大致说来,梁启超在1899年《各国宪法异同论》一文中表达的宪法思想,客观地比较各国宪法异同的成分比较多。从思想根源上看,此时的梁启超置身日本,通过大量阅读日文世界中的西学知识,形成了自己的宪法思想:宪法须以议会为核心。这样的宪法观念,源于外部世界的启示,具有较强的"读后感"的性质。不过,他的这种以议会为核心的宪法观念,很快就发生了变化。

三、追求君主立宪的宪法:保皇运动的折射

据《梁启超年谱长编》记载,1900年"春夏,先生居檀香山。七月,以勤王事急返国。事败后往新加坡,晤南海先生"。由于参加了康有为主导的保皇运动,试图维护光绪皇帝的政治地位,梁启超受到了慈禧太后主持的清政府的通缉。[2] 在这样的背景下,梁启超写成了《立宪法议》一文,阐述了新的宪法思想。

这篇写于1900年的宪法学论著,修改了他此前的政治价值

---

[1] 张灏. 梁启超与中国思想的过渡(1890—1907). 崔志海,葛夫平,译. 南京:江苏人民出版社,1997:143.

[2] 丁文江,赵丰田. 梁启超年谱长编. 上海:上海人民出版社,1983:195.

观。当然，他的政体分类标准依然如故。他说："采一定之政治以治国民谓之政体，世界之政体有三种，一曰君主专制政体，二曰君主立宪政体，三曰民主立宪政体。今日全地球号称强国者十数，除俄罗斯为君主专制政体，美利坚、法兰西为民主立宪政体外，自余各国政体则皆君主立宪政体也。"在这三种政体中，君主专制政体当然是价值低下的政体，而君主立宪政体与民主立宪政体在价值上也不等同。所谓"不等同"，并非民主立宪政体优于君主立宪政体，恰恰相反，在二者之间，"君主立宪者，政体之最良者也"。君主立宪政体优于民主立宪政体的原因是，"民主立宪政体，其施政之方略，变易太数，选举总统时，竞争太烈，于国家幸福，未尝不间有阻力。君主专制政体，朝廷之视民为草芥，而其防之如盗贼，民之畏朝廷如狱吏，而其嫉之如仇雠，故其民极苦。是故君主立宪者，政体之最良者也"[①]。

在1899年的《各国宪法异同论》一文中，只有君主专制政体不具备正当性，无论是君主立宪政体还是民主立宪政体，都是正当的、值得追求的政体。但是，在1900年的《立宪法议》中，只有君主立宪政体才代表了政体与宪法的发展方向，因为只有它才是最优良的政体。君主专制政体的弊端固不必说，民主立宪政体也会对国家幸福造成阻碍，因为它"施政之方略，变易太数，选举总统时，竞争太烈"。在这里，梁启超刻意指出民主立宪政体之负面影响，把君主立宪政体置于民主立宪政体之上，一个最重要的根源，就在于他参加的保皇运动，以及他对光绪皇帝的坚定支持。而且，他对光绪皇帝的支持并非始于1900年的保皇运动，此前的戊戌变法的过程就是康有为、梁启超与光绪皇帝结成政治同盟的过程。这样的政治同盟在相当程度上塑造了梁启超此时的宪法思想：既要君主，也要宪法。由

---

① 梁启超. 立宪法议//梁启超全集. 北京：北京出版社，1999：405.

此得出的结论是：在保留君主的前提下制定宪法，实行君主立宪政体。这就是梁启超的《立宪法议》旨在表达的宪法思想。

不过，尽管此时的梁启超对光绪皇帝抱有较强的思想认同与情感认同，但他毕竟不愿回到中国传统的君主政体。而且，即使为了君主，也必须制定宪法。那么，梁启超此时期待的宪法是什么呢？他回答说："宪法者何物也，立万世不易之宪典。而一国之人，无论为君主、为官吏、为人民，皆共守之者也，为国家一切法度之根源。此后无论出何令，更何法，百变而不许离其宗者也。西语原字为 the constitution，译意犹言元气也，盖谓宪法者一国之元气也。"把宪法当作国家的元气，虽然有牵强附会之嫌，却也精到传神。因为在现代世界，宪法确实是一个国家的起点、基础。不过，正如有学者所指出的，梁启超把宪法看作"万世不易"的宪典，并"不是很实在的说法"，是"中国读书人张大其词的老毛病"[1]。

作为国家元气的宪法，到底应当如何创制呢？在《立宪法议》中，梁启超回答说，宪法应当规定三个方面的内容："首言君主统治之大权，及皇位继袭之典例，明君之权限也。次言政府及地方政治之职分，明官之权限也。次言议会职分及人民自由之事件，明民之权限也。"这就是说，宪法应当规定"君之权""官之权""民之权"。对于通过宪法"明君之权限"，"我中国学者，骤闻君权有限之义，多有色然而惊者，其意若曰：君也者，一国之尊无二上者也，臣民皆其隶属者也。只闻君能限臣民，岂闻臣民能限君，臣民而限君，不几于叛逆乎？不知君权有限云者，非臣民限之，而宪法限之也。"而且，传统中国一直都有"限君权"的传统。譬如"王者之立也，郊天而荐之；其崩也，称天而谥之；非以天为限乎？言必称先王，行必法祖

---

[1] 耿云志. 重读梁启超的《立宪法议》. 广东社会科学，2014（1）.

宗，非以祖为限乎？然则古来之圣师、哲王，未有不以君权有限，为至当不易之理者；即历代君主，苟非残悍如秦政、隋炀，亦断无敢以君权无限自居者。乃数千年来，虽有其意而未举其实者何也？则以无宪法故也。以天为限，而天不言；以祖宗为限，而祖宗之法不过因袭前代旧规，未尝采天下之公理，因国民之所欲，而勒为至善无弊之大典。是故中国之君权，非无限也，欲有限而不知所以为限之道也。今也内有爱民如子、励精图治之圣君，外有文明先导、可师可法之友国，于以定百世可知之成宪，立万年不拔之远猷。其在斯时乎，其在斯时乎"①。

这段话，阐述了梁启超以君主立宪为核心的宪法观：第一，君权须受制于宪法，由宪法来规定。第二，传统中国已有君权受限的观念与实践，君权受制于天，君权受制于祖宗之法，但是，这些限制君权的安排并没有产生应有的效果。因为上天并不说话；祖宗之法只是照搬前代旧规，并没有采纳天下的公理，更没有回应人民群众的需要，因而是不可靠的。这就是说，传统中国还没有找到真正有效地限制君权的办法。第三，如果我们依靠爱民如子、励精图治的圣君（譬如，光绪皇帝），同时学习其他国家的立宪经验，就可以制定出"万年不拔"的优质宪法。

当然，宪法在明确规定君权的同时，还要规定"官权"与"民权"。尤其要规定民权。因为，"民权者，所以拥护宪法而不使败坏者也。……故苟无民权，则虽有至良极美之宪法，亦不过一纸空文，毫无补济，其事至易明也。……是故欲君权之有限也，不可不用民权；欲官权之有限也，更不可不用民权。宪法与民权，二者不可相离，此实不易之理，而万国所经验而得之也"②。

---

① 梁启超. 立宪法议//梁启超全集. 北京：北京出版社，1999：405.
② 同①405-406.

正是在这里，我们可以看到"梁启超牌号"的"三权论"：宪法应当明确规定的君权、官权、民权。当然，这三种权力在性质上是不同的：君权与官权主要是积极的、扩张性的权力；民权对于个体来说，主要是自由与权利，民权对于人民整体来说，可以转化成为议会之权，以之制约君权与官权。因此，在三权的关系问题上，民权可以充当君权、官权的制约因素。这就是梁启超在参加保皇运动的过程中，为君主立宪政体设想的宪法框架。

四、美式共和政体的宪法：辛亥革命的产物

1912年，辛亥革命之次年，是为民国元年。该年10月，梁启超从日本回到中国。在国内政治革故鼎新之际，梁启超写成了一篇著名的宪法学论文《宪法之三大精神》，文章指出："今世之言政者，有三事焉，当冲突而苦于调和。各国皆然，我国为甚。他日制宪者能择善而用中，则新宪法其可以有誉于天下矣。第一，国权与民权调和。第二，立法权与行政权调和。第三，中央权与地方权调和。"这几句话，提供了一种新的宪法构想："新宪法"的重心在于处理三大关系，即国权与民权的关系、立法权与行政权的关系、中央权与地方权的关系。

这种新的宪法构想，有两个主要的渊源：第一，辛亥革命的成功，已经排除了君主立宪政体的可能性，因为君主在制度上已经不复存在了。在民国初建的政治现实中，梁启超不再讨论君权、君主立宪问题，从而对"宪法之精神"进行了新的论述、新的建构。这一点，可以支持本章的核心观点：梁启超的

第五章　见之于行事：梁启超宪法思想的液态属性

宪法思想，是"见之于行事"的液态思想，并非本质主义的固态思想，亦不是纯粹的学术研究的结果。第二，从梁启超关于宪法精神的认知来看，还有一个重要的思想渊源是美国的宪法实践及其所产生的示范效应。梁启超概括的"宪法三大精神"，几乎就是对美国宪法实践的描摹。因为美国的宪法精神，其实就是"三大精神"：联邦与各州之间的平衡、国家权力与公民权利之间的平衡以及立法权与行政权之间的平衡。至于美国的最高法院，则充当了这三种权力交往关系的总枢纽。对此，我国有学者已经做出了一个形象的比喻："美国政府的国家权力就好比是翘翘板，国会在一头，总统在另一头；联邦政府在一头，州政府在另一头；政府在一头，公民在另一头。联邦最高法院在这正中间，它拿着司法审查大棒的法码，在维系着各方的平衡，当一方的权力过重，破坏这个平衡时，它立即把法码投向另一边，以保持平衡。"①

为了说明美国宪法实践对梁启超宪法思想的影响，不妨看看梁启超对国权与民权关系的分析。他说："何谓国权与民权调和？欧洲当十五六世纪，国家主义萌芽滋长，六七强国以兴焉。……其弊也，国之视民，若无机体构造之原料，民瘠而国瘁。于是有十八世纪末之革命，蜩唐沸羹垂百年。革命前后，国家主义屏息，个人主义代兴，时则谓国之建凡以为民耳。甚至谓国家本有害之物，不得已而姑存之。其弊也，则民之视国，若身外之装饰品。国不竞而民亦见陵。逮晚近而反动又生焉。以彼美国，夙称个人主义之根据地，而今之识者，乃日以新国家主义呼号于国中（前大总统罗斯福之言）。此间消息，可以参矣。国权与民权之消长，其表示于政治现象者，则为干涉政策与放任政策之辩争。此虽非尽由宪

---

① 蔡定剑. 美国联邦最高法院与司法审查透视. 外国法译评，1998（3）.

法所能左右也。然缘宪法所采原则如何，而其演生之结果实至巨。"①

按照这段话的逻辑，15、16世纪，主要是张扬国权的国家主义盛行；18世纪末期以后，是张扬民权的个人主义盛行；至于"此间"的美国，本来是个人主义的根据地，但是，对国家主义的呼声已越来越高。也就意味着，个人主义与国家主义不可偏废，干涉政策与放任政策不可偏废，因此，国权与民权彼此兼顾应当作为宪法的基本原则。由于美国的宪法实践代表了"此间"的最新"消息"，因而"可以参矣"。由此可见，梁启超关于国权与民权相互调和的思想，在相当程度上是"参考"美国宪法实践的结果。

立法权与行政权调和的思想同样是参考美国宪法实践的结果。梁启超说："昔孟德斯鸠倡三权鼎立之义，欲使国会之立法权与政府之行政权，画鸿沟而不相越，此空想耳。国会所应行者不仅立法权，而立法权又不能专属于国会。征以各国之经验，孟说久不攻自破。即墨守孟说之美国，今亦蒙其名而乖其实矣。国会与政府，其职权既相倚而相辅，则当行此职权时，恒不免相轧而相猜。……大抵欲举两机关调和之实，其根本在养成善良之政治习惯。仅恃纸上法理，无当也。使政党运用之妙，能如英国，如美国，则宪法无论作何规定，皆无所不可。虽然，宪法之美恶，其影响于将来政治习惯之美恶者，亦至捷且巨。"②

前文已经指出，早年梁启超笔下的"孟子"是指春秋时期的孟轲，但在流亡日本之后，梁启超笔下的"孟子"，则是指法国的孟德斯鸠。在这里，梁启超同样把孟德斯鸠当作权威作家

---

① 梁启超. 宪法之三大精神//梁启超全集. 北京：北京出版社，1999：2561.
② 同①2564.

第五章　见之于行事：梁启超宪法思想的液态属性◆

来引证。孟德斯鸠的三权鼎立学说强调了立法权与行政权的划分，这就为彼此分立的两种国家权力的存在奠定了坚实的思想基础。在梁启超看来，尽管孟德斯鸠是权威性的经典作家，但他在立法权与行政权之间画一道鸿沟的理论，只是一种空想。因为各个国家的经验，已经证实了在两种权力之间，不可能有彻底的分立。即使是"墨守孟说之美国"，亦没有做到在立法权与行政权之间，"画鸿沟而不相越"。这就意味着，美国的宪法实践，比孟德斯鸠关于立法权与行政权的划分理论，更具可行性，几乎堪称国会与政府关系模式的最佳样本。由此也可以看到，美国的宪法实践，构成了1912年之际梁启超宪法思想的重要渊源。

　　在梁启超的这篇宪法学论著中，主要讨论了国权与民权的调和，以及立法权与行政权的调和，并没有讨论中央权与地方权的调和。因而，关于中央权与地方权的调和，梁启超只有观点，没有论证。没有论证的原因，一方面，可能是当时的梁启超实在太繁忙，无暇完成这篇重要的论文；另一方面，也可能是当时的中央权与地方权调和的实践还渺无踪影。就1912年的民国政局来看，中央权处于剧烈的动荡之中，割据状态下的地方权也不知道该往何处去。在这种现实状况下，虽然理论上应当实现中央权与地方权之间的调和，但"调和"的具体模式，则只好暂付阙如了。这就是梁启超立论之际的政治情势。

　　在民国初建的特定政治背景下，在美国共和政体的强烈示范下，梁启超形成了"三大精神"的宪法思想。它具有强烈的"见之于行事"的特征。但与此同时，我们还需注意：梁启超虽然强调了宪法的"三大精神"及其包含的"六大要素"（国权、民权、立法权、行政权、中央权、地方权），但这三大精神、六大要素并不能等量齐观，其中，国会与政府及其相互关系更具根本性。梁启超说："吾愿他日制宪者，当常念国会之设，实借

141

以为求得善强政府之一手段,政府譬则发动机。国会譬则制动机。有发而无制,固不可也。缘制而不能发,尤不可也。调和之妙,存乎其人矣。"① 这就是说,政府是国家的发动机,国会是国家的制动机,这两架机器都需要彼此协调地运转起来。

五、优越于约法的宪法:一个更高的标准

在民国初年,制定宪法一直是政治上的核心议题。1915年,当时的参政院根据《中华民国约法》,选出宪法起草委员会共十人,以之推进宪法的制定工作。梁启超是十人起草委员会之一。对此,《梁启超年谱》是这样记载的:1915年,"七月六日大总统申令宪法起草为约法上制定宪法程序之一,现据参政院呈报,业经依法选举李家驹、汪荣宝、寿达、梁启超、施愚、杨度、严复、马良、王世澂、曾彝进为宪法起草委员,自应由委员依法组织宪法起草委员会"。不过,在当时的政治背景下,对于梁启超就任宪法起草委员,他的一些朋友明确表示反对,"而社会舆论尤多诽议之者",梁启超"为声明他的理由和立场起见"②,专门写下了《宪法起草问题答客问》一文。这本是一篇为自己就任宪法起草委员进行辩护、说明的文章,但在这篇文章中,梁启超同样阐述了自己的宪法思想,其核心观点是区分宪法与约法。

在中国宪法史上,既有宪法,又有约法。从词义看来,约法与宪法没有本质的区别。学者们一般也把约法作为宪法的另

---

① 梁启超. 宪法之三大精神//梁启超全集. 北京:北京出版社,1999:2568.
② 丁文江,赵丰田. 梁启超年谱长编. 上海:上海人民出版社,1983:719-720.

一种说法。① 但是，梁启超对宪法与约法进行了严格的界分。他在《宪法起草问题答客问》中指出："宪法之性质，宜期诸永久，而约法之性质，取适于一时。永久适用之宪法，不能不悬一稍完善之理想以为标准，使国民循轨志彀以图进步，而或恐以不能实行之故而成为具文。或强欲实行焉而反不与时势相应，于是乎乃为一时的约法以救济之。质言之，则宪法宜采取纯立宪的精神，而约法不妨略带开明专制的精神。……今制定宪法，若即以约法之精神为精神耶，则约法之名，奚损于尊严，而宪法之名，岂加于崇贵，何必将此种国家根本大法，旋公布而旋弃置，以淆民视听者？若于原约法精神之外而别求新宪法精神耶，学理上之选举，犹为别问题，然试问法之为物，是否求其适应，求其可行，谓约法不适应不可行耶，则宜勿公布，约法既适应可行耶，则与约法异精神之宪法，其不适应不可行，可推见也。谓一年前宜于彼者，一年后即宜于此，天下宁有是理？是故据鄙人私见，谓今日诚无汲汲制定宪法之必要也。"这些关于宪法与约法相互关系的论述，主要强调了宪法与约法的差异。

首先，从时间来看，宪法是追求垂范久远的根本法，约法主要是暂时的、短期的、临时性的根本法。1912年《中华民国临时约法》，可以支持梁启超的这种划分，因为这部宪法，就是临时性质的。因此，约法可以经常变更，可以是应急性的，宪法则需要保持足够的稳定性。

其次，从价值来看，宪法应当有更高的价值追求，有更完善的价值理想，以引导国民不断进步。对于约法，则不必提出这样的要求，因为约法只要能够解决当时的问题就可以了。这就是说，对于应急性的约法来说，其主要的功能在于满足一时之需，属于权宜之计，是一个工具性、手段性的文件。宪法则

---

① 譬如，费春. 中国第一部近代宪法——《鄂州约法》. 现代法学，2001 (1).

必须具有足够的价值导向，应当对时代、社会、民众产生相当的引领性。因此，宪法较之于约法，具有更加尊崇的地位。

再次，从精神来看，宪法应当采取"纯立宪"的精神，约法则可以略带开明专制的精神。何谓"纯立宪"的精神？梁启超在此没有解释，不过，把"开明专制"置于"纯立宪"的对立面，大致可以想象"纯立宪"的含义：祛除专制，哪怕是开明的专制，追求民主立宪。这就是说，宪法应当充分体现民众的意志，约法则可以略微体现开明专制者的意志。

最后，梁启超认为，在当时的中国，如果制定出来的宪法依然像约法那样，得不到有效的实施，那么，宪法的制定似乎就没有那么迫切。至于此时正在生效的约法，就是1914年5月1日公布的《中华民国约法》。在宪法史上，这部约法又被称为"袁记约法"，因为它是在袁世凯主导下制定的，旨在取代1912年的《中华民国临时约法》。梁启超认为，这部《中华民国约法》自1914年颁行以来，根本就形同虚设。梁启超由此表示，尽管自己已经就任宪法起草委员，但自己对于宪法能否得到实施，确实心存疑虑。他说："法也者，非将以为装饰品也，而实践之为贵，今约法能实践耶否耶？他勿细论，若第二章人民权利之诸条，若第六章之司法，若第八章之会计，自该法公布以来，何尝有一焉曾经实行者？即将来亦何尝有一焉有意实行者？条文云云，不过为政府公报上多添数行墨点，于实际有何关系？夫约法之效力而仅于数行墨点，其导人民以玩法之心理则既甚矣，试问易其名为宪法，而此态度遂能否一变，苟率此态度以视将来之宪法，则与其汲汲制定，毋宁其已矣。"

尽管梁启超已经注意到《中国民国约法》并未得到有效的实施，但他仍然愿意参与制定中华民国宪法。他的理由是："吾于现时制定宪法，其所怀疑者如右，然而犹就此职者，则以其所拟者为中华民国宪法草案故，子贡欲去告朔之饩羊，子曰：

赐也，尔爱其羊，我爱其礼，吾之不舍，犹斯志也。"① 这就是说，尽管对宪法的未来命运存有种种疑虑，梁启超还是对拟议中的宪法有所期待。

尽管舆论界有种种非议，梁启超还是愿意参与宪法的起草，这其实反映了梁启超作为一个政治行动者积极参与政治的立场。事实上，梁启超作为早期立宪派的代表人物，对于制定宪法一直抱有热忱。1913年2月24日，梁启超从日本归国还不到半年，就正式加入了共和党。1913年5月，他又组织策划了把共和党、民主党、统一党合并为进步党的活动。梁启超虽然仅仅是进步党的理事，但在实践层面，他是该党的灵魂人物。作为一名"党人"，早在1913年6月15日，梁启超就提出了"先定宪法，后举总统"的主张。② 同年7月25日，梁启超在写给袁世凯的信中又建议："今最要者，乘此时机，使内阁通过，宪法制定，总统选出，然后国本始固。"③ 为了推动宪法的制定，梁启超在1913年就代表进步党起草了《进步党拟中华民国宪法草案》，该宪法草案共计11章、95条。④ 这就是说，梁启超其实是制定宪法的积极推动者。

因此，梁启超在这篇《宪法起草问题答客问》中表达的宪法思想，可以做两个方面的分析。第一，他对1914年《中华民国约法》不能有效实施表达了自己的不满，他希望无论是约法还是宪法，都能够运用于实践，得到切实有效的实施。第二，应该以更高的标准制定宪法，从而让宪法与已有的约法区别开来。

---

① 梁启超. 宪法起草问题答客问//梁启超全集. 北京：北京出版社, 1999：2779.
② 丁文江, 赵丰田. 梁启超年谱长编. 上海：上海人民出版社, 1983：671.
③ 同②674.
④ 梁启超. 进步党拟中华民国宪法草案//梁启超全集. 北京：北京出版社, 1999：2615.

六、提升国会权能的宪法：以国会约束政府

1916年3月，梁启超写成了一篇《国民浅训》。在序言中，梁启超记载了写作此文的背景："余以从军，于役邕桂。取道越南，时谍骑四布。乃自匿于山中旬日……相伴者惟他邦佣保，非特无可与语，即语亦不解也。行箧中挟书数卷，亦既读尽无以自娱。中间复婴热病，委顿二日，几濒于死。病既起，念此闲寂之岁月，在今百忙中殊不易得，不可负，乃旧兴草此书。阅三日夜，得十三章，草成遂行。"① 这就是说，此篇论著，写于"从军"途中。梁启超在此所说的"从军"，是指参加反对袁世凯复辟帝制的护国战争。战争的起因是，1915年12月12日，"袁氏接受了所谓的推戴，承认帝位，就待践祚而已。任公知道已无可挽回，即于12月16日自天津乘轮南下，从事实地的反抗运动。……护国之役旋于12月25日爆发于西南"②。

在这篇匆忙草就的《国民浅训》，第三章题为"何谓立宪"。梁启超以此阐述了他的宪法思想。他说："立宪者，以宪法规定国家之组织，及各机关之权限，与夫人民之权利义务，而全国上下共守之以为治者也。"这就是说，宪法主要在于规定国家机构的权力，以及人民的权利义务。"我国宪法现尚未制定，其内容如何，无从悬说"，而最重要的事务则是"必有人民所选举之国会与政府对立是也"。国会与政府的对立，并非让国会与政府处于完全对等的地位，而是让国会有效地监督政府。他说，国

---

① 梁启超. 国民浅训//梁启超全集. 北京：北京出版社，1999：2835.
② 张朋园. 梁启超与民国政治. 长春：吉林出版集团有限责任公司，2007：62-63.

会有三种权力不可少："一曰议决法律，二曰监理财政，三曰纠责政府。但使国家能有良好之国会，而国会能公平以行此三项权能，则立宪之实可举，而共和之基可固矣。"

梁启超提供的法理依据是："国家之命，托于政府。而政府所以治民者全赖法律。所以行政者全赖财赋。最患者，政府不恤民情，擅制殃民之法律，则民将不堪其病。今有人民所选举之国会以议决之，政府无从专横。则非福国利民之法律，决无由发布。又官吏舞弊营私，什有九皆由操纵财政，立宪国通例。凡设立新税及增加国库负担，皆须国会议决。政府每年必须编制预算，将国库出入款项，分部分项分目，详细开列。不许滥支，不许挪用，经国会议决然后施行。……夫国会有此两权，其监督政府，既采周密矣。犹恐政府仍有专恣规避，或施行之失当，国会更得随时随事质问之，重则弹劾之。如是则非公忠体国且有才能之人，决不能立于政府。政府得人，则官吏之积弊自廓清。所有一切机关，皆不能不振作精神，替国家办事，替人民兴利除害。如此政治安得不一新，而国家安得不渐强。故立宪之节目虽有多端，而关键全在国会，其事甚明。"①

国会建设的关键，一方面，在于国会议员是否得人。由于国会议员是由人民选出来的，因而国家的盛衰存亡，就在于人民选出什么样的国会议员。另一方面，还要防止"国会不妥"，国会不妥主要有两种情况。一种情况是"专务捣乱，不管政府政策之良与不良，一概挑持反对，致政府掣肘不能办一事"。另一种情况是，"流于腐败，为政府所运动所屈服，不能行其监督之责，致使国会虽有如无。二者有一于此，则国会之作用全失，而立宪之实废，共和之基坏矣"②。

---

① 梁启超. 国民浅训//梁启超全集. 北京：北京出版社，1999：2837.
② 同①2838.

按照这篇《国民浅训》，梁启超在此时的宪法思想具有以下几个方面的特点。首先，国会是宪法的根基，国会不仅支撑宪法，而且支撑共和。宪法和政治发展的方向，就在于发挥国会的作用。因此，应当以国会为中心，完善宪法与政治。其次，国会的职能就在于制定法律、监督政府。梁启超还强调了国会对于财政的监督职能，但是，监督财政同样是对政府的监督或纠责。最后，国会既然如此重要，那么，加强国会建设，选出适当的国会议员，防止国会腐败，就是宪法上的一个焦点。

这种以提升国会权能为中心的宪法思想，虽然出于一篇"浅训"，但就中国宪法的发展来说，似乎颇有先见之明。因为，百年中国的议会制度就是沿着制定法律、监督政府的方向发展的。

不过，梁启超在此表达的宪法思想，主要还是受到了政治现实的强烈触动。梁启超写作《国民浅训》之际，正是护国战争的紧要关头，他自己也身陷危难之中。追根溯源，护国战争的兴起，是因为袁世凯颠覆民国，复辟帝制。袁世凯之所以能够颠覆民国，当然具有多个方面的原因，但从宪法的角度来看，国会不能对袁世凯及其政府进行有效的监督与约束，亦是背后的原因之一，是国会的无能、无力纵容了袁世凯的政治倒退。正是在这样的政治背景下，梁启超描绘了提升国会权能的宪法，主张国会对政府的有效监督。

七、以职业选举与国民投票为核心的宪法

1918年，梁启超发表了《欧游心影录》，这篇长文分为两

个部分：上篇是"大战前后的欧洲"，下篇是"中国人之自觉"。在下篇的第九节，梁启超专门谈到了"宪法上两要点"。

宪法有哪两个要点？梁启超的回答是："职业选举和国民投票，是我们中华民国宪法的大关目，必须切实办到，政治的大本才能立。"这就是说，宪法的核心问题，其实是职业选举与国民投票。为什么呢？梁启超说："国家最重要机关，当然是首推国会，但几年以来，国会价值被议员辱没透了。国人对国会的信仰已经一落千丈。非把它恢复过来简单没有办法。怎样才能恢复呢？试问国会为什么有价值，不是因为它代表国民吗？现在议员却代表谁来？但是现在的情形，只是聚着一群靠政治吃饭的无业游民挂上一个头衔便靦然以全国主人翁自命，叫人怎么能对他生出信仰来？即使改选一回，选出来的还不是这一班人？换汤不换药，结果依然一样。这等说来，民意机关终久不得实现，政治终久不得改良，国家可要断送了。"

按照梁启超的这番诊断，国会失去了应有的价值，原因就在于：议员不能代表国民。"要国会恢复价值，根本就要叫国会真正代表国民，我想莫如施行一种职业选举法，两院中虽不妨有一院仍采代表地方主义，必须有一院代表职业主义，将国中种种职业团体由国家赋予法人资格，委任办理选举。选举权、被选举权都以职业为限，像我们这种高等游民，只好在剥夺公权之列。想要恢复，除非赶紧自己寻着个职业来。若用此法，那吃政治饭的政客，就便未能遽报肃清，最少也十去八九，就算是替政界求得一张辟疫符。若用此法，那农、工、商各种有职业人民，为切己利害起见，提出的政治问题自然丝丝入扣。若用此法，那'国之石民'和国家生出密切关系，民主政治基础自然立于不拔之地。若用此法，将来生产事业发达，资本阶级和劳工阶级都有相当的代表在最高机关，随时交换意见交换利益，社会革命的惨剧其或可免。"① 这就是梁启超关于职业选举的设想。

在梁启超看来，职业选举的前提是两院制。其中一院代表不同的地区，由各个地区选出的代表组成。但是，另一院则必须由各个行业选举产生的代表组成，这就是职业选举的要义。按照梁启超的这个观点，国会议员（至少是两院制国会中某一院的议员）不能是专职的"政治人"，必须是专职的工人、农人、商人，等等。梁启超把专职的议员看作"吃政治饭的无业游民"，甚至他本人，也没有当选议员的资格，因为在他看来，他本人也没有从事某种固定的职业。

如何看待这个职业选举的宪法设想？从积极的方面来看，职业选举当然有它的正面效应，对此，梁启超已经做出了概括式的说明。在思想史上，19世纪末期兴起的法国工团主义和英国基尔特社会主义就认为，国家应当"以从事同一职业为其结合的根本原因和单位。所以他们主张议员应由职业团体选举产生，以代表各行各业的人民的利益，使议会的组成与社会的组成一致起来，以便应付日趋复杂而专门的立法任务，从而提高议会的威信，一扫政党和政客包办选举的弊端。他们认为一个地区既含有各种职业不同的选民，则选民的利益也必然不同；不同利益的选民是无法被代表的，所能代表的惟有选民的意志；然而意志本身是可以强加的，于是强奸民意、包办代替的丑闻便流行起来了。他们认为这种弊端是由地域代表制产生的。他们以为只有采用职业代表制才能免除或者补救这种流弊"②。

工团主义和基尔特社会主义对职业代表制的强调，恰好可

---

① 梁启超．欧游心影录//梁启超全集．北京：北京出版社，1999：2983．
② 龚祥瑞．比较宪法与行政法．北京：法律出版社，2003：268．

以支持梁启超主张的职业选举。从根源上看，梁启超对职业选举的推崇，一方面，很可能受到了当时西方流行的工团主义和基尔特社会主义的影响，因为梁启超的这个观点出于他的《欧游心影录》，反映了他从欧洲考察回来的所思所想。另一方面，更重要的根源，恐怕还在于当时中国的国会议员与社会各界特别是广大民众之间的隔膜与割裂。这种隔膜与割裂，严重销蚀了国会议员的代表性，进而也销蚀了国会本身的价值。正是在这种现实情况的催促下，梁启超提出了职业选举的宪法思想。

历史似乎也证明了梁启超的先见之明，因为，20世纪中叶以后的宪法发展，正好也回应了这种职业选举的观点。在当代中国的全国人大代表中，几乎都不是专职的代表，代表们都有他们各自的本职工作，有工人、有农民、有商人、有军人，当然也有学人、公务人员以及其他各行各业的代表。譬如，在第十届全国人大的2 985名代表中，工人农民代表有551名，知识分子代表有631名，干部代表有968名，民主党派和无党派代表人士有480名，人民解放军代表有268名，香港代表有36名，澳门代表有12名，归国华侨代表38名。从形式上看，这种偏重于职业的代表构成符合梁启超的宪法预期。但是，这种职业化的代表构成是否达到了梁启超所希望的政治目标？恐怕也难做出肯定性的回答。相反，当代中国的宪法理论，一直都在论证专职人大代表的正当性与积极意义。①

梁启超虽然没有直接反对专职议员，但是，他反对"吃政治饭的无业游民"，已经隐含了对于专职议员的排斥。这恐怕是

---

① 童大焕. 强化人大监督权，期待代表专职化. 法律与生活，2006（19）. 何鹏程. 专职代表制和我国人民代表大会制度的完善. 理论与改革，2001（6）. 叶中华，常征，王娟. 论人民代表大会代表的专职化. 国浦东干部学院学报，2011（2）.

一个偏颇的论断。因为政治本身也是一种职业,"吃政治饭"的人并非"无业游民"。议员的职业性与议员的代表性是可以兼顾的。一个工人、农人或商人,在他当选议员之前,他是工人、农人或商人;在他当选议员之后,也许就应当转为专职议员,这时候,他就已经成为一个"吃政治饭"的人了。当然,让议会中的一些议员,始终保持兼职状态,让他们的行业代表性更强、政治职业性更弱,也是一种备选方案。这涉及对代议民主的重新理解,对代表制的重新理解,以及对政治作为职业的重新理解。① 因为牵涉的法理极其广泛而深刻,这里不再展开讨论。

宪法上的另一个要点是国民投票制度。关于这个制度,梁启超认为:"从前有人说,这制度要小国才能行。这是什么话?现在德国不是广行吗?美国宪法改革前几年不就有人极力提倡此制吗?国民是主人,国会是主人代表,并非我派了代表,就把我的权卖给他了。有时代表作不了主人的事,还须主人亲自出马来。即如这回南北议和,真正民意所在,是有目共见的。天公地道,就是只要一回国民投票一刀两段的解决,却凭那南北军阀派出什么总代表咧来鬼鬼祟祟的分赃。国民看不过,要说几句话,那新旧议员老爷们就瞪起眼睛来,说道:'这是我国民代表的权限,谁敢多嘴!'你想这不是岂有此理吗!"②

梁启超主张的这种国民投票,其实就是全民公投或全民直选。在此时的梁启超看来,像"南北议和"这样的大事,以及其他方面的大事,都应当由全民投票来解决,不能由南北军阀的代表来解决,亦不能由议员来决定。从民主的理想状况来看,

---

① 韦伯的长篇论文《以政治为业》,对职业政治家进行了专门的论述。韦伯. 学术与政治. 冯克利,译. 北京:生活·读书·新知三联书店,1998:54.
② 梁启超. 欧游心影录//梁启超全集. 北京:北京出版社,1999:2983.

梁启超的这种观点当然没有问题。但在实践过程中，这种观点就过于理想化了。国民投票或全民公决，并非始终优于代表投票。在一个广土民众的大国，譬如在当代中国，如果一切重大问题都要经过国民投票，那么，一方面，耗费的经济成本及其他方面的成本，就可能成为一个沉重的负担，以至于整个社会根本就不能承受。另一方面，如果全面推行全民投票制度，就意味着要完全废除代议制度——因为议会已经没有存在的价值了。但在事实上，这样的绝对民主是很难实现的。

可见，梁启超在1918年强调的"宪法上两要点"，毕竟出于一篇游记《欧游心影录》，此游记并非严格的学术论著，因而，他的"两要点"在学理上可以商榷之处甚多，很难被视为深思熟虑的学术观点。这也恰好可以说明，梁启超的宪法思想不是他学术研究的产物，而是他面对现实的思想反映，具有直接的现实针对性：1918年之际的南北议和，以及此前的国会议员们的不佳表现。因此，梁启超虽然以"宪法上两要点"为题，论述了他对于宪法的期待，实际上主要还是在于批判当时的议会制状况。

八、见之于行事：解释梁启超宪法思想的方法论

上文以时间为线索，梳理了梁启超宪法思想在20年间的变迁。由此可以发现，梁启超的宪法思想呈现出明显的"见之于行事"的风格。这就像孔子关于"仁"的论述。"仁"是孔子思想中的核心概念，在《论语》中，孔子反复阐述"仁"的含义，但他并没有提供统一的、本质性的界定。孔子总是根据具体的语境阐述"仁"的含义。譬如，"刚毅木讷近仁"（《论语·子

路》),"克己复礼为仁"(《论语·颜渊》)。有一问,"仲弓问仁,子曰:'出门如见大宾,使民如承大祭,己所不欲,勿施于人,在邦无怨,在家无怨'"(《论语·颜渊》)。还有一回,"子张问仁于孔子,孔子曰:'能行五者于天下为仁矣。'请问之,曰:'恭,宽,信,敏,惠。恭则不侮;宽则得众;信则人任焉;敏则有功;惠则足以使人'"(《论语·阳货》)。还有,"子贡曰:'如有博施于民而能济众,何如?可谓仁乎?'子曰:'何事于仁?必也圣乎!尧舜其犹病诸!夫仁者,已欲立而立人,己欲达而达人。能近取譬,可为仁之方也已'"(《论语·雍也》)等。这些关于"仁"的论述,都不相同。在不同的场合、不同的语境下,孔子有时候强调仁的这个方面,有时候又强调仁的那个方面。这恰好印证了孔子的夫子自道:"我欲载之空言,不如见之于行事之深切著明也。"

梁启超关于宪法的论述,就像孔子关于"仁"的论述,较少"载之空言",大多"见之于行事"。当时的宪法语境是什么,梁启超就强调了宪法的某个面相。1899年,梁启超初到日本,阅读了大量的西方文献,受到了孟德斯鸠等人的启发,阐述了以议会为中心的宪法观,强调了三权分立的宪法框架。1900年,梁启超在参加保皇运动中,将对光绪皇帝的尊崇转化为君主立宪的宪法观,相应地,权力结构不再是行政权、立法权、司法权的三权鼎立,而是君权、官权与民权。1912年,中华民国成立,君主已经不复存在,梁启超转而主张美国式的宪法架构,认为宪法应当处理好国权与民权、立法权与行政权、中央权与地方权之间的关系。1915年,梁启超鉴于《中华民国约法》形同虚设,特别强调了宪法应当付诸实践,而且应当以更高的标准来制定宪法,让宪法优越于约法,在国家政治生活中发挥积极的引领作用。1916年,在参加反对袁世凯的护国战争中,梁启超鉴于政府得不到约束,以至于民国被颠覆,特别强调了以国会监督政府，表达了提升国会权能的宪法观。1918 年，梁启超深感当时的国会腐败，认为宪法的要点在于职业选举与国民投票，这种贬斥议员、不信任国会的宪法思想，其实是对当时的国会及其议员极度失望的产物。

  梁启超的宪法思想不是一种固态的宪法思想，无法进行本质主义的概括，无法进行定型化的总结。相反，梁启超的宪法思想是一种液态的宪法思想，梁启超当时所处的政治环境与宪法情势相当于容器，容器发生了变化，他的液态的宪法思想随之发生了变化。因此，梁启超总是在不同的语境下，强调宪法的不同向度，这就为他的宪法思想赋予了浓厚的液态属性。这种"见之于行事"的液态化的宪法思想，让梁启超在思维方式上，与两千多年前的孔子遥相呼应。

（原载《政法论丛》2015 年第 2 期）

第六章　辛亥革命之镜：梁启超走向共和的思想历程

列宁说："列夫·托尔斯泰是俄国革命的镜子。"[①] 模仿这个著名的论断，我们可以说，梁启超是辛亥革命的镜子。百年以降的现代史表明，辛亥革命已经成为中国走向共和的标志性事件，辛亥之次年（壬子年）已经成为中国的共和元年。然而，值得注意的是，梁启超走向共和的思想历程，与中国走向共和的实践过程，从时间维度上看，几乎是同步展开的。梁启超思想历程的曲折性、复杂性，与辛亥革命的曲折性、复杂性，恰好彼此呼应，相互映照。由于辛亥革命的性质，塑造了梁启超共和思想的特质；由于梁启超在辛亥革命前后的思想活动，反映了辛亥革命萌生、发展的历程；由于梁启超走向共和的思想历程，恰好可以在"词"的层面上，映照出"物"——辛亥革命催生共和——的实践过程，两者之间已经呈现出"词"与"物"的

[①] 列宁. 列夫·托尔斯泰是俄国革命的镜子//列宁选集：第2卷. 北京：人民出版社，2012：241.

对应关系。因此，我们可以把梁启超视为辛亥革命的一面镜子。

为了阐明梁启超走向共和的思想历程，及其与辛亥革命之间的内在关联，本章首先叙述梁启超走向共和的三个思想阶段：第一阶段，从甲午到戊戌，是梁启超共和思想的萌芽时期。第二阶段，从戊戌到辛亥，梁启超流亡海外，经过反复的探索，逐渐形成了"虚君共和"的思想。第三阶段，辛亥革命的成功推动梁启超完成了走向共和的思想历程，并成为了共和政治的守护者与捍卫者、一个知行合一的共和论者。以这样的思想史考察为基础，本章再进一步论述梁启超的共和思想与辛亥革命之间的相互关系——尤其是辛亥革命对梁启超共和思想的塑造作用。最后，本章从"百年前后论升降"的角度，追问梁启超共和思想的意义。

一、从甲午到戊戌：梁启超共和思想的萌芽

虽然早在1895年，梁启超就积极参加了抗议《马关条约》的"公车上书"，参加了《中外纪闻》的编辑工作，协助康有为创办了强学会，并由此开启了自己的思想旅程。但是，1896年也许才是梁启超独立登上中国思想舞台的标志性年份——这一年的8月9日，梁启超作为主笔的《时务报》在上海创刊。以这份报纸为平台，梁启超不仅卓有成效地传播了以"变法"为核心的思想观念，同时也让自己获得了巨大的声誉，"自通都大邑，下至僻壤穷陬，无不知有新会梁氏者"[1]。在此后的三年

---

[1] 胡思敬. 戊戌履霜录//中国史学会. 中国近代史资料丛刊·戊戌变法：第4册. 上海：上海神州国光社，1953：47.

间，梁启超通过《变法通议》《论中国积弱由于防弊》《古议院考》《君政民政相嬗之理》《湖南应办之事》等诸多广为流传的论著，从不同的角度集中论述了三个关键词：民智、民权、民政——梁启超牌号的"三民主义"。

当时，由于甲午战争的失败与《马关条约》的签订，"致强"遂成为中国最为急迫的第一要务。要"致强"，就必须针对问题的症结。梁启超发现，"三代以后，君权日益尊，民权日益衰，为中国致弱的根源"①，因此，变法的核心任务，就在于兴民权。如果把兴民权作为一项新的政治原则，那么，兴民权的制度载体就是开议院。梁启超以自问自答的方式写道："泰西各国何以强？曰：议院哉！议院哉！问议院之立，其意何在？曰：君权与民权合，则情易通；议法与行法分，则事易就。二者斯强矣。"虽然借助于议院，可以兴民权，可以致富强，但是，开设议院却是有条件的——"问今日欲强中国，莫宜亟于复议院？曰：未也。凡国必风气已开，文学已盛，民智已成，乃可设议院。今日开议院，取乱之道也。故强国以议院为本，议院以学校为本。"② 这就是说，只有通过学校教育广开民智，才可以设议院、兴民权、致富强。

直至"百日维新"前夕，梁启超都还在论述民智与民权之间的因果关系，他说："今日策中国者，必曰兴民权。兴民权斯固然矣，然民权非可以旦夕而成也。权者生于智者也，有一分之智，即有一分之权；有六七分之智，即有六七分之权；有十分之智，即有十分之权。""是故权之与智相倚者也；昔之欲抑民权，必以塞民智为第一义。今日欲伸民权，必以广民智为第一义。"③ 换言之，广民智是兴民权的必要条件。

---

① 梁启超.《西学目录表》后序//梁启超全集. 北京：北京出版社，1999：86.
② 梁启超. 古议院考//梁启超全集. 北京：北京出版社，1999：61-62.
③ 梁启超. 论湖南应办之事//梁启超全集. 北京：北京出版社，1999：177-62.

第六章 辛亥革命之镜：梁启超走向共和的思想历程

为了进一步夯实开民智、兴民权的正当性基础，梁启超还提出了一种新的历史哲学。1897年，他以"《春秋》张三世之义"作为理论框架，并赋予其新的内容："治天下者有三世：一曰多君为政之世，二曰一君为政之世，三曰民为政之世。"其中，"多君者据乱世之政也。一君者，升平世之政也。民者，太平世之政也。"这里所说的"民为政"，就是"民政"。梁启超认为，无论东方还是西方，最终都会走向民政，"所异者西人则多君之运长，一君之运短。中国则多君之运短，一君之运长。至其自今以往，同归民政，所谓及其成功一也"①。

由此，我们可以看到一种杂糅了西学与中学的历史哲学，甚至是"历史宿命论"：从"君政"走向"民政"乃是一种历史的必然，是任何国家、任何政治共同体都无法抗拒的客观历史规律。无论是"多君为政"的国家还是"一君为政"的国家，最后的结局都是走向"民政"的国家。而且，较之于"多君为政"的"据乱世"，较之于"一君为政"的"升平世"，"民为政"的"民政"，不仅可以满足"太平世"对于政治制度的要求，而且还象征着"历史的终结"。

把梁启超在戊戌政变发生前分别阐述的民权、民智、民政归纳起来，就可以组合成为一种相互关联的"三民主义"。三者之间，需要首先完成的任务是开民智，因为开民智是兴民权的基础和条件；至于民政，则可以视为民权兴起之后的结果与归宿，是民权埋葬君权、民权取代君权之后的政治形态。因而，三者的逻辑顺序，就是"三步走"：从开民智，到兴民权，再到求民政。

从思想史的角度来看，梁启超早年的"三民主义"虽然不

---

① 梁启超. 君政民政相嬗之理//梁启超全集. 北京：北京出版社，1999：96-98.

同于孙中山的以"民族、民权、民生"为内容的"三民主义",但是,它反映了梁启超在思想上走向共和的早期历程。虽然这个阶段的梁启超还没有直接提出"共和"的概念与理论,但是,无论是民权、民智还是民政,其实都是共和政治的题中应有之义,都构成了支撑共和政治的基本要素。换言之,梁启超在甲午至戊戌期间论述的"三民主义",已经体现了共和政治的价值追求与核心内容,反映了梁启超的共和思想在萌芽阶段的图景。

二、从戊戌到辛亥:梁启超虚君共和思想的形成

在戊戌政变之前,梁启超的共和思想虽然还处于萌芽状态,但是,萌芽状态中的"三民主义"已经像一支目标明确的、一往无前的、已经离弦的箭:以民智培植民权,以民权支持民政,以民政取代君政。然而,随着1898年9月21日戊戌政变的发生,"新政"旋即烟消云散,梁启超从庙堂上的政治维新者顿时变成了朝廷缉拿的政治逃亡者。从戊戌到辛亥,在十多年的海外流亡生涯中,梁启超的生活世界、政治世界与思想世界都发生了巨大的变化。此前简洁明快的、直线型的"三民主义",很快就被"之"字型的、左右摇摆的思想困厄所取代:时而反对共和,时而主张共和;时而共和革命,时而虚君共和。因而,梁启超在流亡海外(主要是日本)期间的思想探索,就给时人及后人留下了反复无常的印象。对于这个时期梁启超呈现出来的"之"字型的思想历程,可以划分为五个阶段予以叙述。

第一阶段(1898年10月至1899年3月),以民智未开为由,主张缓行"民政"。

这期间的代表性论著是1899年3月在《清议报》上发表的

《论保全中国非赖皇帝不可》一文。在这篇文章中,梁启超针对"政府腐败,不复可救,惟当从民间倡自主独立之说,更造新国"的激进观点,提出了保守而谨慎的主张:"此事虽屡行于欧美,而不切于我中国今日之事势也。西国之所以能立民政者,以民智既开,民力既厚也。人人有自主之权,虽属公义,然当孩提之时,则不能不借父母之保护。今日中国尚孩提也,孩提而强使自主,时曰助长,非徒无益,将又害之。故今日倡民政于中国,徒取乱耳。……故今日议保全中国,惟有一策,曰尊皇而已。"①

这段话的落脚点是"保皇",旨在"力挺"已经被囚禁的光绪皇帝,其实也是在抨击当政的慈禧、荣禄等人。在这段话以及这篇文章的背后,其实反映了梁启超所属的帝党与后党之争。就本文的主题而言,虽然这篇文章提出了缓行"民政"的保守观点,虽然强调了在民智未开、民力不够的情况下不宜倡导"民政",虽然为"民政"泼了一盆冷水,虽然从戊戌前的"激进"变成了戊戌后的"缓进",但是,这篇文章依然承认民政、民权、民智的正面价值,依然坚持从民智到民权、再到民政的"路线图"。

第二阶段(1899年夏秋至1903年4月),同情革命党人,主张"改造共和政体"。

1899年夏秋之际,梁启超与孙中山在日本开始密切交往。由于受孙中山的影响较大,梁启超对革命产生了认同,俨然已是革命党人的同路人。此间,他在给康有为的信中写道:"国事败坏至此,非庶政公开,改造共和政体,不能挽救危局。今上贤明,举国共悉,将来革命成功之日,倘民心爱戴,亦可举为总统。"②

---

① 梁启超. 论保全中国非赖皇帝不可//李华兴,吴嘉勋. 梁启超选集. 上海:上海人民出版社,1984:90.
② 梁启超. 致康有为书//李华兴,吴嘉勋. 梁启超选集. 上海:上海人民出版社,1984:113.

显然，这是一个比较激进的共和主张。此时的梁启超虽然对"今上"继续保持着较高的认同，但是，这种认同已经不再是对一个君主的认同，而主要是对一个昔日的"维新战友"的情感认同。1900年，梁启超致信孙中山，又提出了一个迂回的共和方略："夫倒满洲以兴民政，公义也；而借勤王以兴民政，则今日之时势，最相宜者也。古人云：'虽有智慧，不如乘势'，弟以为宜稍变通矣。草创即定，举皇上为总统，两者兼全，成事正易，岂不甚善？"①

梁启超一方面坚信"民政"与共和（"举皇上为总统"），基本上同情孙中山的立场；另一方面，则跟他的老师康有为拉开了距离。他在给康有为的信中写道："夫子谓今日'但当言开民智，不当言兴民权'，弟子见此二语，不禁讶其与张之洞之言，甚相类也。夫不兴民权则民智乌可得开哉。……故今日而知民智之为急，则舍自由无他道矣。……盖'自由'二字，……实觉其为今日救时之良药，不二之法门耳。"②

在这里，梁启超不仅重申了"兴民权"，而且还把民权与民智的因果关系进行了颠倒：此前梁启超在论述民权与民智的关系时，一直都强调民智是民权的前提条件。但此时的梁启超却倒果为因，认为只有兴民权，才可能开民智。尤为值得注意的是，梁启超还把与民权相关联的自由作为救时的"不二法门"，换言之，自由主义，乃今日救时唯一之主义。③ 1902年，梁启超进而提出："专制政体者，我辈之公敌也，大仇也！""天之生人，权利平等"，"人之意志，各有自由"④。1903年4月，梁启

---

① 梁启超. 致孙中山//梁启超全集. 北京：北京出版社，1999：5928.
② 梁启超. 致康有为//梁启超全集. 北京：北京出版社，1999：5932.
③ 这是模仿梁启超自己的表达方式："法治主义，为今日救时唯一之主义。"梁启超. 中国法理学发达史论//梁启超全集. 北京：北京出版社，1999：1255.
④ 梁启超. 拟讨专制政体檄//李华兴，吴嘉勋. 梁启超选集. 上海：上海人民出版社，1984：380.

第六章 辛亥革命之镜：梁启超走向共和的思想历程

超又致信朋友，说："今每见新闻，辄勃勃欲动，弟深信中国之万不能不革命。今怀此志，转益深也。"① 这些言论表明，这个阶段的梁启超对于共和革命怀有高度的认同感。

第三阶段（1903年6月至1905年年底），鉴于外来学说与本土现实，提出"告别共和"论。

1903年6月，由于"苏报案"告密一事②，梁启超对革命党人及其政治主张失去了信心。8月19日，梁启超哀叹："中国之亡，不亡于顽固，而亡于新党，悲夫，悲夫！……弟近数月来，惩新党梦乱腐败之状，乃益不敢复倡革义矣。"③ 11月18日，他致书康有为，称"革义难行，先生之言固也"④。

梁启超对革命党人感到失望，进而疏离革命主张，"苏报案"是一个现实的原因。相比之下，伯伦知理（今译布伦奇里）、波伦哈克的政治理论对他产生了更大的影响。因为，伯伦知理的政治学告诉梁启超：共和政体需要人民具备共和的德性，譬如，"不惜牺牲其力其财，以应国家之用；且已藉普及之学制，常受完备之教育"。至于美国的共和政体，"以自助及相济两主义为安居乐业之本原。共和政治之精神，实根于此"⑤。波伦哈克的政治学又告诉梁启超："共和政体，惟有一种结构特别之国家，可以行之而无弊端。其结构云何？则奉同一之宗教，

---

① 梁启超. 致徐君勉//梁启超全集. 北京：北京出版社，1999：5943.
② 上海"苏报案"的发生，梁启超认为系吴稚晖告密所致，正如他在给蒋观云的信中所言："公最后之函所论吴某（指吴稚晖）事，弟初睹甚骇怵……"（丁文江，赵丰田. 梁启超年谱长编. 上海：上海人民出版社，1983：327.）但新近的研究成果表明，章太炎、邹容的被捕是否由于吴稚晖告密所致，尚难论定. 徐中煜. 清末新闻、出版案件研究（1900—1911）——以"苏报案"为中心. 上海：上海古籍出版社，2010：102-105.
③ 丁文江，赵丰田. 梁启超年谱长编. 上海：上海人民出版社，1983：328.
④ 同③332.
⑤ 梁启超. 政治学大家伯伦知理之学说//梁启超全集. 北京：北京出版社，1999：1070. 伯伦知理，亦译布伦奇里（Bluntschli，1808—1881），德国公法学家。

集同一之民族，其社会上各种利害之关系，不甚冲突。而其最要者，曰国境甚狭。"而且，"因于习惯而得共和政体者常安，因于革命而得共和政体者常危"①。

两位异域政治学家的理论学说让梁启超惊慌失措，他承认："吾心醉共和政体也有年……今读伯波两博士之所论，不禁冷水浇背。一旦尽失其所据，皇皇然不知何途之从而可也。如两博士所述，共和国民应有之资格，我同胞虽一不具，且历史上遗传性习，适与彼成反比例"，因此，根本就没有建设共和政治的前提条件；而且，以革命的方式求共和，还会带来更多、更大的危险。"吾党之醉共和梦共和，歌舞共和，尸祝共和，岂有他哉？为幸福耳，为自由耳。而孰意稽之历史，乃将不得幸福而得乱亡；征诸理论，乃将不得自由而得专制。……共和，共和，……吾与汝长别矣。"② 这就是著名的"告别共和论"。

在这个时期的梁启超看来，共和政治虽然总体上很美好，但是，它距离当时的中国太遥远，几乎就像天边的云彩，遥不可及，只好发出"告别共和"的哀叹。此外，"最使梁感兴趣的是伯伦知理的这一观点，即共和制度由于通常受变幻莫测的公民意愿支配，往往难以为国家提供一个稳固的基础"③，这个观点让梁启超确信，以中国现有的国民状况而选择多数政体（共和政体），是非常危险的。因为，"夫自由云，立宪云，共和云，是多数政体之总称也。而中国之多数、大多数、最大多数，如是如是，故吾今若采多数政体，是无以异于自杀其

---

① 梁启超. 政治学大家伯伦知理之学说//梁启超全集. 北京：北京出版社，1999：1073. 波伦哈克（Bornhak，1861—1944），德国政治学家。
② 同①1074—1075.
③ 张灏. 梁启超与中国思想的过渡（1890—1907）. 崔志海，葛夫平，译. 南京：江苏人民出版社，1997：177.

国也"①。

从思想根源上看,梁启超之所以提出"告别共和"论,如上所述,有几个因素起到了至关重要的推动作用:一是对国内革命党人的失望,二是对国外政治学说的服膺,三是对中国国民资格、历史传统的认知。除此之外,"康有为、黄遵宪等师友的劝诫"②,也促成了梁启超的"告别共和"论。

第四阶段(1906年1月至1907年年初),受笕克彦的影响,转向"开明专制论"。

1906年年初,梁启超发表了著名的《开明专制论》,在这篇影响颇大的文章中,梁启超主张:"与其共和,不如君主立宪,与其君主立宪,又不如开明专制。"③ 何谓开明专制?梁启超把它与野蛮专制进行了比较和对照:"凡专制者,以能专制之主体的利益为标准,谓之野蛮专制;以所专制之客体的利益为标准,谓之开明专制。"譬如,"普王腓力特列曰:'国王者,国家公仆之首长也。'此语也,则代表开明专制之精神者也。"④ 换言之,执政者如果能以国家与民众的利益作为追求,就是开明专制。

为什么要实行开明专制?梁启超提供的理由主要包括三个方面:第一,从理论上说,君主专制政体不可能通过革命的方式变成共和立宪政体。"中国今日,固号称专制君主国也,于此而欲易以共和立宪制,则必先以革命。然革命决非能得共和,而反以得专制。此其理,德人波仑哈克之说,最

---

① 梁启超. 新大陆游记节录//梁启超全集. 北京:北京出版社,1999:1188.
② 董方奎. 梁启超为什么放弃美式共和方案. 华中师范大学学报(哲学社会科学版),1991(3).
③ 梁启超. 开明专制论//梁启超全集. 北京:北京出版社,1999:1471.
④ 同③1456.

165

能为确实的证明。"① 可见，梁启超做出这个判断，源于对波伦哈克理论的服膺。第二，中国民智未开，不可能建设共和政治。"今日中国国民未有可以行议院政治之能力者也。吾于是敢毅然下一断案曰：故今日中国国民，非有可以为共和国民之资格者也。今日中国政治，非可采用共和立宪制者也。"② 第三，无论是通过立宪，还是通过革命，都不可能走向共和政治。因为"宪法者，决非一纸空文所能立，朝欲之而夕致之也。……彼持极端破坏论者，乃谓于干戈俉偬、血肉狼藉、生计憔悴、神魂骇丧之余，不数年而可以跻于完全优美之共和，一何不思之甚！呜呼，我青年之眩于空华、困于噩梦者，其醒耶未耶？而附和君主立宪者，亦一若于数条宪法正文之外，更无余事，其可怜而可笑，亦正与彼破坏论者相类"③。这就是说，借助于破坏性的革命，绝不能走向"完全优美之共和"；单凭几条宪法正文，也不能实现"完全优美之共和"。

之所以提出"开明专制论"，梁启超自己承认的思想动因是："弟所谓开明专制，实则祖述笕克彦氏之说，谓立宪过渡民选议院未成立之时代云尔。日本太政官时代之政体，即弟所谓开明专制，而公所谓宪胚非有二物也。弟之用此名则有所激而言，弟持论每喜走极端，以刺激一般人之脑识，此亦其惯技耳。"④ 按照这句"夫子自道"，梁启超所倡导的开明专制，实际上是对笕克彦⑤学说的因袭，是日本法政思想及实践强烈影响下的产物。

第五阶段（1907 年夏至 1911 年 11 月），根据国内政局，

---

① 梁启超. 开明专制论//梁启超全集. 北京：北京出版社，1999：1470.
② 同①1479.
③ 同①1486.
④ 梁启超. 致蒋观云//梁启超全集. 北京：北京出版社，1999：5949.
⑤ 笕克彦（1872—1961），日本公法学家，神道思想家。

提出"虚君共和"。

1907年9月,清政府决定设立资政院,这种形似"议院"的机构似乎让梁启超看到了新的希望。10月,梁启超主导的"政闻社"在日本东京宣告成立。梁启超为这个政治团体拟定的宣言是:"改造政府","亦曰改无责任之政府为有责任之政府云尔。所谓有责任之政府者,非以其对君主负责任言之,乃以其对国民负责任言之"①。这样的政府,"不外求立宪政治之成立而已。立宪政治非他,即国民政治之谓也。欲国民政治之现于实,且常保持之而勿失坠,善运用之而日向荣,则其原动力不可不还求诸国民之自身"②。梁启超设想的这种政府,由于仅仅对国民负责,不对君主负责;虽有君主,但君主无实权——这样的政体,其实就是"虚君共和"政体。

这种"虚君共和"政体,甚至在武昌起义暴发之后,梁启超依然念兹在兹,不忍舍弃。1911年11月,亦即武昌起义的次月,梁启超写出了著名的《新中国建设问题》一文,认为:"今后新中国之当采用共和政体,殆已成为多数之舆论。顾等是共和政体也,其种类复千差万别,我国将何所适从,是当胪察其利害,而慎所择也。"③ 梁启超列举了六种共和政体:美国式的、法国式的、墨西哥式的、瑞士式的、英国式的、澳大利亚式的。比较而言,英国式的"虚戴君主之共和政体","虽未敢称为最良之政体,而就现行诸种政体比较之,则圆妙无出其右者矣。此制滥觞英国,全由习惯积渐而成,其后比利时著之成文宪法,遂为全欧列邦之模范。"④ 换言之,在多种共和政体中,"虚君共和政体"实在堪称最良的共和政体。

---

① 梁启超. 政闻社宣言书//梁启超全集. 北京:北京出版社,1999:1711.
② 同①1713.
③ 梁启超. 新中国建设问题//梁启超全集. 北京:北京出版社,1999:2437.
④ 同③2441.

梁启超虽然认为，"惟英国式的虚君共和政体最适宜于中国"，"然则中国亦可行此制乎？曰：呜呼！吾中国大不幸，乃三百年间戴异族为君主，久施虐政，屡失信于民，逮于今日，而令此事殆成绝望。……夫国家之建设组织，必以民众意向为归，民之所厌，虽与之天下，岂能一朝居。呜呼，以万国经验最良之虚君共和制，吾国民熟知之，而今日殆无道以适用之，谁之罪也？是真可为长太息也"①。可见，即使在辛亥革命之后，即使梁启超承认中国应当采用共和政体，但是，他所希望的共和政体依然是英国式的"虚君共和"，依然在为"虚君共和"之不能实行而感到遗憾、感到惋惜。梁启超对于"虚君共和"的依恋，源于他对英式政体的一贯认同。

以上分析表明，从戊戌到辛亥，十四年间，梁启超在君主制与共和制之间进行了反复的探索，走过了一条"之"字形的思想道路。其间，既考虑过共和革命，也考虑过开明专制，但在他流亡生涯的最后阶段，选择了一条介于共和革命与开明专制之间的"虚君共和"之路。

三、走向共和：梁启超在辛亥革命后的思想抉择

1912年1月1日，中华民国成立。2月12日，清帝退位。13日，孙中山辞去临时大总统。15日，袁世凯继任临时大总统。在这种日新月异的政治现实的催促下，迟至1912年4月，梁启超终于借《中国立国大方针》一文，表达了他对于共和政治的全面服膺："夫谓共和不能行于中国，则完全之君主立宪，

---

① 梁启超. 新中国建设问题//梁启超全集. 北京：北京出版社，1999：2442.

其与共和相去一间耳，其基础同托于国民，其运用同系乎政党，若我国民而终不能行共和政治也，则亦终不能行君主立宪政治。"既然君主立宪与共和政治只有一步之遥，那么，"既认为可以行君主立宪之国民，自应认为可以行共和之国民"。因而，"今日我国以时势所播荡，共和之局，则既定矣，虽有俊杰，又安能于共和制之外而别得活国之途?"① 这几句话，特别是最后一句，标志着梁启超在"不惑之年"终于完成了走向共和的思想历程。此后的梁启超"不"再疑"惑"，作为共和政治的坚定守护者与捍卫者，其思想、其行动从未偏离过共和政治的轨道。

事实上，自民国初创以来的数年间，无论是政治实践领域还是思想文化领域，共和政治都没有达到坚如磐石的程度。在政治实践领域，袁世凯恢复过君主制，张勋拥戴溥仪也恢复过君主制。在思想文化领域，前清遗老就不用说了，大名鼎鼎如康有为，就是张勋复辟的支持者；美国的古德诺也借《共和与君主论》一文，对君主制的可能性进行了分析。② 在试图颠覆共和政治的各种企图面前，梁启超从言论与行动两个方面守护和捍卫了危机四伏、险象环生的民初共和政治。

1915 年，在袁世凯试图把共和制改为君主制的紧要关头，梁启超发表了《异哉所谓国体问题者》一文③，在这篇言辞雄辩、逻辑严密的名作中，梁启超为共和政治提供了有力的辩护。第一，共和政治已经成为现实，绝不能将共和制全盘推倒，"另起"君主制的"炉灶"。梁启超说："鄙人生平持论，无论何种国体皆非所反对；惟在现行国体之下而思以言论鼓吹他种国体，

---

① 梁启超. 中国立国大方针//梁启超全集. 北京：北京出版社，1999：2507.
② 唐德刚. 袁氏当国. 桂林：广西师范大学出版社，2004：152.
③ 唐德刚对此文评价甚高，说梁启超"以一篇文章闹垮了一个洪宪王朝"，虽然略显夸张，但也道出了某些实情. 唐德刚. 袁氏当国. 桂林：广西师范大学出版社，2004：189.

则无论何时皆反对之。"因为,国体乃"天下重器也,可静而不可动也,岂其可以翻覆尝试,废置如弈棋?"第二,共和政治的利弊不是不可以讨论,但现在已经不是讨论的时候了。"夫孰谓共和利害之不宜商榷?然商榷自有其时。当辛亥革命初起,其最宜商榷之时也,过此以往,则殆非复可以商榷之时也。"第三,在客观上,要从共和政治再恢复到君主政治,已经不可能了。因为,"君主之为物,原赖历史习俗上一种似魔大量魔之观念以保其尊严,此种尊严自能于无形中发生一种效力,直接间接以镇福此国。君主之可贵,其必在此。虽然,尊严者不可亵者也,一度亵焉,而遂将不复能维持。……我国共和之日虽曰尚浅乎,然酝酿之则既十余年,实行之亦既四年。当其酝酿也,革命家丑诋君主,比诸恶魔,务以杀人民之信仰,其尊严渐亵,然后革命之功乃克集也;而当国体骤变之际与既变之后,官府之文告,政党之宣言,报章之言论,街巷之谈说,道及君主,恒必以恶语冠之随之,盖尊神而入溷腧之日久矣。今微论规复之不易也,强为规复,欲求畴昔尊严之效,岂可更得?"[1] 这就是说,经过四年的共和实践,君主的尊严已丧失殆尽;即使想要恢复君主制,也没有可能了。

梁启超对共和政治的守护与捍卫,既"坐而言",更"起而行":民国建立后的两次帝制复辟,他都是身体力行的反对者。第一次,针对袁世凯复辟帝制的逆行,梁启超既担任过"护国军都司令部"的"都参谋",又担任过"护国军军务院"的"抚军"兼"政务委员长"[2],深度地介入了旨在维护共和政治的护

---

[1] 梁启超. 异哉所谓国体问题者//梁启超全集. 北京:北京出版社,1999:2900-2906.

[2] 他在《云贵檄告全国文》中,阐述了护国军的目标:"义师之兴,誓以四事。一曰与全国民戮力拥护共和国体,使帝制永不发生……"梁启超全集. 北京:北京出版社,1999:2855.

第六章 辛亥革命之镜:梁启超走向共和的思想历程

国运动。① 第二次,针对张勋等人拥戴溥仪复辟,梁启超再次反对,并以"讨逆军参赞"的身份,协助段祺瑞实现了"再造共和"的目标,以实际行动捍卫了共和政治。②

以上分析表明,自民国建立之后,梁启超已经成了一个堪称是"知行合一"的共和论者。那么,梁启超所守护、所捍卫的共和到底是什么呢?对于这个问题,可以从以下两个方面来分析。

一方面,梁启超理解的共和政治,主要是君主政治的对立物,亦即没有世袭君主的政治。

如前所述,流亡日本的梁启超曾与孙中山亲密接触,希望"改造共和政体",这一政治主张的实质,就是推翻由来已久的君主政治。在1912年的《中国立国大方针》一文中,梁启超把"共和"与"君主立宪"作为两种政治形态相互并列。在《异哉所谓国体问题者》一文中,以及在他参加的护国运动中,梁启超所反对的是复辟君主制,所捍卫的也是没有君主的共和制。因此,梁启超论著中的"共和",主要是作为"君主政治"的对立物来使用的:有君主,就没有共和;有共和,就没有君主;走向共和,就是走向没有世袭君主的政治。可见,梁启超所理解的共和,实际上就是"共和/君主"这种二分法的产物。当然,在君主与共和之间,还有一个交叉地带,或者说是君主与共和的混合物,那就是"虚君共和"。典型的"虚君共和"国家

---

① 相关细节,史学界多有论述。譬如,董守义写道:梁启超"促进广西陆荣廷独立,迫使广东宣布独立。护国军方面声势大壮,实力增至八军。梁又向日本大隈重信首相以私人名义商借一百万日元,购枪一万支;并设法解决了财政问题;在护国战线内部也团结了国民党人。因此,护国战争的领导权是历史地落在了梁启超及其进步党人身上"。董守义. 梁启超民初时期的宪政思想与保卫共和制度的斗争. 辽宁大学学报,1984(5).

② 这段经历,恰如梁启超自己所说:"自去年帝制问题发生,无端酿成国内战争,实国家之不祥之事也。今共和国体之所以复能维持,实赖全国各部分人戮力拥护,非一手一足之为烈也。惟鄙人于兹役,实始终其事,于内幕知之颇详……"梁启超. 国体战争躬历谈//梁启超全集. 北京:北京出版社,1999:2928.

就是英国——在多数情况下，梁启超把英式政治称为君主立宪；有时候，则称之为"虚君共和"。表面上看，"虚君共和"是一个充满了矛盾的概念——既有君主，又是共和。这个概念的矛盾性可以解释为："共和"一词具有一定的弹性或模糊性；同时，这个概念也说明了"君主/共和"这种二分法的局限性；当然，我们还可以像孟德斯鸠那样，把"虚君共和"这种君主与共和的混合形态解释为"裹着君主制外衣的共和国"①。

另一方面，梁启超在辛亥革命后所理解的共和，是一种国体，而不是一种政体。

在"走向共和"之后，梁启超着眼于"国体/政体"的二元划分，对共和政治做出了一个引人注目的判断：把共和作为国体而不是政体来看待，并提出了"只论政体，不论国体"的主张。② 他说："不争国体而争政体，其对于国体主维持现状，吾既屡言之。故于国体则承认现在之事实，于政体则求贯彻将来之理想"③。其理由是："政体之变迁，其现象常为进化的，而国体之变更其现象常为革命的，谓革命可以求国利民福，吾未之前闻。是故吾自始未尝反对共和，吾自始未尝反对君主，虽然吾无论何时皆反对革命，谓国家之大不幸莫过于革命也。"④ 这几句话，体现了梁启超在"走向共和"之后对于"共和"的认知：第一，"共和"主要在于描述一个国家的国体。第二，追

---

① 这句话出自刘军宁. 共和民主宪政——自由主义思想研究. 上海：上海三联书店，1998：111. 按照张雁深的译本，孟德斯鸠的这句话是："有一个国家，外表是君主政体，实际上却是共和政体。"（在书后的"原编者注"中，指明这个国家就是英国。）孟德斯鸠. 论法的精神：上册. 张雁深，译. 北京：商务印书馆，1961：70.

② 丁文江，赵丰田. 梁启超年谱长编. 上海：上海人民出版社，1983：722.

③ 梁启超. 鄙人对于言论界之过去及将来//梁启超全集. 北京：北京出版社，1999：2510.

④ 同②.

求共和国体,必须借助于革命的方式,它虽然可以把君主政治改为共和政治,但破坏性也很大。第三,不应主动追求一种新的国体,在君主政治存在的条件下,则维护君主政治;在共和政治已经成为事实的情况下,则维护共和政治。第四,对于政治家或政论家来说,与其在君主国体与共和国体之间纠缠,不如在政体上(立宪、议院等方面)下功夫。

四、辛亥革命对梁启超共和思想的塑造

从甲午到戊戌,梁启超宣扬了他的以"民政、民权、民智"为内容的"三民主义",但此时的梁启超,还未正面提出共和政治的主张。从戊戌到辛亥,十多年间,梁启超在孙中山的影响下,虽然短暂地认同过共和革命的主张,但是,他的主导思想还是承认君主的正当性。此间,他虽然提出了多种相异的政治方案,但基本上都是在"虚君"的前提下所进行的探索。只有辛亥革命及其所缔造的中华民国,才让梁启超彻底地、义无反顾地走向了共和,完成了走向共和的思想历程。试想,如果没有辛亥革命及其所缔造的中华民国,梁启超将会始终徘徊在君主政治的世界里。从这个意义上说,辛亥革命乃是梁启超走向共和的津渡或桥梁。辛亥革命既然把梁启超从君主政治的思想天空引领到共和政治的思想天空,辛亥革命的性质也就从根本上塑造了梁启超共和思想的特质。

辛亥革命的性质或特征是什么?传统的观点认为,辛亥革命是"孙中山领导的、推翻清朝封建统治的资产阶级民主革命"[1]。

---

[1] 中国社会科学院语言研究所词典编辑室. 现代汉语词典. 北京:商务印书馆,1978:1266.

然而，更具体、更准确地说，"辛亥革命不是一般的反帝反封建的革命斗争，而是一场资产阶级革命派领导的自强救亡运动"，因为，"1895年，由于日本在《马关条约》中割占了台湾和澎湖列岛，打破了西方列强在中国的侵略利益的平衡均势，引发了一场西方列强在中国租借港湾，划分势力范围的狂潮，使中国的民族危机达到了崩溃的边缘，为了挽救这一严重的民族危机，以孙中山为首的资产阶级革命派发动了这场震惊世界的辛亥革命"①。

作为一场自强救亡性质的运动，辛亥革命既震惊了世界，也从根本上塑造了梁启超的共和思想。因为，梁启超走向共和的思想历程，本质上就是寻求自强救亡的思想历程。在上文分别阐述的三个不同的思想阶段中，梁启超对于"三民主义"的呼吁，对于"虚君共和"的曲折探索，对于共和政治的守护与捍卫，都包含着一个未曾改变的思想内核，那就是：自强救亡。

如前所述，早在1896年的《古议院考》一文中，梁启超开篇就问："泰西各国何以强？"在同年的《论不变法之害》一文中，梁启超把变法的目的归结为："可以保国，可以保种，可以保教"；如果拒绝变法，所引起的消极后果，"则非吾之所敢言矣！"② 换言之，只有通过变法，才可能自强，才可能救亡，否则，将会大难临头。这些言论，极为精准地表达了梁启超在甲午至戊戌期间的心迹：以自强救亡作为自己的终极追求。

在戊戌至辛亥期间，流亡海外的梁启超曾短暂地认同过革命党人的主张。1899年，在写给康有为的信中，梁启超说："非庶政公开，改造共和政体，不能挽救危局。"同年，在写给孙中山的信中又说："至于办事宗旨，弟数年来，至今未尝稍

---

① 史全生. 论辛亥革命的性质特点//纪念辛亥革命90周年论文集编委会. 孙中山与辛亥革命——纪念辛亥革命90周年论文集. 南京：江苏古籍出版社，2002：22.

② 梁启超. 论不变法之害//梁启超全集. 北京：北京出版社，1999：14.

变,惟务求国之独立而已。若其方略,则随时变通。但可以救我国民者,则倾心助之,初无成心也。"① 可见,梁启超认同共和革命的理由,依然是"挽救危局"。

在流亡生涯的多数时期,梁启超的基本倾向是君主立宪或"虚君共和",但是,"虚君"的目标依然是自强救亡。他在论及"虚君共和"的旨意时写道:"凡立宪君主国之宪法,皆特著一条,曰:君主无责任,君主神圣不可侵犯。"为什么要求君主无责任?原因就在于,"一国之元首,惟无实权者乃可以有定位,惟无定位者乃可以有实权,二者任取一焉,皆可以立国。混而兼之,国未有能立者也。即立矣,未有能久存于今日物竞天择之场者也。善哉,君主无责任!"② 换言之,在列国竞争的背景下,只有坚持"虚君",才能让国家站立起来,才能让国家自存于物竞天择的"新战国时代"。

梁启超认同自由,但认同自由的理由是:自由二字,"为今日救时之良药,不二之法门耳"。梁启超也认同法治,但认同法治的理由依然是自强救亡。因为,"逮于今日,万国比邻,物竞逾剧,非于内部有整齐严肃之治,万不能壹其力以对外。法治主义,为今日救时唯一之主义"③。梁启超还认同过开明专制,但开明专制的价值与功能依然在于"救中国"——"因陈烈士天华遗书有'欲救中国必用开明专制'之语,故畅发其理由,抑亦鄙人近年来所怀抱之意见也"④。可见,颇受世人诟病的"开明专制论",同样有一个坚实的思想内核,那就是"救中国"或自强救亡。

---

① 丁文江,赵丰田.梁启超年谱长编.上海:上海人民出版社,1983:181.
② 梁启超.政治学学理摭言//梁启超全集.北京:北京出版社,1999:916-917.
③ 梁启超.中国法理学发达史论//梁启超全集.北京:北京出版社,1999:1255.
④ 梁启超.开明专制论//梁启超全集.北京:北京出版社,1999:1451.

在梁启超走向共和的思想历程中，时而强调"共和革命"，时而强调"开明专制"，时而强调"虚君共和"；时而强调民权，时而强调自由，时而强调法治，走过了一条"之"字形的思想历程。按照梁启超自己的说法，习惯于"以今日之我，难昔日之我"①。然而，如果把梁启超的这种"反复""矛盾"甚至是"流质易变"的思想轨迹放置于"自强救亡"这个平台上来观察，就可以理解了：他关于共和的多种取向，其实都是在"方略"层面上的斟酌；不同的方略都在服务于一个共同的目标，那就是自强救亡。② 换言之，梁启超的共和思想，本质上是一种以自强救亡为本位的政治法律思想。然而，追根溯源，这种以自强救亡为本位的共和思想，绝不是梁启超从学术理论中推导出来的，而是梁启超置身于其间的辛亥革命的自强救亡本性所塑造出来的。

辛亥革命的性质不仅塑造了梁启超共和思想的特质，辛亥革命的过程还影响了梁启超走向共和的思想历程。

辛亥革命虽然是在1911年发生的，但是，孙中山的兴中会早在1894年就成立了，可见，辛亥革命的种子早在甲午之年就埋下了。由于甲午战争的惨败，前所未有地加深了中华民族的危机，因而自甲午以后，革命力量的积蓄、革命意识的深化、革命方略的调整，一直都没有间断过。换言之，革命虽然是在辛亥之年临门一脚地获得了成功，但是在成功的背后，经历了

---

① 梁启超. 清代学术概论//梁启超全集. 北京：北京出版社，1999：3100.

② 梁启超思想的易变，其实也是情势使然。1901年，梁启超在《过渡时代论》一文中已有描述："故今日中国之现状，实如驾一扁舟，初离海岸线，而放于中流，即俗语所谓两头不到岸之时也。语其大者，人民既愤独夫民贼愚民专制之政，而未能组织新政体以代之，是政治上之过渡时代也。"（梁启超全集. 北京：北京出版社，1999：465.）换言之，在"过渡时代之中国"，旧政体已经坍塌，新政体尚未组织，一切都还在摸索之中，这样的政治背景是梁启超反复修正自己思想的总根源。

第六章 辛亥革命之镜：梁启超走向共和的思想历程 ◆

十多年的酝酿、曲折、试错、奋起。可以说，以孙中山为代表的革命党人，实实在在地走过了一条蜿蜒曲折的革命道路。辛亥革命的这一历史行程，恰好可以反映出梁启超走向共和的思想历程：梁启超对共和政治的探索，同样始于甲午之年。当孙中山在海内外为革命奔忙的时候，梁启超也在海内外广泛宣传改良与变法、积极开展组党活动。在孙中山与梁启超之间，有分歧，但也不乏共识，甚至还有密切的合作。当以孙中山为代表的革命党人领导的辛亥革命取得成功之际，梁启超也迎来了他英雄般的凯旋，并由此完成了他走向共和的思想历程。由此可见，辛亥革命从酝酿到成功的实践过程，与梁启超走向共和的思想历程，几乎是重叠在一起的。梁启超共和思想的流变，正是辛亥革命的迅疾行程、清末政局的波谲云诡塑造出来的。辛亥革命的节奏，几乎就是梁启超走向共和的思想节奏。

以上两个方面的分析表明，辛亥革命的性质，塑造了梁启超共和思想的特质；辛亥革命的实践过程，就是梁启超走向共和的思想历程。正是辛亥革命，从性质与过程两个方面，全方位地塑造了梁启超的共和思想。在这个意义上，我们可以说，梁启超走向共和的思想及其历程，恰好可以构成辛亥革命的一面镜子。就托尔斯泰而言，"如果我们看到的是一位真正伟大的艺术家，那么他在自己的作品中至少会反映出革命的某些本质的方面"[①]；同样，就梁启超而言，如果我们看到的是一位真正伟大的启蒙思想家，那么他就一定会在自己的作品中至少反映出辛亥革命的某些本质的方面。

梁启超的共和思想虽然可以映照出辛亥革命的精神实质，但是，在两者之间，还是存在手段、途径等方面的差异。梁启

[①] 列宁. 列夫·托尔斯泰是俄国革命的镜子//列宁选集：第2卷. 北京：人民出版社，2012：241.

超走向共和的思想历程表明,他的核心立场是以改良的方式实现自强救亡的目标,因而习惯于拒绝暴力革命;但是,辛亥革命既然被称为"革命",既然是由革命党人主导的,那就表明,辛亥革命包含了暴力革命的成分。从革命者的立场来看,梁启超的改良立场也许不能接受,也许应当批判。但是,如果我们暂时不从革命者的立场来审视,那么,革命与改良也可以理解为两种不同的手段与方法——按梁启超的说法,主要体现为两种不同的"方略"[1]。两者的终极目标其实都是相同的,那就是自强救亡。这是我们理解辛亥革命的钥匙,也是我们理解梁启超共和思想的钥匙。

五、百年沉浮:梁启超共和思想的意义

1921年,时值辛亥革命十周年,梁启超专门发表了一个演讲,论及辛亥革命的意义:"辛亥革命有什么意义呢?简单说,一面是现代中国人自觉的结果。一面是将来中国人自发的凭借。自觉觉些什么呢?第一,觉得凡不是中国人,都没有权来管中国的事。第二,觉得凡是中国人,都有权来管中国的事。第一

---

[1] 清王朝的覆灭及民国的建立,主要是革命党人革命活动的结果,辛亥革命的成功,是中国势力与外国势力、革命势力与改良势力、中央势力与地方势力、满族势力与汉族势力等多种势力相互交汇、共同激荡的结果。此外,由于革命与改良之间的界限并不是很清晰,因而张灏认为,梁启超到底"是一位革命者还是一个改良主义者",都是一个疑问,"这种现象因为梁和他的同时代的知识分子轻率地滥用'革命'和'改良'的词句而变得更为复杂。因此,如果事先不在语义学上作一澄清,梁是一位改良主义者还是一位革命者的问题就不可能得到回答。"张灏. 梁启超与中国思想的过渡(1890—1907). 崔志海,葛夫平,译. 南京:江苏人民出版社,1997:156.

第六章　辛亥革命之镜：梁启超走向共和的思想历程 ◆

件叫做民族精神的自觉，第二件叫做民主精神的自觉。"① 那么，在辛亥革命逾百年之际，我们回望梁启超走向共和的思想历程，又"有什么意义呢"？对于这样的追问，可以从三个方面来回答。

首先，他强调秩序与稳定。他把国体视为"天下重器"，认为国体"可静而不可动"的观点，就是一种深刻的政治哲学与法哲学，与《老子》中的"治大国，若烹小鲜"之理念②，可谓一脉相承。用现在的话来说，就是"不折腾"。也许是多年的政治实践经验，也许是对世界各国政治演进过程的反复比较，让梁启超意识到：随意另起炉灶，随意颠覆国家的根本，随意打碎国家的整体框架，无论是对国家还是对民众来说，都绝非幸事。因而，更值得期待的是秩序而不是动荡，是"日常政治"而不是"非常政治"。较之于近代中国的"长程革命"，梁启超的"求静"主张，值得认真对待。

其次，他强调改良与建设。早在戊戌政变之前，梁启超就提出了从开民智到兴民权再到求民政的"三民主义"。这种一环扣一环的政治改良思路，着眼于理想政治的民众基础与社会条件，着眼于循序渐进的提升，着眼于点点滴滴的进步，包含着一种稳健的法政之道。按梁启超的说法，他自己"立言之宗旨，则仍在浚瀹民智，薰陶民德，发扬民力，务使养成共和法治国国民之资格，此则十八年来之初志，且将终身以之者也"③。这句自我总结，是对他的改良主义、建设主义共和思想的生动诠释。正是因为立足于改良与建设，梁启超对共和政治的追求，更多地着眼于"走向共和"的起点、步骤、环节、方法、路径，

---

① 梁启超. 辛亥革命之意义与十年双十节之乐观//梁启超全集. 北京：北京出版社，1999：3379.
② 老子第六十章.
③ 梁启超. 鄙人对于言论界之过去及将来//梁启超全集. 北京：北京出版社，1999：2509.

表达了一种程序主义的共和观念，依照哈贝马斯的"民主作为程序"的理论①，不妨称之为"共和作为程序"。梁启超虽然在"共和是什么"这个本体问题上没有给我们提供详尽而系统的论证，但在"如何走向共和"这个程序问题、方法问题上，给我们留下了弥足珍贵的思想资源。

最后，他强调整体与系统。在梁启超的共和思想中，蕴含着一种整体主义的思路，即，共和政治是一个整体性的系统工程，它需要民智的开发、民权的兴起、宪法的完善、议院的设立，尤其是对于权力的有效制约，同时，还要考虑国家的大小、人口的多少，以及民族性格、文化传统的制约性等，因而，仅仅是把君主的宝座掀翻，并不能得到一种理想的共和政治。正是这种整体主义、系统主义的共和思想，让辛亥革命之前的梁启超对"毕其功于一役"的共和革命抱持某种怀疑的态度；与那些一心想着推翻君主政治的革命党人相异的是，梁启超更多地考虑到了共和政治的相关因素或配套因素。② 显然，这是一种更加缜密、更加周全的共和观念。从思想渊源来看，这种整体性、系统性的共和观念，受到了伯伦知理、波伦哈克的影响，与孟德斯鸠强调的"法的精神"③，也有相通之处。

概而言之，梁启超共和思想中所蕴含的秩序观念、程序意识、整体思维，也许是这位立足于自强救亡的启蒙思想家给我

---

① 喻中. 民主作为程序——哈贝马斯的程序主义民主观及其现实意义. 人文杂志，2003（5）.

② 美国学者沙培德的研究还表明，辛亥革命后的梁启超，其共和思想中还包含了国家与社会相互制衡的特点，"他早先关于推动提升国家权利的理论此时渐渐地和一种他新近了解的公共社会领域融合在一起"。沙培德. 辛亥革命后梁启超之共和思想：国家与社会的制衡. 张家钟，马小泉，译. 学术研究，1996（6）.

③ 孟德斯鸠说："法律应该和国家的自然状态有关系；和寒、热、温的气候有关系；和土地的质量、形势和面积有关系……我将研讨所有的这些关系。这些关系综合起来就构成所谓'法的精神'。"孟德斯鸠. 论法的精神：上册. 张雁深，译. 北京：商务印书馆，1961：7.

们留下来的、弥足珍贵的思想遗产。

倘若有意"苛求古人",那么,从学理的层面上看,梁启超虽然给我们留下了大量的关于"共和"的文字,但是,他并没有就共和这一主题进行系统化、学理化的阐述;他的几个核心观点都存在着若干可以商议之处。

譬如,他在辛亥革命之后,反复强调共和属于国体而非政体,这个论断就失之偏颇。因为,共和作为一个含义丰富的概念,既可以描述一种国体,也可以描述一种政体。早在亚里士多德的著作中,就是把共和作为一种政体来研究的。[①] 美国宪法第4条之第4项规定:"合众国应保证联邦各州之共和政体"[②],言下之意,共和是一种政体。在流行的法学词典中,共和也被解释成为一种政体——一种"注重共同福利或利益,公众人人有发言权的政体形式"[③]。按照孙中山的说法,"现在中华民国共和政体,与专制政体不同,专制政体之主权,为君主一人所私有,共和政体三权分立,各有范围,三者之中尤以立法为要"[④]。诸如此类的代表性文本,都是把共和当作一种政体来看待的。当然,共和也可以表达一种国体,正如孙中山所言:"中华民国的国家与前清的国家不同,共和国体与专制国体不同。中华民国的国家是吾四万万同胞的国家,前清的国家是满清一人的国家。"[⑤] 可见,既可以在国体层面上谈共和,也可以在政体层面上谈共和。

[①] 譬如,亚里士多德说:"平民政体为共和政体的变态。"亚里士多德. 政治学. 吴寿彭,译. 北京:商务印书馆,1965:134.
[②] 汉密尔顿,杰伊,麦迪逊. 联邦党人文集. 程逢如,在汉,舒逊,译. 北京:商务印书馆,1986:462.
[③] 沃克. 牛津法律大词典. 北京:光明日报出版社,1988:186.
[④] 孙中山. 在北京共和党本部欢迎会的演说//孟庆鹏. 孙中山文集:上册. 北京:团结出版社,1997:35.
[⑤] 孙中山. 在山西实业界学界及各党派欢迎会的演说//孟庆鹏. 孙中山文集:上册. 北京:团结出版社,1997:504.

其实，在梁启超自己的论著中，也多次使用"共和政体"这个概念。① 然而，"走向共和"之后的梁启超却把共和仅仅归属于国体的范畴，排斥共和的政体属性，虽然事出有因②，但从学术自洽、逻辑严密的要求来说，不能不说是一种缺陷。

再譬如，梁启超反对暴力革命，以为"革命只能产出革命，决不能产出改良政治。改良政治，自有其途辙"③。这样的观点也有过于武断之嫌。革命造成的破坏与震荡固然存在，但是，在某种特定的情势下，革命也可能成为改良政治、优化政治的助推器——让梁启超惊艳的美国政治就是通过革命甚至是暴力革命（独立战争、南北战争）建立起来的。事实上，革命所具有的破坏作用，在一定程度上，其实就像药品所具有的毒副作用一样（所谓"是药三分毒"），既然有毒副作用的药品在肌体患病的情况下能够产生治疗作用，那么，有破坏作用的革命在政治肌体出现严重病变的情况下，也可能产生积极的治疗作用。梁启超囿于改良者的立场，因噎废食，完全否认革命的正面功能，则透露出梁启超共和思想上的某些盲区。

当然，我们也要看到，前半生的梁启超并不是一个枯坐书斋的专业学者。④ 作为一个自强救亡的行动家、实践者，他对

---

① 譬如，前文已经述及，梁启超在1899年写给康有为的信中，就提出了"改造共和政体"的要求。在1912年的《宪法之三大精神》一文中，更是将"共和国体"与"共和政体"两个概念同时使用。梁启超全集. 北京：北京出版社，1999：2560.

② 梁启超"不论国体"的旨意，或许在于强调：共和国体不能再质疑，也不容再讨论，因而可以视为一种维护共和政治的修辞。

③ 梁启超. 革命相续之原理及其恶果//梁启超全集. 北京：北京出版社，1999：2612.

④ 大致说来，梁启超的前半生"以政治为业"，后半生"以学术为业"。1918年，可以视为梁启超从"政治活动家"转向"学者"的标志性年份。有一个细节值得在此一提：1918年12月28日，梁启超由上海起航，赴欧洲游历，临行之前，他"和张东荪、黄溯初谈了一个通宵，着实将从前迷梦的政治活动忏悔一番，相约以后决然舍弃，要从思想界尽些微力，这一席话要算我们朋辈中换了一个新生命了。"丁文江，赵丰田. 梁启超年谱长编. 上海：上海人民出版社，1983：874.

于政治鼓动、社会宣传之实际效果的追求，远远大于对学术理论逻辑的追求。如果认识到这一点，那么，我们对于梁启超共和思想中的疏漏、片面、武断与矛盾，自然会多一些同情式的理解。①

（原载《社会科学战线》2014 年第 5 期）

---

① 笔者赞同范忠信的说法："在那一个动荡不安的时代里，我们的确不能苛求梁先生和其他法学家，我们无法苛求古人。"范忠信. 认识法学家梁启超//范忠信. 梁启超法学文集. 北京：中国政法大学出版社，2000：1.

第七章　所谓国体：宪法时刻与梁启超的共和再造

一、引言：重温1915年的"宪法时刻"

在中国历史上，发生过以一篇文章闹垮一个王朝的稀奇事。这篇文章就是梁启超的《异哉所谓国体问题者》（以下简称《异哉》）①，那个被闹垮的王朝就是袁世凯的洪宪王朝。宣称洪宪王朝是梁启超的这篇文章闹垮的，是出自唐德刚的一种说法。

唐德刚写道，梁启超的"这篇宏文于1915年9月3日在北京的《京报》汉文版刊出之后，北京《国民公报》随即全文转载，全国各报闻风响应。星星之火，可以燎原，一下就烧遍全

---

① 梁启超. 异哉所谓国体问题者//梁启超全集. 北京：北京出版社，1999：2900-2905. 本章引证《异哉》之处较多，为了行文简洁，下文中凡是引自《异哉》的文字，不再一一注明出处。

国。国人对帝制的嬉笑怒骂，随之而来。不特杨度一下便被摔入谷底，袁世凯本人也灰溜溜的，无面目见人。"就这样，梁启超"以一篇文章闹垮了一个洪宪王朝"①。这当然是一个夸张的说法，可以理解为史家的一种修辞。仅凭一篇文章，实在不足以闹垮一个王朝。但是，从另一个层面来看，梁启超的这篇文章对于洪宪王朝的覆灭，确实起到了至关重要的作用。学界也有类似的评论。譬如，有论者认为，《异哉》"一文的要害是反对变更国体，即反对在共和制下改行帝制，是一篇反对袁世凯帝制自为的檄文，揭开了护国战争的序幕"②。有论者认为，《异哉》是"反对帝制的一面旗帜"③。蔡锷作为《异哉》的当事者与见证人之一（详见后文），当然也对《异哉》做出了积极的评价。他说，在这篇文章中，梁启超所言乃"全国人民所欲言、全国人民所不敢言，抑非先生言之，固不足以动天下也"④。蔡锷的意思是，如果没有这篇文章，护国战争是很难发动起来的。

但是，在如何评价《异哉》的问题上，学界还有完全不同的声音。譬如，有论者认为，《异哉》表明，梁启超"比任何人都更痛心中国君主政体的覆灭，比任何人都更想在中国恢复君主政体，也比任何人都热望今大总统袁世凯黄袍加身，登基称帝。同时，他还为袁世凯设计了一条最理想的帝制之路。只要袁世凯按照梁启超设计的方案去做，不久的将来，全国亿兆子民就会把皇冠奉送到他的面前。他劝袁世凯不必着急，创造条件，稳扎稳打地迎接这个良辰佳节的到来"。因此，梁启超"不

---

① 唐德刚. 袁氏当国. 桂林：广西师范大学出版社，2004：188-189.
② 刘振岚. 试论梁启超《异哉所谓国体问题者》一文的内涵与要害. 首都师范大学学报（社会科学版），1993（3）.
③ 曾业英. 梁启超《异哉所谓国体问题者》真义何在. 贵州社会科学，1984（3）.
④ 毛注青，李鳌，陈新宪. 蔡锷集. 长沙：湖南人民出版社，1983：522.

是什么反帝制派,而是货真价实的帝制派,他不是主张清室复辟的旧帝制派,而是倡导袁世凯称帝的新帝制派"[1]。还有论者认为,在筹安会成立之后,"蔡锷几次由北京到天津与梁启超密商。二人分析局势,一致认为袁世凯在此时称帝会使革命党人得逞,颇属危险。于是由梁启超发表《异哉所谓国体问题者》,劝袁缓称帝。有人说梁的这篇文章举起了反对帝制的旗子。文章根本没有反对帝制,通篇所谈都是现在变更国体不合时宜。作者并不隐讳自己对共和制的痛恨和对君主制的留恋",概而言之,"这篇劝袁缓称帝的宣言,代表了梁、蔡的共同政治主张"[2]。这两种观点虽然略有不同——前者把《异哉》视为"新帝制派"的宣言,后者把《异哉》作为劝袁暂缓称帝的宣言,但这两种观点都认为,《异哉》不反帝制,是一篇拥护帝制的文献。

在上述两种截然对立的评价之外,还有一种观点认为,《异哉》存在着很多"歪理"与"谬论",不过,"《异哉》一文虽然'歪理'很多,'谬论'丛生,然而整个文章的立脚点决不是鼓吹帝制,而是反对变更国体、反对复辟帝制。有趣的是这些'歪理'和'谬论'也都是为了阐明这个立脚点的。就'歪理'而论,很多是应该加以批判的"——譬如,《异哉》"把革命家与阴谋家相提并论,当然是不正确的",就是一种"歪理"与"谬论"[3]。还有论者认为,"梁启超确确实实在反对袁世凯,确确实实在反击猖獗一时的复辟封建帝制逆流,不过这种反对和反击有着自己的逻辑,而非其他各派反袁势力的逻辑。……至于引起人们议论纷纷的那段劝袁励精图治之后再称帝的话,与

---

[1] 孟祥才. 梁启超传. 北京:北京出版社,1980:202-203.
[2] 杨维骏. 蔡锷的政治倾向. 云南社会科学,1982 (3).
[3] 谢本书. 梁启超与《异哉所谓国体问题者》. 昆明师范学院学报,1984 (2).

其说表现了梁启超反袁的不彻底,倒不如说是对袁的一种虚与委蛇"①。按照这种评论,《异哉》一方面在反对帝制,另一方面似乎又在跟袁世凯虚与委蛇,欲拒还迎。

以上几种不同的评论,几乎都出自历史学界,几乎都是关于《异哉》的史学评论,讨论的焦点都在于:《异哉》是否反对帝制,梁启超是否反对袁世凯。这些论述当然具有史学价值。但是,《异哉》不仅是一篇历史学方面的文献,同时也是一篇法学文献,尤其是一篇宪法学文献。因为,《异哉》的主题是国体问题,它是一篇论述中国国体问题的重要文献。而且,《异哉》还不是一般地、抽象地论述国体,不是关于国体的空泛之论,而是在解释中国语境下的国体,尤其是在解释1915年那个特定的时间节点上的中国国体。按照美国学者阿克曼关于"宪法时刻"的说法②,1915年可谓严格意义上的"宪法时刻",甚至堪称中国历史上最紧张的宪法出场的时刻。考诸近现代中国历史,无论是此前还是此后,宪法以如此戏剧性的场景登临中国政治舞台,都是空前绝后的。

也许有人认为,1915年的洪宪帝制,不过是一场"闹剧"。确实,袁世凯的洪宪帝制只存在了83天,转瞬即逝,没有取得"成功"(似乎也不大可能"成功"),袁世凯似乎闹了一个政治笑话,成为一个可笑的政治人物。但是,即使是一场"闹剧",在闹剧的背后,也有值得索解的思想存焉。梁启超的《异哉》,就是对这场"闹剧"的严肃解说、现场解说、法理解说。由于梁启超的解说体现了孔子所说的"见之于行事"

---

① 元青. 也谈《异哉所谓国体问题者》之真义. 贵州文史丛刊,1992 (2).
② 美国学者阿克曼说:"一个关键概念是宪法时刻(constitutional moment)——它要持续十多年,而非数日或数月。宪法时刻的标志是不断升级的群众运动,要求根本性的变革。"阿克曼. 我们人民:奠基. 汪庆华,译. 北京:中国政法大学出版社,2013:3.

的风格与旨趣①，是典型的"理论与实践相结合"，深刻地反映了1915年中国宪法的现实焦虑，有效地影响了中国政体、中国宪法的走向，这就使得《异哉》不仅具有实践意义、时代意义，同时也具有永恒的思想意义、理论意义。

如果把1915年视为中国的一个"宪法时刻"，视为中国宪法出场的特殊时刻，那么，从1915年至今（2015年），在经历了整整百年之后，我们应当怎样评说百年前的"宪法时刻"？阮元说过，"学术盛衰，当于百年前后论升降焉"②，同样的道理，国体思想，也当于百年前后论沉浮。在《异哉》经历了百年的沉淀与淘洗之后，我们应当怎样看待《异哉》的思想史意义？尤其是，"所谓国体"，到底何为？到底是一个什么样的问题？在这些问题的催促下，有必要在百年后的今天再读《异哉》，重温百年前的宪法时刻，回顾"所谓国体问题"的中国语境。

二、语境：《异哉》的政治背景

《异哉》不是一篇孤立的学术思想文献，不是象牙塔内的产物。对《异哉》的阅读与理解，应当置于1915年的宪法语境中，应当看到催生《异哉》的政治背景。

那么，《异哉》因何而写？对此，梁启超在《异哉》的开篇处就有交代："秋霖腹疾，一卧兼旬，感事怀人，百念灰尽，而户以外甚嚣尘上。戚然以国体问题闻，以厌作政谈如鄙人者，

---

① 据《史记·太史公自序》，孔子的原话是："我欲载之空言，不如见之于行事之深切著明也。"

② 阮元.十驾斋养新录序//钱大昕.十驾斋养新录.杨勇军，整理.上海：上海书店，2011：1.

岂必更有所论例？虽然，独于兹事有所不容已于言也，乃作斯篇。"这几句话，相当于《异哉》的序言或引言，交代了《异哉》的语境。那么，梁启超此时所闻见的"甚嚣尘上"的人与事，都是些什么呢？归纳起来，主要包括：古德诺 1915 年 8 月 3 日发表的《君主与共和论》、杨度等人 8 月 14 日宣布成立的筹安会①，以及杨度发表的《君宪救国论》。不过，在梁启超写作《异哉》之前，很可能没有看到《君宪救国论》，很可能是在写出《异哉》初稿之后，才看到了《君宪救国论》，因此又在《异哉》的末尾，增加了一段专门针对《君宪救国论》的评论。

从写作时间来看，《异哉》大约是在 1915 年 8 月 21 日完成的。因为，在梁启超 8 月 22 日写给长女梁思顺（令娴）的信中，有这样的话："吾不能忍（昨夜不寐今八时矣），已作一文交荷丈（汤觉顿）带入京登报，其文论国体问题者。若同人不沮，则即告希哲，并译成英文登之。吾实不能忍坐视此辈鬼蜮出没，除非天夺吾笔，使不复能属文耳。"② 这里的"希哲"即周希哲，是梁启超的女婿。这里的"论国体问题"之文，就是《异哉》其文。写作《异哉》，就在于批判"此辈鬼蜮"复辟帝制的行为。

"此辈鬼蜮"就是袁世凯父子及其筹安会。在 1916 年的《国体战争躬历谈》一文中，梁启超回顾了当时的政治背景："帝制问题之发生，其表面起于古德诺之论文及筹安会，实则酝酿已久。而主动者实由袁氏父子及其私人数辈，于全国军人官吏无与，于全国国民更无与也。先是去年（1915 年）正月袁克

---

① 筹安会以杨度、孙毓筠为正副理事长，严复、刘师培、李燮和、胡瑛为理事。唐德刚. 袁氏当国. 桂林：广西师范大学出版社，2004：166.
② 丁文江，赵丰田. 梁启超年谱长编. 上海：上海人民出版社，1983：720-721.

定忽招余宴,至则杨度先在焉。谈次历诋共和之缺点,隐露变更国体求我赞同之意。余为陈内部及外交上之危险,语既格格不入。余知祸将作,乃移家天津,旋即南下,来往于广东上海间。而冯将军国璋遣人来言,谓此问题已有发动之兆,相约入京力争。六月遂北行,往京旬余。晤袁氏数次,袁氏语我及冯将军,皆矢誓不肯为帝。其言甚恳切,冯将军据以宣布于各报,谓此议可暂寝矣。乃仅阅一月,遂有筹安会之事,筹安会发起后一星期,余乃著一文,题曰'异哉所谓国体问题者'。"①

其实,袁世凯变更国体的征兆,早在1914年就已经显露出来了。当时,梁启超还担任着币制局的总裁,但在政治上,已经很难有所作为。至"民国三年(1914)年底,袁世凯的举动越看越不对了,我们觉得有和他脱离关系之必要,我便把家搬到天津,我自己回广东去侍奉我先君,做了几个月的乡间家庭生活,那年(1915)阴历端午节前后,我又出来,到南京顽耍,正值冯华甫做江苏将军,他和我说,听见要办帝制了,我们应该力争,他便拉我同车入京,见袁世凯,着实进些忠告,不料我们要讲的话,袁世凯都先讲了,而且比我们还痛切,于是我们以为他真没有野心,也就罢了。华甫回南京做他的官,我回天津读我的书。过了两个多月——我记不清楚是哪一天——筹安会闹起来了。筹安会发表宣言的第二日,蔡公从北京搭晚车来天津,拉着我和我们另外一位亲爱的朋友——这个人现还在着,因他不愿意人家知道他,故我不说他的姓名——同到汤公觉顿寓处,我们四个人商量了一夜,觉得我们若是不把讨贼的责任自己背在身上,恐怕中华民国从此就完了"②。这段话比较

---

① 梁启超. 国体战争躬历谈//梁启超全集. 北京:北京出版社,1999:2928.
② 同①4055.

全面地交代了《异哉》的写作初衷：为"讨贼"而写，旨在维护中华民国。

梁启超、冯国璋在1915年端午节前后当面劝阻袁世凯的经过，颇有戏剧性，对于这段历史的细节，梁启超还有更具体的说明："袁项城拒谏饰非，作伪术之巧妙，登峰造极，古今无可伦比。时帝制论已尘嚣全国，冯华甫（国璋）自南京来津，邀余同往作最后之谏诤，华甫曰：'我之辩说远不如子，子之实力亦不如我，必我与子同往。子反复予以开道，而我隐示以力为子后盾，庶几千钧一发，危机可挽。'余诺之，乃尽一日夜之力，密草谏说纲要，至数十条，竭尽脑汁，凡可成为理由者，无不备举，欲为垂绝之国运，亿万之生灵，打最后一针。即两人联翩至新华宫，项城闻吾等至，喜动颜色，酒酣，吾正欲起立陈述，项城先笑曰：'二公此来，吾知之甚稔，乃欲谏我不做皇帝也。我反问二公，袁某欲做皇帝者，究思作一代皇帝而绝种乎？抑思作万代皇帝而无穷乎？'余与冯愕然未答，袁又笑曰：'除非痴人，自然欲作万代天子！'乃喟然叹曰：'我有豚犬二十余人，我将尽数呼出，立于二公之前。任公！君最善知人，我即托公代我选择一子，可以继立为皇帝者，可以不败我帝业，不致连累掘我祖坟者，任公，待君选出之后，我再决定称帝。如是可称帝二代！'余与冯四目相视，嗒然如伤，怀中万言书，竟一字不出。袁诸子环立侍宴，幼小者乳媪褓襁侍，袁忽变作悲痛之容曰：'我如许豚犬，无一克肖，无一非庸懦纨绔，然父之与子，孰不疼爱，我虽怒此辈不肖，然仍不愿因我造孽，他日为别人作鱼肉烹杀也。我百年后，敬托二公善护之。'余与冯迄辞出，竟不能一提'帝制'字。"① 在袁世凯、梁启超及冯国

---

① 吴其昌. 梁任公先生别录拾遗//夏晓虹. 追忆梁启超. 北京：生活·读书·新知三联书店，2009：124. 原文如此，细节处略有出入。

璋之间发生的这起"宪法事例"①,是对1915年中国国体问题、宪法问题的生动注释。

作为护国运动的参与者,时人周善培也从自己的角度述及《异哉》的写作背景:"甲寅(一九一四),约在春夏间,任公看清楚袁世凯夺取广东之后,以为国民党已经驱除净尽,天下统一了,专制独立的力量加强了,因此,不但不听他的话,而且不大敷衍他了,他就辞了职,退下来,随时把袁的发展情况告诉我。我也把我在《论语时义》中预测袁世凯想黄袍加身、现在逐步快实现了的见解告诉任公。等到乙卯(一九一五年),筹安会问题一发现,任公的《异哉所谓国体问题者》立刻发表出来,袁大惊,实际这件事任公早已见到,这篇文章是任公早已预备好的。从这篇文章发表以后,我两人就进一步合作起来,计划如何讨袁了。"② 在这段文字中,周善培认为《异哉》是梁启超早就预备好的,恐怕只是他个人的猜测,或者说,是为了证明他自己的先见之明——因为他在《论语时义》中早就预测到袁氏的政治企图,早已把袁氏的野心告诉了梁启超;而且,"讨袁"也是他与梁启超两人"进一步合作起来"的结果。

今人看到的《异哉》与梁启超的初稿还有一些值得注意的差异。对此,当事人之一吴贯因在《丙辰从军日记》中写道:"余何为而将随梁任公入广西起义,言及此则不能不溯其由来。先是乙卯七月(1915年8月)京师筹安会发生,无何请愿变更国体,及电呈劝进者蝉联而至,全国有权位有声望之人,未有

---

① 由于当代中国鲜有"宪法案例",学者们转而研究"宪法事例"。譬如,古敏丽.宪法事例研析.北京:中国政法大学出版社,2013. 胡锦光.2008年中国十大宪法事例评析.北京:高等教育出版社,2009. 韩大元.中国宪法事例研究(系列).北京:法律出版社,2005—2018. 梁启超讲述的这段细节,可能是百年以来,最具戏剧性的"中国宪法事例"。

② 周善培.谈梁任公//夏晓虹.追忆梁启超.北京:生活·读书·新知三联书店,2009:129-130.

第七章　所谓国体：宪法时刻与梁启超的共和再造

敢昌言其非者。梁任公耻之，著《异哉所谓国体问题者》一文，行将发表。时余在京师，闻任公此文草成，出天津索观之（时任公居天津）。原稿比后所发表者较为激烈，中一段痛斥帝制之非，并云由此行之，就令全国四万万人中三万九千九百九十九万九千九百九十九人皆赞成，而梁某一人断不能赞成也。（意如此，词或有一二字之异，今不能确记。）后有人语以袁氏现尚未承认有称帝之意，初次商量政见，不必如此激烈，乃将此段删去，其余各段比原稿亦改就和平，旋即发表于京、沪各报，此为梁任公公开反对袁氏之始。"① 概而言之，初稿比现在看到的《异哉》，在用语上还要激烈得多。

对于《异哉》在政治上可能产生的颠覆性效果，袁世凯自己也有充分的估计。据梁启超事后回忆："当吾文草成，尚未印发，袁氏已有所闻，托人贿我以二十万元，令勿印行。余婉谢之，且将该文录寄袁氏，未几袁复遣人来以危词胁喝，谓君亡命已十余年，此种况味，既得饱尝，何必更自苦？余笑曰：余诚老于亡命之经验家也。余宁乐此，不愿苟活于此浊恶空气中也。来者语塞而退。观袁氏之待我者如是，可以知当时各省劝进之文及北京各报馆鼓吹之论，皆由利诱威逼而来，无一出自本心也。其时余尚有数函致袁氏，苦词力谏，袁遂不听，但袁方欲收揽人心，不肯兴大狱，余亦居天津租界中，未一次入京，故袁亦无从加害于余，然侦探固日日包围吾侧也。"②

以上史料表明，梁启超写作《异哉》，绝不是为了解决一个纯粹的学术理论问题，而是为了应对一个严峻而迫切的政治现实问题：如何维护共和国体，如何防止共和国体被颠覆。由此可以说明，《异哉》作为一篇政论性文献，应当着眼于特定的政

---

① 丁文江，赵丰田．梁启超年谱长编．上海：上海人民出版社，1983：721．
② 梁启超．国体战争躬历谈//梁启超全集．北京：北京出版社，1999：2929．

治背景来解读。

三、变迁：梁启超对国体的认知过程

1915年的政治背景是理解《异哉》的一个维度，同样，梁启超写作《异哉》之前的思想状况也值得注意。因为，《异哉》对于"所谓国体问题"的解答，是梁启超国体思想的定型化表达。但是，梁启超在《异哉》中表达的国体思想，并不是突然产生的，而是经历了一个萌生、发展、演进的过程。因此，为了历史地理解《异哉》及其所蕴含的国体思想，有必要就梁启超对于国体的认知过程稍作追溯，以之作为理解《异哉》的一条线索、一道门径。

在汉语世界里，国体一词古已有之。只是在清末之前，国体一词主要是指纲常礼制、朝廷的体统和体面、辅佐国君的大臣。① 在清朝晚期，虽然在王韬等人的著作中，已经提到了"君主之国""民主之国""君民共主之国"②，但未提出现代意义上的国体概念。在宪法学的层面上，最早用汉语论述国体概念的中国人，应当首推梁启超。③ 因为，早在1899年，亦即梁启超流亡日本的第二年，他就已经从宪法学的角度论述了国体概念。

在1899年写成的《论中国与欧洲国体异同》一文中，国体已经成为梁启超论述的主题。这篇旨在比较中国、欧洲国体异同的文章指出："中国周代国体，与欧洲希腊国体，其相同之点

---

① 李育民. 晚清时期国体观的变化试探. 人文杂志，2013（6）.
② 王韬. 弢园文录外编. 郑州：中州古籍出版社，1998：65.
③ 关于国体概念在清末民初的萌生与流变，可参见范贤政. "国体""政体"概念在近代中国的演变与分化. 学术研究，2014（3）.

第七章　所谓国体：宪法时刻与梁启超的共和再造　◆

最多，即封建时代与贵族政治是也"，换言之，"中国与欧洲之国体，自春秋以前，大略相同"。但是，"自春秋以后，截然相异"，中国与欧洲在国体方面的差异，主要表现在两个方面：一方面，"欧洲自罗马以后仍为列国，中国自两汉以后永为统一"；另一方面，"欧洲有分国民阶级之风而中国无之"①。透过这样的比较可以发现，梁启超在此论述的国体，还不是一个严格的宪法学概念。因为，梁启超在此文中，把封建、贵族政治、列国、统一、阶级等要素，全都置于国体的范畴之下。这就表明，梁启超此时所说的国体，还是一个含混的政治文化概念，还没有被建构成为一个严格的宪法学概念。

尽管如此，1899年依然是梁启超从宪法学层面上建构国体概念的初始之年，构成了梁启超国体思想萌生的源头。因为，同样是在这一年，梁启超还写成了一篇宪法学名著——《各国宪法异同论》。在这篇论文中，梁启超从宪法的角度指出："凡属国家之大典，无论其为专制政体（旧译为君主之国）、为立宪政体（旧译为君民共主之国）、为共和政体（旧译为民主之国），似皆可称为宪法。"此文的第一章专论"政体"，并认为"政体之种类"，"实不外君主国与共和国之二大类而已。其中于君主国之内，又分为专制君主立宪君主之二小类"。不过，"就其实而言之，则今日之共和国，皆有议院之国也。故通称之为立宪政体，无不可也"②。在这些论述中，虽然没有直接提出国体概念，但它的具体内容与后来的国体概念是交叉的，甚至在相当程度上是重叠的。

《各国宪法异同论》区分了三种国家：君主之国、民主之国、君民共主之国。这三种国家分别对应于三种政体：专制政

---

①　梁启超. 论中国与欧洲国体异同//梁启超全集. 北京：北京出版社，1999：312-314.

②　梁启超. 各国宪法异同论//梁启超全集. 北京：北京出版社，1999：318.

体、立宪政体、共和政体。这就是说，政体主要是三种。但是，在关于政体的专论中，梁启超又认为，政体主要包括两类：君主国与共和国。这种关于国家类型的划分，在《异哉》中，是作为国体来描述的。但在此时，梁启超把它们称为政体：君主国代表一类政体，共和国代表另一种政体。由此可见，1899年的梁启超已经熟知"国体"一词，也掌握了"政体"这个概念。但是，一方面，后来的《异哉》中的"所谓国体问题"——君主与共和问题，在1899年之际，还被他称为政体问题。另一方面，虽然政体可以分为三类——专制、立宪、共和，但是，如果把专制政体、立宪政体合并起来，统称为君主政体（因为君主政体可以分为君主专制政体、君主立宪政体），那么，政体就只有两类——君主与共和。概而言之，在《异哉》中讨论的国体问题，在1899年之际，梁启超是作为政体问题来讨论的。此时的梁启超也提出了国体的概念，但此时的国体概念还是一个含混的政治文化概念。可以说，此时的国体概念与它后来要指向的对象，还是脱节的，还没有建立起彼此对应的关系。

不过，这种处于含混、错位状态的时间并不长。梁启超很快就形成了关于国体概念的新认知。1902年，梁启超在《论政府与人民之权限》一文中指出："主权或在君或在民，或君民皆同有。以其国体所属而生差别。"[①] 这个判断，强调主权归属与国体类型之间的直接联系：主权在君对应于一种国体，主权在民对应于另一种国体。在这里，梁启超虽然没有直接提出君主国体、民主国体的概念，但主权归属取决于国体类型的观念，已经接近于《异哉》阐述的国体概念。

---

① 梁启超. 论政府与人民之权限//梁启超全集. 北京：北京出版社，1999：882.

此后，梁启超的国体思想继续发展与演进。1907 年，在《政闻社宣言书》中，梁启超虽然没有直接阐述国体问题，但反复提及国体概念。譬如："欲改造政府，必以颠覆君统为之前驱。而此派中复分两小派，其一则绝对的不承认有君主，谓必为共和国体，然后良政府可以发生。"① 在此需要注意的是，认为只有共和国体才能产生良政府，虽然不是梁启超自己的观点，但这句话直接提出了"共和国体"的概念。梁启超自己的观点是："吾党主张立宪政体，同时主张君主国体。"② 由此可见，第一，此时的梁启超已经把国体分为两种：共和国体与君主国体，两种国体是相互并列的关系。第二，国体不同于政体，梁启超主张君主国体，同时主张立宪政体，并认为君主国体与立宪政体是彼此协调的。

1910 年，梁启超借《宪政浅说》一文，对国体概念进行了更详细的说明。他说："国体之区别，以最高机关所在为标准。前人大率分为君主国体、贵族国体、民主国体之三种。但今者贵族国体，殆已绝迹于世界，所存者惟君主民主两种而已。君主国者，戴一世袭之君主以为元首。苟其无国会，则此为唯一之直接机关，自即为最高机关，可勿深论。即有国会者，亦大抵以最高之权归诸君主。故曰君主国体也。民主国者，人民选举一大统领以为元首，复选举多数议员以组织国会。而要之其最高机关，则为有选举权之国民，故曰民主国体也。"③ 这是梁启超对于国体概念的完整表达：以最高权力的归属划分国体，国体包括君主国体与民主国体。如果君主是国家最高权力的拥有者，那就是君主国体；如果最高权力属于人民，人民选举大统领，选举议会成员，那就是民主国体。

---

① 梁启超. 政闻社宣言书//梁启超全集. 北京：北京出版社，1999：1711.
② 同①1714.
③ 梁启超. 宪政浅说//梁启超全集. 北京：北京出版社，1999：2057.

在这里，梁启超不再提共和国体，而是以民主国体取代了1907年提及的共和国体。关于共和国体与民主国体的关系，以及共和与民主的关系，在梁启超的著述中是混用的，共和国体是君主国体的对称，民主国体也是君主国体的对称，民主与共和似乎没有区别。在梁启超看来，民主与共和，无论是作为国体还是作为政体，都只是译法不同而已——在前引《各国宪法异同论》一文中，梁启超已经指出，"民主之国"是"共和政体"的"旧译"。但是，民主与共和分别对应的西方文字还是有区别的，并非译法不同。譬如，在英文中，民主是Democracy，共和是Republic；在法语中，民主是démocratie，共和是république。在西方法政思想史上，民主与共和有实质性的差异。差异何在？凯尔森的分析指出："古代的政治理论区分三种国家形式：君主制、贵族制和民主制，而现代理论也未超出这种三分法。主权权力的组织被引为这种分类的标准。在一个共同体的主权权力属于一个人时，这一政府或宪法就被说作是君主制的。当该权力属于多个人时，这一宪法就被称为共和制的。共和国依靠主权权力属于人民的少数还是多数而成为贵族制或民主制。"[1] 按照凯尔森的观点，共和制是关于贵族制与民主制的统称，或者说，贵族制与民主制是共和制所包含的两种形态。假如，出现了贵族制不复存在的情况，民主制就是共和制的唯一形态——如果是这种情况，那么，梁启超以民主制指代共和制，大体上也是可以成立的。[2]

此外，在《宪政浅说》中，梁启超还指出，与国体密切相关的是政体，政体也分两类，两类"政体之区别，以直接机关

---

[1] 凯尔森. 法与国家的一般理论. 沈宗灵，译. 北京：中国大百科全书出版社，1995：314.

[2] 不过，凯尔森的观点也只是一家之言。在我国学者看来，民主与共和并不能等同。民主制与贵族制并不是共和制的两种存在形态。共和制有其特定的含义。苏刚. 为"民主"减负，为"共和"正名. 南开大学学报，2007（1）.

的单复为标准。其仅有一直接机关,而行使国权绝无制限者,谓之专制政体。其有两直接机关,而行使国权相互制限者,谓之立宪政体。大致专制政体,则君主国行之最多,如我国数千年来所行者是也。虽然,民主国家非无专制者。若仅有一国会而立法、行政、司法之大权皆自出焉,则其国会虽由人民选举而成者,亦谓之专制"①。这样的政体理论,包括两个核心要点:其一,如果国家只有一个最高权力机关,其他任何机关都不能制约、约束这个机关,那就是专制政体;如果有两个最高权力机关,两个机关之间能够形成相互制约的关系,任何机关都不享有独尊的地位,那就是立宪政体。其二,就国体与政体的关系来看,在君主国体中,可能多数是专制政体,因为任何机关都很难制约君主。但是,也有例外。譬如,在现代英国,虽然是君主国,但可能是立宪政体。在民主国体中,虽然可能出现立宪政体,但也可能出现专制政体——如果某个机关(即使是议会)居于至高无上、无人制约的地位。譬如,议会绝对主权时代的英国,既是君主国,又是专制政体,因为那个时代的英国,议会主权,议会独尊。

随着1911年辛亥革命的发生,梁启超完成了一篇重要的论文《新中国建设问题》,此文认为,"新中国"的建设,焦点在于国体与政体问题。但是,此文所说的国体,却不再是君主国体与共和国体,而是单一国体与联邦国体。因为此文第一部分就讲"单一国体与联邦国体"问题,并认为:"国体为一种有机体,非一时所骤能臆造也,其政治现象之变化,必根据于历史。"在单一国体与联邦国体的二元划分中,"德则君主联邦制之代表也;美则民主联邦制之代表也"②。梁启超在此所说的国

---

① 梁启超. 宪政浅说//梁启超全集. 北京:北京出版社,1999:2058.
② 梁启超. 新中国建设问题//梁启超全集. 北京:北京出版社,1999:2434.

体，在当代通行的宪法理论中，是作为国家结构形式来对待的，它的实质是中央与地方的关系。对于这样的国体观念，梁启超在1910年的《宪政浅说》中已经略约提及："有以国家结合形态而区别国体者，则其种类曰单一国，曰复杂国。单一国者，如我中国及英、法、俄、日等皆是"，复杂国"复分二种：一曰君合国，二曰联邦国"，"近世言国法学者，恒以此为聚诉之一端焉。以其与我国国体无关，故不复缕述也。"[①] 在1910年，辛亥革命尚未发生，单一制、联邦制这样的问题，与我国无关，所以暂不"缕述"。但在辛亥革命的背景下，单一制、联邦制就成了新中国建设面临的紧迫问题了。

《新中国建设问题》认为单一制、联邦制是国体问题，至于政体问题，则是"君主共和政体与民主共和政体之问题"。梁启超把共和政体从理论上分为六种：（1）"人民公举大统领而大统领掌行政实权之共和政体"，以美国为代表。（2）"国会公举大统领而大统领无责任之共和政体"，以法国为代表。（3）"人民选举终身大统领之共和政体"，以拿破仑时代的法国、迪亚斯时代的墨西哥为代表。（4）"不置首长之共和政体"，以瑞士为代表。（5）"虚戴君主之共和政体"，以英国为代表。（6）"虚戴名誉长官之共和政体"，以加拿大为代表。在评析终身大统领的共和政体时，梁启超又说："此共和政体之最可厌恶者也，何以故？以他种皆为共和立宪政体，独此种为共和专制政体故，谓此种政体可采，度国民必唾吾面。"[②]

综观《新中国建设问题》，梁启超的国体、政体思想发生了明显的变化。君主制、民主制、共和制都不再是国体问题，都成为了政体问题。中国需要在"君主共和政体"与"民主共和

---

① 梁启超. 宪政浅说//梁启超全集. 北京：北京出版社，1999：2057.
② 梁启超. 新中国建设问题//梁启超全集. 北京：北京出版社，1999：2437-2438.

政体"之间做出选择。那么,在梁启超的思想中,国体与政体到底是指什么呢?

在稍后的 1913 年,梁启超代表进步党,发表了一篇《进步党拟中华民国宪法草案》,其中第 1 条是:"中华民国永远定为统一共和国,其主权以本宪法所定之各机关行之。"对于这个宪法条款,梁启超的解释是:"共和上加统一两字者,示别于联邦制也",意思是,"统一共和国"不同于"联邦共和国"。紧接着,他又特别说明:"临时约法第二条采主权在民说,与国家性质不相容,无论何种国体,主权皆在国家,久成定说,无俟喋引,国体之异,则在行使国家主权之机关,有单复专共之意耳。本宪法所规定各机关,即代表共和之实也。"① 按照这样的说法,主权属于国家,国体的差异主要取决于国家主权机关的"单复专共":是单数还是复数,是专制还是共和。这里的"专"或"专制",如果按照前文的解释,那就是指:只有一个最高国家机关,没有其他机关去制约、约束这个最高国家机关。因此,"专"或"专制"就相当于"单"或"单数"。按照这个逻辑,与"复"或"复数"相对应的"共"或"共和"就应当是"复数或多数"。简而言之,国体有单一国体、复合国体、专制国体、共和国体等类型。在这里,专制不再是政体,而是国体;专制的对立面不再是立宪,而是共和。

以上回顾表明,从 1899 年以来的十余年间,梁启超对"所谓国体问题"的理解具有"易变"的特质:第一,国体包括封建、贵族、列国、统一、阶级等方面的要素,政体有君主政体、共和政体(1899 年)。第二,国体可以分为君主国体、民主国体、君民共主国体(1902 年)。第三,国体可以有君主国体,

---

① 梁启超. 进步党拟中国民国宪法草案//梁启超全集. 北京:北京出版社,1999:2615.

政体可以有立宪政体（1907年）。第四，国体可以分为君主国体与民主国体，与此相对的政体可以分为专制政体、立宪政体（1910年）。第五，国体可以分为单一国体、联邦国体，与此相对应的政体则可以分为君主共和政体、民主共和政体（1911年）。第六，国体可以分为单一国体、复合国体、专制国体、共和国体（1913年）。这就是梁启超在写作《异哉》之前关于国体问题的思想状况：杂乱，歧义丛生，含混而摇摆。①

造成这种思想状况的原因在于：一方面，政治形势发生变化，导致梁启超国体思想的变迁。在辛亥革命之前，君主在中国的存在是一个客观的现实。按照梁启超在《异哉》一文中的说法（详见后文），他一贯坚持在尊重既有国体的前提下讨论问题，因而，在清朝末年，梁启超总是把君主国体作为国体的一种基本类型。辛亥革命之后，在中国的政治舞台上，君主已经不复存在了，因此，在梁启超的国体话语中，君主国体以及君主政体，也随之消失。国体的类型变成了"单一国体""复合国体""专制国体"、"共和国体"等。这种变迁，主要体现为政治格局、政治现实的变化对梁启超国体思想的支配性影响。

另一方面，不同的宪法思想所产生的方向不同的牵引力，也导致了梁启超国体思想的摇摆。梁启超对国体及政体的理解与表达，主要受到了两种思想资源的牵引：日本法学家穗积八束的国体宪法学和西方思想家亚里士多德的政体论（详见后文）。他们关于国体、政体的不同论述，让梁启超时而讨论"君主政体""民主政体"，时而又讨论"君主国体""民主国体"。

在当时的思想语境下，把国体与政体予以混用的现象，不独见于1915年之前的梁启超。即使是在梁启超发表《异哉》一

---

① 梁启超颇有自知之明，1920年他曾以"晚清思想界之粗率浅薄，启超与有罪焉""启超太无成见""启超之学，则未能论定"，等等，来解释自己的这个特点。梁启超. 清代学术概论//梁启超全集. 北京：北京出版社，1999：3101-3102.

文之际，亦有论者将国体与政体加以混用。譬如，在《致筹安会与杨度论国体书》一文中，当时的闻人、曾任袁世凯政府高等顾问的汪凤瀛就写道："读报载，我公发起筹安会，……深知共和政体，断不适用于中国"，"是中国今日共和二字，仅存国体上之虚名"，"果使于今大总统任期以内，而竟容君主政体之发见，致失大信于天下"，等等。① 这篇文章的核心观点与《异哉》一样，都是反对袁世凯复辟帝制。从文章标题来看，讨论的主题也是"国体"。在正文中，确实也在要求袁世凯"为民国永远保存此国体"。但是，在行文中，"君主"与"共和"所修饰的词语，不是"国体"，而是"政体"。倘若只看"君主政体""共和政体"之类的表达，作者的观点似乎应当是："共和政体"不能改为"君主政体"。那么，作者的真实意图，到底是"论国体"还是"论政体"呢？可见，在民国初年，国体概念呈现出来的歧义、含混，确有一定的普遍性，不是梁启超独有的缺陷。

在这样的背景下，大致说来，在1915年之前，梁启超并没有形成关于国体的清晰、定型化的思想。比较而言，《异哉》才是梁启超关于国体思想的定型化表达，是梁启超在反复摇摆之后的思想选择。那么，在《异哉》中，"所谓国体问题"得到了怎样的解答呢？

四、法理：《异哉》蕴含的国体思想

《异哉》的文本形态是政论。作为一篇充满思想锋芒的政

---

① 汪凤瀛. 致筹安会与杨度论国体书//古德诺. 解析中国. 蔡向阳，李茂增，译. 北京：国际文化出版公司，1998：162-164.

论,《异哉》的基本立场是：不能把共和国体改为君主国体。为了阐明这个基本立场，梁启超调动了多种修辞手段，进行了多方面的论证，由此，可以看到梁启超关于国体的若干思想。

（一）国体价值中立

《异哉》在国体问题上，持一种价值中立态度。对于政论家梁启超来说，价值中立也许是一种修辞，但是，价值中立也是梁启超关于国体的基本思想。所谓"价值中立"，具体地说，就是在共和国体与君主国体之间，梁启超坚持价值中立或价值无涉；共和国体并不优于君主国体，反之，君主国体也不优于共和国体，两者之间没有价值上的优劣。按照《异哉》的说法，"于共和国体非有所偏爱，而于其他国体，非有所偏恶"，换言之，任何国体都是可以接受的。共和国体可以接受，君主国体同样可以接受。因此，国体问题根本不必讨论，"吾侪立宪党之政论家，只问政体，不问国体"。

为什么"不问国体"？《异哉》的回答是："盖国体之为物，既非政论家之所当问，尤非政论家之所能问。何以言不当问，当国体彷徨歧路之时，政治之一大部分恒呈中止之状态，殆无复政象之可言，而政论更安所丽？苟政论家而牵惹国体问题，故导之以入彷徨歧路，则是先自坏其立足之基础，譬之欲陟而损其阶，欲渡而舍其舟也，故曰不当问也。何以言乎不能问？凡国体之由甲种而变为乙种，或由乙种而复变为甲种，其驱运而旋转之者，恒存乎政治以外之势力；其时机未至耶？绝非缘政论家之赞成所能促进，其时机已至耶？又绝非缘政论家之反对，所能制止；以政论家而容喙于国体问题，实自不量之甚也，故曰不能问也。"

这种"不问国体"的立场，其实就是把既存国体作为讨论一切问题的前提与基础，既存国体构成了基本的、不容选择的约束条件。如果既存国体是共和国体，那就在坚持共和国体的前提下，讨论政治的改进；同理，如果既存国体是君主国体，那就在坚持君主国体的前提下，讨论政治的改进。按照梁启超的比喻，既存国体仿佛爬山的梯子，又好比过河的渡船，只能依赖它，绝不能抛弃它。如果还要纠缠国体问题，如果国体都还处于未定状况，那就意味着，一切都无从说起，因为起点都没有，不知道该从哪里起步；因为基础都没有，不知道该在哪里建房子。而且，国体的形成、变易，绝不会依据政论家的意志。不管政论家的意见如何，国体都会遵循自己的运行规律——梁启超的这个观点，可以在历史法学的理论逻辑中得到解释。[①] 事实上，任何国体，都是在一个国家的政治实践中自然而然地形成的；任何政论家，都只能形成关于国体的理论而已。

在国体问题上，坚持价值中立或价值无涉，认为君主国体与共和国体具有同样的价值，是梁启超国体思想的一个基本观点。但是，自20世纪以来，这个观点不能得到中国主流政治、主流舆论的认同。按照主流的看法，只有共和国体才是积极的、代表了人类政治的发展方向，君主国体是消极的、反动的、落后的。正是因为这个原因，自20世纪以来的多数时间，无论是在1949年以前还是在1949年之后，梁启超在主流政治上都被评价为"不正确"。在20世纪前半叶，正如梁启超的学生张其

[①] 萨维尼认为："在人类信史展开的最为远古的时代，可以看出，法律已然秉有自身确定的特性，其为一定民族所特有，如同其语言、行为方式和基本的社会组织体制。"萨维尼. 论立法和法学的当代使命. 许章润，译. 北京：中国法制出版社，2001：7. 按照萨维尼的这个说法，法律与社会组织体制拥有自己确定的特性，同样，国体作为广义的"社会组织体制"之一种，也具有自己确定的特性。在《黑格尔法哲学批判导言》《法的历史学派的哲学宣言》（均见马克思恩格斯全集：第1卷. 北京：人民出版社，1956.）等论著中，马克思批判了历史法学派的保守性；同样，梁启超在某种程度上也具有马克思所批判的保守性。历史法学派的保守性与梁启超的保守性虽然遵循的是不同的逻辑，但是，两者有大致相似的理路。

昀所言："梁先生与国民党政见不同，恐于近代历史不能为公平之记载。"① 还有一个细节也值得一提：1941年，为了救治患病的林徽因和梁思永，傅斯年写信给中央研究院代院长朱家骅，称："梁任公虽曾为国民党之敌人，然其人于中国新教育及青年爱国思想上大有影响启明之作用"，"国家虽不能承认梁任公在政治上有何贡献，然其在文化上之贡献有不可没者"②。在20世纪下半叶，正如刘再复所言："在二十世纪下半叶的前三十年，'革命神圣'的思潮压倒一切，激进主义覆盖学术界，梁启超自然也成了'历史罪人'，受尽冤屈，受尽凌辱，受尽贬抑，受尽'革命大批判'。"③ 李泽厚也注意到，1949年以来，对梁启超的"评议虽多，但基本论调则几乎一致，即作为否定的历史人物来对待和论述。道理很明显，也很简单，梁启超是辛亥革命时期著名的保皇党，辛亥以后也一直站在反动派方面"④。尽管前后两头都被视为反动，但是，梁启超的这个思想观点是值得重视的。英国与日本都保留了君主，从形式上看，都是君主国，但英、日的君主并没有妨碍英、日两国的政治改进。另外，很多国家在形式上没有君主，譬如迪亚斯时代的墨西哥，都是共和国，但这些国家的政治并没有走上正轨。如果只从这个角度来看，共和国体并不能保障美好的政治，君主国体也可能培育出较好的政治。两者之间，并没有价值等级上的高低优劣。这就是梁启超的国体逻辑。

但是，梁启超强调政论家只问政体，不问国体，认为国体不应该讨论，也不能够讨论。如果这种说法仅仅是梁启超的一

---

① 张其昀. 悼梁任公先生//夏晓虹. 追忆梁启超. 北京：生活·读书·新知三联书店，2009：107.
② 吴荔明. 梁启超和他的儿女们. 北京：北京大学出版社，2009：198-200.
③ 解玺璋. 梁启超传. 上海：上海文化出版社，2012：1.
④ 李泽厚. 梁启超王国维简论//中国近代思想史论. 北京：生活·读书·新知三联书店，2008：429.

种政论策略或政治修辞,那就另当别论(很可能就是这样)。但是,假如真像他说的那样,国体只能是讨论问题的前提,而不是讨论的对象,就失之偏颇了。且不说他的《异哉》本身,以及杨度的《君宪救国论》,都是讨论国体之作;单就国体问题本身,就是宪法学与政治学的核心问题。这样的问题,怎么可能不是讨论的对象呢?

(二)国体不可改变

写作《异哉》的直接目的,虽然主要在于批判袁世凯变更国体的企图,却阐述了一个普遍性的国体思想:国体不可改变。如果用更柔和的方式来概括,则是国体不宜改变。

《异哉》从两个方面提供了理由。一方面,从政治家的天职来看,政治家只能"在现行国体基础之上而谋政体、政象之改进,此即政治家唯一之天职也。苟于此范围外越雷池一步,则是革命家或阴谋家之所为,非堂堂正正之政治家所当有之事也。"在这里,梁启超对政治家与革命家做出了严格的界分:政治家不是革命家,同样,革命家也不是政治家。政治家是指尊重既有国体的政治改良家,秉承的是政治改良主义。对政治家来说,"不问国体,只问政体之一大义,实彻上彻下,而政治家所最宜服膺也"。如果有人试图改变国体,那他就不是政治家,而是革命家。在梁启超看来,革命家试图颠覆既存国体,与阴谋家是一回事。这种对于革命家的定义,当然不能为 20 世纪以来的主流舆论、主流政治所接受。

另一方面,从实践效果来看,改变国体是一种祸害国家的行为。因为,"国体本无绝对之善,而惟以已成之事实,为其成立存在之根源,欲凭学理为主奴,而施人为的取舍于其间,宁非天下绝痴妄之事,仅痴妄犹未足为深病也;惟于国体挟一爱憎之见，而以人为地造成事实，以求与其爱憎相应，则祸害之中于国家，将无已时！"这是对前述国体价值中立论的延伸。由于国体无所谓好坏，对于某种国体的偏好其实是一种主观性的好恶评价与价值判断。如果以个人的好恶为依据，去从事改变国体的行为，对国家秩序将会构成严重的伤害。"故鄙人平生持论，无论何种国体，皆非所反对，惟在现行国体之下，而思以言论鼓吹他种国体，则无论何时皆反对之！"反对更改既有的国体，其实就是反对革命；反对革命，其实就是赞同改良。

改变国体将产生巨大的危害，同时，在1915年的政治条件下，要从既存的共和国体改为君主国体，事实上也不可能了。君主国体，绝不是像袁世凯那样的阴谋家（亦即梁启超所谓的革命家）想恢复就能成功的。因为，"君主之为物，原赖历史习俗上一种似魔非魔的观念，以保其尊严，此种尊严，自能于无形中发生一种效力，直接间接以镇福此国。君主之可贵，其必在此。虽然，尊严者，不可亵者也，一度亵焉，而遂将不复能维持"。从历史上看，"自古君主国体之国，其人民之对于君主，恒视为一种神圣，于其地位，不敢妄生言思拟议；若经一度共和之后，此种观念，遂如断者之不可复续"。

这段论述，颇具人类学的洞识，堪称关于君主的人类学理论。从历史经验来看，作为一种制度角色的君主，必须具备某种特殊的尊严。无论中外，只要是君主国，各种以君主为核心的礼仪活动，复杂而烦琐，成本巨大，耗时费力，其实承担了一个重要的功能：维护君主的特殊尊严。[①] 从社会科学的角度

[①] 关于君主的尊严与礼仪的关系，汉初叔孙通制朝仪提供了一个典型的个案："汉五年，已并天下，诸侯共尊汉王为皇帝于定陶，叔孙通就其仪号。高帝悉去秦苛仪法，为简易。群臣饮酒争功，醉或妄呼，拔剑击柱，高帝患之。……于是高帝曰：'吾乃今日知为皇帝之贵也。'乃拜叔孙通为太常，赐金五百斤。"（《史记·刘敬叔孙通列传》）

上看，只有在严格维护君主尊严的前提下，君主才可能有效地履行其制度角色。① 但是，自辛亥革命以后，甚至在辛亥革命之前，中国君主的尊严已经丧失殆尽，君主已经被严重地抹黑、丑化、污名化，对君主的批判已经到了无以复加的地步。在这种背景下，怎么可能重新唤起社会公众对君主角色的尊重与认同？梁启超认为，在君主已经被彻底妖魔化的民国初年，根本不可能再从共和国体改回到君主国体。君主国体已经在事实上一去不复返了。

（三）国体政体关系

在《异哉》中，梁启超阐述的国体思想还涉及国体与政体的关系。从两者之间的相互关系来看，梁启超认为，国体与政体互不相关。《异哉》强调："立宪与非立宪，则政体之名词也；共和与非共和，则国体之名词也。吾侪平昔持论，只问政体，不问国体，故以为政体诚能立宪，则无论国体为君主为共和，无一而不可也；政体而非立宪，则无论国体为君主为共和，无一而可也。国体与政体，本截然不相蒙，谓欲变更政体，而必须以变更国体为手段，天下宁有此理论！"

由此看来，"所谓国体问题"主要解决共和制抑或君主制的问题，或者说，国体关乎君主与共和。至于政体，主要在于立宪。国体与政体是两个相互独立的问题，分别遵循着各自的制度逻辑与运行规律。从非立宪政体迈向立宪政体，不需要国体层面上的改变。在共和国体下，可以立宪；在君主国体之下，同样可以立宪。因此，按照梁启超的思路，"关键在于立宪"②。

---

① 李泽厚的"巫君合一"论，可资佐证。李泽厚. 历史本体论·己卯五说. 北京：生活·读书·新知三联书店，2008：157.
② 资中筠. 关键在于立宪. 读书，1998（11）.

梁启超所谓的"立宪",还不仅仅是制定一部宪法,以及宪法对国家政治的规范。梁启超强调的"立宪"还有一个核心特征,那就是国家机关之间的监督与制约,"必有监督机关与执行机关相对峙,而政权之行使常蒙若干之限制",才算立宪政体。能否建立立宪政体,与国体无关。倘若存在不能立宪的原因,那么,其原因"非因行共和而始发生,即不能谓因非共和而遂消灭"。

按照国体与政体之间的这种关系,特别是按照立宪政体的要求,杨度的"君宪救国论"①,是不能成立的。因为"君宪救国论"及筹安会的行为,有一个共同的特点:对现行法律、特别是对宪法的违反,是违宪的言论与行为。梁启超在《异哉》中写道:"吾作此文既成后,得所谓筹安会者寄示杨度氏所著《君宪救国论》,偶一翻阅,见其中有数语云:'盖立宪者,国家有一定之法制,自元首以及国人,皆不能为法律外之行动。贤者不能逾法律而为善,不肖者亦不能逾法律而为恶。'深叹其于立宪精义,能一语道破。惟吾欲问杨氏所长之筹安会,为法律内之行动耶?抑法律外之行动耶?杨氏贤者也,或能自信非逾法律以为恶,然得勿已逾法律以为善耶?呜呼!以昌言君宪之人,而行动若此,其所谓君宪者从可想耳,而君宪之前途,亦从可想耳。"

单从"变"的角度来看,政体的变更与国体的变更具有完全不同的性质:"夫变更政体,则进化的现象也,而变更国体,则革命的现象也。"这就是说,变更政体是进化,是改良;变更国体是颠覆,是革命。"夫革命之意义至简单而至易了解也。曰谋颠覆现在之国体而别建新国体者,斯谓之革命而已矣。"② 更加值得注意的是,"进化之轨道,恒继之以进化,而革命之轨

---

① 杨度. 君宪救国论. //古德诺. 解析中国. 蔡向阳,李茂增,译. 北京:国际文化出版公司,1998:143-161.

② 梁启超. 西南军事与国际公法//梁启超全集. 北京:北京出版社,1999:2914.

道，恒继之以革命，此征诸学理有然，征诸各国前事，亦什九皆然也"。一个国家的政治，如果走上了进化、改良的轨道，就会一直在这个轨道上走下去。但是，如果走上了革命的轨道，就会一直在革命的轨道上走下去，一直不断地革命，没完没了地革命，无休无止地颠覆、翻转。正如梁启超在1913年所见，"革命之必产革命，实事所必至，理有固然"①。对于一个国家来说，持续不断地革命，无论如何都是一个灾难。②"是故凡谋国者，必惮言革命，而鄙人则无论何时，皆反对革命。"由此可见，"反革命"的角色，是梁启超自认的。有论者以"反对革命"来评价梁启超③，其实没有冤枉他。

就《异哉》的逻辑来说，反对革命就是反对变更国体，因为变更国体就是革命；只有变更政体、改良政体，才是谋国者应有的职责。对于此种观点，梁启超在1912年归国之初就已经说明："立宪派人不争国体而争政体，其对于国体主维持现状，吾既屡言之。故于国体则承认现在之事实，于政体则求贯彻将来之理想。"④

五、源流：影响《异哉》的思想与《异哉》的思想影响

在1899年以后的众多著述中，尽管梁启超对"所谓国体问

---

① 梁启超. 革命相续之原理及其恶果//梁启超全集. 北京：北京出版社，1999：2611.
② 也许正是鉴于这种情况，李泽厚、刘再复提出了"告别革命论"，相关讨论较多，譬如，卢毅. "告别革命论"评析. 云南社会科学，2000（2）.
③ 孟祥才. 梁启超传. 北京：北京出版社，1980：98.
④ 梁启超. 鄙人对于言论界之过去及将来//梁启超全集. 北京：北京出版社，1999：2510.

题"的阐述长期处于飘忽、飘移的状态，但在 1915 年这个特定而紧要的"宪法时刻"，梁启超对"所谓国体问题"还是做出了明确的、清晰的、定型化的表达。为了进一步揭示梁启超国体思想的来龙去脉，还有必要进一步追问：是哪些思想资源影响了《异哉》？以及《异哉》对于 1915 年以后的国体思想又产生了怎样的影响？

先看第一个问题：是哪些思想影响了《异哉》？

《异哉》阐述的国体思想，并不是从天上掉下来的，也不是一步到位的，而是梁启超广采博纳的产物。如前所述，梁启超国体思想的萌芽，可以追溯至他移居日本的第二年（1899 年）。在此后的十余年间，梁启超长期旅居日本。他的国体思想，与他的其他新思想一样，基本上都是由日语文献滋养而成的。[①]在日语学界，关于国体的思想，主要是由日本宪法学家穗积八束（1860—1912）阐述的。穗积八束曾留学德国，师从德国宪法学家拉班德（Paul laband）。在 1897 年出版于东京的《宪法大意》一书中，穗积八束通过严格区分国体与政体两个概念，提出了在当时居于权威地位的国体宪法学。按照穗积八束的国体理论，"国家具有主权，但因国家组织中的'主权存在之体制'不同，国体也有分别，'国体因主权之所在而异'，可分为君主国体和民主国体，而'政体由统治权行使之形式而分'，可分为专制政体和立宪政体；国体不轻易变动，其变动更意味着革命与反叛，而政体则因应时势而变迁"。穗积八束虽有欧洲留学的经历，但他关于国体与政体的二元论，却并非因袭于欧洲，因为在当时的欧洲，并无国体与政体的二元划分理论，穗积八束自己也曾指出，欧洲宪法理论关于国体与政体"之分别未加

[①] 崔志海. 梁启超与日本——评郑匡民《梁启超启蒙思想的东学背景》. 近代史研究，2004（4）.

明确，又或否认此分别之倾向者，实乃欧洲宪法理论之通弊也"①。这就是说，国体与政体的二元划分及其相互关系，主要是穗积八束在日本宪法学的背景下创造的。

从时间来看，穗积八束发表《宪法大意》的第二年（1898年），梁启超就来到了日本。梁启超要吸收日本的宪法学说，不可回避穗积八束的国体宪法学，因为后者正是日本当时最具权威地位的宪法学说。事实上，穗积八束的国体宪法学理论，几乎支配了《异哉》中的国体思想，以及《异哉》中对于国体与政体相互关系的理论。换言之，梁启超在《异哉》中阐述的国体思想，几乎就是对穗积八束国体宪法学的复述。从这个角度来看，《异哉》蕴含的国体思想，主要是由穗积八束的国体宪法学塑造出来的。

如果说穗积八束直接塑造了梁启超定型化的国体思想，那么，在梁启超国体思想的演进过程中，西方经典理论也产生了较大的影响。在西方法政思想史上，如前所述，虽然并没有国体这个概念，也没有国体与政体相区别的二元理论。在西方的经典文献中，主要是政体理论。譬如，亚里士多德"分清了政体的三个正宗类型：君主政体、贵族政体和共和政体，以及相应的三个变态政体：僭主政体为君主政体的变态，寡头政体为贵族的变态，平民政体为共和的变态"②。按照亚里士多德的经典理论，君主制与共和制以及贵族制，都不是关于国体的分类，而是关于政体的分类。亚里士多德的这一政体理论，同样对梁启超产生了深远的影响。

---

① 林来梵. 国体概念史：跨国移植与演变. 中国社会科学，2013（3）. 国内学界关于穗积八束的国体宪法学及其历史命运的研究，还可详见林来梵. 国体宪法学：亚洲宪法学的先驱形态. 中外法学，2014（5）；王琪. 日本国体论源史考. 哈尔滨工业大学学报（社会科学版），2007（6）.

② 亚里士多德. 政治学. 吴寿彭，译. 北京：商务印书馆，1983：178.

因为，早在1902年，梁启超就在《亚里士多德之政治学说》一文中，复述了亚里士多德的政体分类理论："亚氏最有功于政治学者，在其区别政体。彼先以主权所归或在一人，或在寡人，或在多人，分为三种政体：一曰君主政体，二曰贵族政体，三曰民主政体。此实数千年来言政体者所莫能外也。亚氏又不徒以主权所在为区别也，更以行使主权之手段或正或不正而细判之。于是乎三种政体，各有变相，都合为六种：其君主政之不正者，谓之霸主政体；其贵族政之不正者，谓之豪族政体；其民主政之不正者，谓之暴民政体。至其正不正于何判乎？凡以公意谋国家之公益也，则无论权在一人，在寡人，在多人，皆谓之正；以私意谋一己之利益者，亦无论权在一人，在寡人，在多人，皆谓之不正。"① 这段话表明，在梁启超的视野中，政体理论是亚里士多德的最重要的理论，因而也是最值得尊重、最值得信赖的权威理论。亚里士多德的权威性，不仅体现在他是"古代文明的代表人"②，还体现在他对后世所产生的广泛影响，譬如，同样是在1902年，梁启超在论述孟德斯鸠的法理学时就指出："孟氏学说"，"起于亚里士多德"③。

如果认识到亚里士多德在梁启超心中所享有的权威地位，那么，亚里士多德关于政体划分的理论，对梁启超的思想所产生的牵引力，也就不言而喻了。由此，我们可以理解，在十多年间，梁启超在国体问题上的摇摆现象，其实是不同的思想资源交错作用的结果，更具体地说，是穗积八束的国体宪法学、亚里士多德的政体学说，当然也包括其他方面的理论学说，从

---

① 梁启超. 亚里士多德之政治学说//梁启超全集. 北京：北京出版社，1999：1021.

② 同①1020.

③ 梁启超. 法理学大家孟德斯鸠之学说//梁启超全集. 北京：北京出版社，1999：1040.

不同的思想方向加以牵引的结果。在亚里士多德政体理论的牵引下，梁启超把君主制、共和制作为政体；在穗积八束国体宪法学的影响下，梁启超把君主与共和作为国体，把立宪与专制作为政体。

如果说，亚里士多德的政体理论影响过梁启超的政体思想，穗积八束的国体宪法学最终塑造了《异哉》中的国体思想，那么，美国学者古德诺（Frank J. Goodnow，1859—1939）的《君主与共和论》，则是梁启超写作《异哉》的直接诱因之一。因为，在一定程度上，《异哉》旨在回答1915年前后关于国体变更的争议。"此议起因之真相何在？吾未敢深知。就表面观之，乃起于美国博士古德诺氏一席之谈话。"换言之，这场关于国体变更的争议，以及1915年作为宪法时刻，古德诺的《君主与共和论》起到了类似于导火线的作用。

古德诺的文章名噪一时，主要是在中国的语境下，强调了以下几个方面的观点：（1）国体由国家的历史习惯与社会经济所决定。（2）君主国体不需要经过选择，就可以实现政权的更替。（3）要建立共和制，必须满足基本的条件：一方面，政权继承、尤其是元首继承的法律，必须有妥善的安排；另一方面，要通过广泛的教育，提高民智，提高人民的政治能力，这两者缺一不可。（4）中国需坚持立宪政治，但立宪宜以君主制为国体，不宜以共和制为国体。（5）中国选择君主制需要一些条件，譬如，不可引起国民及列强的反对，要完善君主继承的法律，要发展立宪政治，等等。[①] 对于古德诺的这些观点，梁启超不以为然，他说："古氏论中各要点，若对于共和君主之得失为抽象的比较，若论国体须与国情相适，若历举中美、南美、墨、

[①] 古德诺. 君主与共和论//古德诺. 解析中国. 蔡向阳，李茂增，译. 北京，国际文化出版公司，1998：136—142.

葡之覆辙，凡此诸义，本极普通，非有甚深微妙，何以国中政客如林，学士如鲫，数年之间，并此浅近之理论事实而无所觉识，而至今乃忽借一外国人之口以为重？"

古德诺的文章侧重于描述君主制的产生及其积极意义，从君主制转向共和制的历程，共和制的历史经验，以及中国选择君主制的条件。这些内容，确实是对君主制与共和制的空泛之论，确实只是"极普遍"的道理，梁启超以"浅近"评论古德诺的《君主与共和论》，大致是恰当的。不过，正是因为对《君主与共和论》的不以为然，才促动了梁启超对国体问题的深入思考、详细论证。因此，古德诺的《君主与共和论》相当于一根马刺，激活了梁启超的国体思想，促成了《异哉》的问世。

再看第二个问题：《异哉》对后世产生了什么样的影响？

前文已经提及，《异哉》在1915年就已经产生了广泛的政治影响，如陈寅恪所言："迨先生《异哉所谓国体问题者》一文出，摧陷廓清，如拨云雾而睹青天"[1]，甚至还没有发表，就已经产生了强烈的影响（特别是对袁世凯而言）。《异哉》的写作与发表，标志着中国宪法面临着重大危机与重大转折，甚至标志着中国"宪法时刻"的到来。在相当程度上，《异哉》塑造了1915年中国主流的国体观念及宪法意识。《异哉》以思想的方式，宣告了袁世凯试图走向的君主国体的死刑，甚至是以一劳永逸的方式，宣告了君主国体在中国的终结。自此以后的一百年里，中国人不再纠缠于君主国体与共和国体，也没有人再试图颠覆共和国体了。百年中国的历史可以证明，在1915年中国宪法所面临的十字路口上，《异哉》的思想指向，代表了中国国体以及中国宪法的实际走向。这是《异哉》所产生的现实的、

---

[1] 陈寅恪. 读吴其昌撰梁启超传书后//夏晓虹. 回忆梁启超. 北京：生活·读书·新知三联书店，2009：151.

同时也是永久性的政治影响。

在宪法理论与宪法学说层面，自《异哉》之后，国体以及与国体相关联的政体，成为我国宪法学的核心概念。① 毛泽东在1940年发表的《新民主主义论》一文中，就承认国体的概念，以及国体与政体的差异，毛泽东说："这个国体问题，从前清末年起，闹了几十年还没有闹清楚。其实，它只是指的一个问题，就是社会各阶级在国家中的地位。""至于还有所谓的'政体'问题，那是指的政权构成的形式问题，指的一定的社会阶级取何种形式去组织那反对敌人保护自己的政权机关。"② 毛泽东关于国体及政体的论述，具有承上启下或继往开来的枢纽作用。

就"承上"或"继往"的方面来看，毛泽东的国体思想上承梁启超，受到了梁启超国体思想的影响，尤其受到了《异哉》的影响。对此，萧延中的研究发现，毛泽东早年受梁启超的影响较大，譬如，针对梁启超的《新民说》第六节"国家思想"，毛泽东曾写下一段批语："正式而成立者，立宪之国家也，宪法为人民所制定，君主为人民所推戴。不以正式而成立者，专制之国家也，法令由君主所制定，君主非人民所心悦诚服者。前者，如现今之英日诸国；后者，如中国数千年来盗窃得国之列朝也。"③ 除此之外，更值得注意的是，"在1915年至1916年

---

① 当然也有不同的观点，譬如，张知本"只认国家有政体之分类，而不认为有国体及政体之两种分类"，"君主国与共和国之区别"是"政体之差异"。张知本. 宪法论. 北京：中国方正出版社，2004：12. 再譬如，刘军宁认为："共和作为一种政体，是作为君主政体的对立物而产生的。"刘军宁. 共和民主宪政——自由主义思想研究. 上海：上海三联书店，1998：103.

② 毛泽东. 新民主主义论//毛泽东选集：第2卷. 北京：人民出版社，1991：676-677.

③ 谭一青. 理想之路——毛泽东与中国现代思潮. 郑州：中原农民出版社，1993：5.

217

的反袁斗争中，毛泽东也直接受梁启超影响，在基本的政治态度上与梁保持着同一性。……毛泽东当时就读于湖南省立第一师范学校，他通过学友会，把那时梁启超等人所写的反对帝制的文章，翻印成小册子，题为《梁启超先生等对时局之主张》，到处散发，以梁为旗帜从事反袁活动"①。毛泽东此时散发的小册子，主要就是《异哉》一文。这就是说，《异哉》关于国体与政体的论述，对毛泽东产生了直接的影响，构成了毛泽东国体与政体思想的主要渊源。

就"启下"或"开来"的方面来看，毛泽东关于国体及政体的论述，直接支配了20世纪下半叶以降的中国宪法文本与中国宪法理论，尤其是支配了宪法学中的国体理论。在宪法文本中，现行宪法第1条规定的"中华人民共和国是工人阶级领导的、以工农联盟为基础的人民民主专政的社会主义国家"，就是关于国体的规定，因为它规定了"社会各阶级在国家中的地位"，是毛泽东国体思想的具体体现。现行宪法第2条规定的"人民行使国家权力的机关是全国人民代表大会和地方各级人民代表大会"，以及第3条关于人民代表大会制度的原则性、框架性规定，是关于政体的规定，因为它规定了"政权机关"的组织形式，所以是毛泽东政体思想的具体体现。我国宪法关于国体与政体的规定，并非始于1982年宪法，而是始于1954年宪法。在国体与政体问题上，1982年宪法与1954年宪法是一脉相承的。

在宪法理论上，20世纪80年代宪法学者对1982年宪法草案的解释，就以国体与政体作为基本的解释框架，并认为："国家政权包括内容与形式两方面的问题。它的内容是国体，即社会各阶级在国家中的地位；它的主要形式是政体，即统治阶级

---

① 萧延中. 论梁启超对早年毛泽东的影响. 近代史研究，1988（1）.

用以反对敌人保护自己的政权机关。两者中国体是国家政权的核心问题。"① 这种关于国体与政体的论述，直接沿袭自毛泽东的《新民主主义论》。在 20 世纪 90 年代，国体与政体构成了宪法学的一对基本范畴，因为，"国家主权的归属和国家主权的运行方式无疑是一国宪法最根本的内容。在我们看来，国家主权的归属和国家主权的运行方式实际上亦即我们所说的国体与政体"②。这同样是对毛泽东国体政体思想的延伸。21 世纪以来，学术界依然在《新民主主义论》的框架下讨论国体与政体。譬如，"国体与政体应该是和谐统一的，国体决定政体，政体体现和反映国体"③。再譬如，"工人阶级（通过共产党）对国家的领导是人民民主专政的首要标志"，"工农联盟为基础及以知识分子为依靠力量之一"④ 等。

在今日中国的宪法文本、宪法实践与宪法学说中，关于国体的具体内容，早已超越了《异哉》的视界，因为，《异哉》所面对的君主国体与共和国体之间的纠缠，在1915年虽然惊心动魄、牵动朝野，但在百年后的今天，已是尘封已久的历史。当代宪法关于国体的规定，以及当代学者关于国体的阐述，基本上都是以毛泽东在《新民主主义论》中的论断作为轴心的。但是，由于毛泽东关于国体与政体的思想，受到了梁启超《异哉》一文的直接影响，从这个角度上说，梁启超在《异哉》中阐述的国体思想，同样是当代中国宪法文本、宪法理论的思想渊源之一。

---

① 何华辉，许崇德. 国体的新规定 政体的新发展：读宪法修改草案的一点体会. 武汉大学学报（人文科学版），1982（4）.
② 李龙，周叶中. 宪法学基本范畴简论. 中国法学，1996（6）.
③ 胡筱秀. 国体与政体之间的关系研究——兼论人民政协制度的定位. 政治与法律，2010（9）.
④ 胡锦光，韩大元. 中国宪法. 北京：法律出版社，2004：64-65.

六、结语：认真对待国体问题

分析至此，我们可以得出一个结论：在百年以降的中国学术演进史上，国体及政体作为一对宪法学范畴，主要是由梁启超的《异哉》奠定的；至于国体及政体在今日中国的具体内容，则主要是由毛泽东的《新民主主义论》奠定的。但是，毛泽东的国体及政体思想，同样受到了梁启超及《异哉》的影响。从这个角度上看，梁启超的国体思想通过毛泽东的创造性转化与创造性发挥，影响了当代中国的宪法文本、宪法实践与宪法理论。因此，如果要在中国的语境下讨论"所谓国体问题"，不能不回溯至百年前的《异哉所谓国体问题者》。

从功能的角度来看，宪法学说中的国体理论，既有助于在传统政治向现代政治转型的过程中，实现政治合法性的重建，也有助于凸显国家的自我意识，在一定程度上还是国家形象的自我塑造、国家身份的自我确认。正如一个人需要不时地"认识你自己"[①]，一个国家也需要不断地"认识它自己"。追问一个国家的国体是什么，其实就是在回答：这个国家到底是一个什么样的国家？哪些国家是跟这个国家相同或相似的国家？哪些国家是跟这个国家相异的国家？通过划分国家类型，通过国家之间的求同与辨异，既是建构国际政治秩序的必由之路，也是实现国内政治整合的方便之门。

所谓国体问题，并未远去，值得认真对待。

（原载《法学家》2015 年第 4 期）

---

① 这句话，相传是古希腊时代刻在德尔斐的阿波罗神庙的三句箴言之一。

第八章　立国大方针：梁启超单一制国家结构思想的形成

一、重温一个中国"反联邦党人"的"立国大方针"

在辛亥革命的推动下，在清廷摇摇欲坠、民国呼之欲出的关键时刻，梁启超形成了自己的单一制国家结构思想。梁启超的单一制国家结构思想着眼于中央与地方关系，着眼于国家权力的纵向划分，表达了一个中国式的"反联邦党人"的"立国大方针"。在百年后的今天，本章聚焦于这个思想主题，主要是基于以下几个方面的旨趣。

首先，是对中国建国文献的尊重。一个国家的建国文献，一般都诞生于这个国家漫长演进过程的转折点上。在政治法律思想领域，只要提及建国文献，人们最容易想起的是以《联邦党人文集》为代表的美国建国文献。的确，美国成为一个现代意义上的联邦制国家，为联邦共和国奠定了思想基础的《联邦党人文集》起到了重要的作用。如果说，为了建构联邦制合众国，独立战争的胜利提供了军事上的支持，1787年宪法的制定提供了政治与法律上的保障，那么，以《联邦党人文集》为核心的建国文献就提供了思想与理论上的依据。试想，如果没有以《联邦党人文集》为代表的建国文献，美国作为一个联邦共和国，就可能陷入"名不正则言不顺"的境地。可见，一个国家的建国文献，实际上是一个国家从思想上站立起来的依据。以这样的视角来看中国，那么，可以发现，现代中国的建国文献可以分为两大类：第一类，是以1949年中华人民共和国的成立为核心的建国文献——它主要出自以毛泽东为代表的中国共产党人。第二类，是以1912年中华民国的建立为核心的建国文献。对于当代中国人来说，第一类建国文献与我们的生活世界联系更紧密，因而也更具现实意义。但是，如果从"大历史""长时段"的角度着眼，第二类建国文献也值得注意，因为，它不仅见证了君主制向共和制的转型过程，还见证了"清朝"（朝廷）向"民国"（国家）的转型过程，具有"建国"或"建构现代民族国家"的意义，因而构成了严格意义上的"建国文献"。就这一类建国文献而言，虽然孙中山作为众望所归的革命领袖，是它的代表性作者，但是，这一类建国文献的著作权并不归孙中山一个人享有；在孙中山之外，在清末民初，梁启超也是这类建国文献的代表性作者。因而，梁启超在辛亥革命时期阐述的"立国大方针""新中国建设"之道①，构成了中华民国初创时期居于核心地位的建国文献。

---

① 《新中国建设问题》《中国立国大方针》是梁启超分别在1911年11月、1912年4月写成的有关单一制国家结构思想的代表性论著，详见下文的分析。

重温梁启超在百年前写成的建国文献，其实就是在重新梳理中国作为一个现代民族国家的立国之道。

其次，希望从宪法学与法理学的角度，对"走向共和"这一命题做出更具体的追问。学界论及辛亥革命，一般都是以之作为中国"走向共和"的标志性事件，民国的建立就是"走向共和"的象征。但是，如果要进一步追问：走向什么样的共和？共和的制度框架、宪法框架如何搭建？就不大容易引起论者的兴趣了。然而，武昌起义的枪声刚刚平息，梁启超就发表了《新中国建设问题》一文，以上下两篇分别论述了两个问题：单一制与联邦制的选择问题，虚君共和与民主共和的选择问题。按照梁启超的这种排序，作为国家结构形式的单一制与联邦制问题，是"新中国建设"应当首先考虑的第一个问题。它的意义，至少不逊于虚君共和与民主共和的选择问题。1912年4月，清帝刚刚退位，梁启超又发表了《中国立国大方针》一文，其中阐述的立国之道，也是单一制的国家结构问题。根据梁启超"只论政体，不论国体"的著名论断①，可以发现，在梁启超的思想世界中，单一制与联邦制的问题占据了相当突出的地位。按照梁启超的逻辑，到底是选择君主制还是选择共和制，需要由暴力革命来解决；但是，选择单一制还是联邦制，则是一个建设性问题，可以理性地思考，可以审慎地选择。因而，在辛亥革命过程中，在辞旧迎新之际，从"新中国建设"或"国家建构"的角度来看，斟酌单一制与联邦制，对于所面临的立国任务来说，更具针对性和现实性。然而，学术界在处理辛亥革命与梁启超思想这两个相互交织的庞大主题时，针对"君主制/共和制"的问题，可谓泼墨如水，但针对"单一制/联邦制"的问题却

---

① 丁文江，赵丰田. 梁启超年谱长编. 上海：上海人民出版社，1983：722.

惜墨如金。① 有鉴于此,本章试图从"国家结构"这个尚不为学界所重视的法学问题着手,凸显辛亥革命与梁启超思想的一个侧面。

再次,是想寻找"失败者"的"成功"之处。在中国近现代思想史上,梁启超虽然影响巨大,但是,按照当代普遍流行的革命化的政治尺度与叙事框架,他常常被置于失败者或否定性人物的行列。对此,李泽厚的一段话颇有代表性,他说:"关于梁启超和王国维……1949年以来,对他们两人的评议虽多,但基本论调则几乎一致,即作为否定的历史人物来对待和论述。道理很明显,也很简单,梁启超是辛亥革命时期著名的保皇派,辛亥以后也一直站在反动派方面。"② 在这样的评价体系中,梁启超是一个落伍者,也可以说是一个失败者。但是,就个人在思想史上的影响而言,梁启超显然又是一个极其成功的人:在清末民初那个特定的时间段落里,很少有人在思想影响方面能够超过梁启超;他在思想方面的言论,塑造了那个时代的中国人关于文明秩序的基本想象。这种政治上的失败与思想上的成功,构成了一个悖论,对于这个悖论的索解,有助于"开启一个相异的意义体系,沿此线索,甚至可能进入一个奇异而美妙的世界观"③。因而,探究梁启超在辛亥革命期间形成的单一制国家结构观,也许可以体现出这样的思想

---

① 在"中国知网"上搜索,相关的专题论文只有一篇,孙继才.论辛亥革命时期孙中山的国家结构观.广东社会科学,2009(3).此外,张朋园在有关《梁启超与民国政治》的专题著作中,以"强有力的政府:中央集权与保育政策"为小标题,论述了"任公为实现其'强有力的政府'理想,既不主张以立法控制行政,且反对地方分权主义,在民权高涨声中,敢于别树一帜"(张朋园.梁启超与民国政治.长春:吉林出版社集团有限责任公司,2007:14.),基本上也没有直接提到梁启超的单一制国家结构思想。

② 李泽厚.中国近代思想史论.天津:天津社会科学院出版社,2003:384.

③ 美国学者Robert Darnton所言,转引自罗志田.近代中国史学十论.上海:复旦大学出版社,2003:204.

第八章 立国大方针：梁启超单一制国家结构思想的形成

意义。

最后，与前一点紧密相关的是，辛亥期间的梁启超还有一个需要识别的身份：反联邦党人。在上文述及的美国的建国文献中，除了居于神圣地位的《联邦党人文集》，其实还有一部与之针锋相对的《反联邦党人文集》。较之于政治上成功的联邦党人，反联邦党人可谓政治上的失败者。① 与美国建国时期的政治失败者相比，梁启超也是政治上的失败者。② 而且，无独有偶，梁启超既是政治上的失败者，同时还是一个联邦制国家结构的反对者，因而也是一个"反联邦党人"。从这个角度上说，梁启超与美国的反联邦党人具有双重的相似性和可比性：他们都是政治上的失败者，都是"反联邦党人"。如果说，美国的反联邦党人已经受到了思想史家的重视③，那么，梁启超作为民国初创时期的"反联邦党人"，其"反联邦思想"也应当受到当代学界的重视。

以上几个方面，构成了本章的出发点和归宿。为了实现这几点旨趣，为了对梁启超在辛亥革命期间的单一制国家结构思想进行有效的揭示，下文首先考察梁启超在辛亥革命前以地方自治为核心的国家结构思想，接下来剖析梁启超从地方自治向单一制国家结构的思想转向。在此基础之上，进一步论述梁启超单一制国家结构思想的两种渊源：异域的国家主义与本土的法家思想。最后，对"反联邦党人"梁启超与美国建国之际的反联邦党人进行比较，以之作为本章的结束。

---

① 刘晨光. 反联邦党人成败论//赵明. 法意：第二辑. 北京：商务印书馆，2008：100.
② 张朋园认为："梁任公的政治理想失败了，'国务大臣'的志气也没有得到伸展。虽然任公两度出任阁员，为时均短暂，且一无建树。"张朋园. 梁启超与民国政治. 长春：吉林出版集团有限责任公司，2007：254.
③ 譬如，斯托林. 反联邦党人赞成什么——宪法反对者的政治思想. 汪庆华，译. 北京：北京大学出版社，2006.

二、地方自治：辛亥革命前梁启超国家结构思想的基本取向

19世纪末，即使经过甲午战争的冲击，即使在某些得风气之先的士大夫眼里，"天下"已经变成了"万国"，以"家—国—天下"为骨架的政治结构与秩序框架已经趋于坍塌。但是，政治机器的解体总是要比思想上的松动滞后几个节拍。不过，就在思想上的乾坤颠倒发生之后（即甲午之后）①，在政治上的乾坤颠倒发生之前（即辛亥之前），梁启超开始了对于国家结构问题的思考与探索。当然，梁启超对国家结构的探索有一个萌芽、逐渐展开、从自发到自觉的深化过程。在辛亥革命前，由于君主政治、王朝体制还在传统的旧轨道上运行，受制于这种现实的政治环境，梁启超主要是从地方自治的角度来思考国家的结构形式。

1897年11月，梁启超来到长沙，出任湖南时务学堂的总教习，参与陈宝箴主持的湖南新政。此间，在一封给陈宝箴的信中，梁启超提出了地方自立的观点："故为今日计，必有腹地一二省可以自立，然后中国有一线之生路。今夫以今之天下，天子在上，海内为一，而贸然说疆吏以自立，岂非大逆不道，狂悖之言哉！"② 这句话表明，梁启超尊重当时的政治现实，愿

---

① 葛兆光说："一贯自信的中国人突然发现近在咫尺的东邻，……在1895年迫使过去一直高踞在上的清帝国签下了城下之盟，……这才引起了对整个文明的信心的崩溃。"（葛兆光. 中国思想史：第2卷. 上海：复旦大学出版社，2001：334.）因此，可以把1895年视为中国思想上的"乾坤颠倒之年"。

② 丁文江，赵丰田. 梁启超年谱长编. 上海：上海人民出版社，1983：90-91.

第八章 立国大方针：梁启超单一制国家结构思想的形成

意在既有的政治格局下思考问题，显示了他后来成为改良派代表人物的思想基因。然而，即使承认既有的政治框架，梁启超还是愿意冒着"大逆不道"的心理压力，提出地方自立的政治方案，主要的动因就在于：甲午之后，西方列强对中国形成的"瓜分之势"越来越急迫。为了应对瓜分狂潮，为了给中国留下一线生机，梁启超才提出了"一二省可以自立"的设想。由此可见，梁启超最初的"地方自立"思想，并不是理论推导的结果，甚至也不是对国家结构进行通盘考虑的结果，而是一个应急性的救亡之策：万一多数国土都沦为了列强的势力范围，总还有"一二省"能够顽强地生存下来，为中华文明留下一线生的希望。不过，两年之后的1899年，已经流亡到日本的梁启超回忆他在湖南的活动时，对他当时的活动进行了理论上的提升，称自己"专以提倡实学，唤起士论，完成地方自治政体为主义"[①]——这可能是梁启超第一次直接提出具有国家结构意义的宪法理论：地方自治主义。换言之，在此时的梁启超看来，地方自治不仅是一个应急之策，同时还是一个具有理论意义的学说或主义。这标志着，梁启超对于以地方自治为主要内容的国家结构问题，开始有了初步的理论自觉。

理论自觉的另一个标志是同年（1899年）发表的《商会议》。在这篇论文中，梁启超比较深入地阐述了他对中央与地方关系的认知："西人论国之政体有二端：一曰中央集权，二曰地方自治。中央集权者，一国之有政府，综揽国之大事，整齐而画一之是也。地方自治者，每府每州每县每乡每埠，各合其力以办其本府本州本县本乡本埠所应办之事是也。西人亦目之为国中小国，集权与自治二者，相依相辅，相维相系，然后一国之体乃完。如车之两轮，鸟之双翼。就天下万国比较之，大

[①] 梁启超. 戊戌政变记//梁启超全集. 北京：北京出版社，1999：242.

抵其地方自治之力愈厚者，则其国基愈巩固，而国民愈文明。何以故，盖国也者积民而成者也……欲国之强，必自全国之民各合其力以办其所当办之事始，地方自治者，民生自然之理也。"① 在这里，梁启超虽然没有指明，"论国之政体"的"西人"到底是谁，也没有区分联邦制与单一制，但是，从梁启超描述的国家结构来看，"西人"所论之国，由于其自治地方就像"国中小国"，显然是美国式的联邦制国家。值得注意的是，此时的梁启超虽然强调了中央集权与地方自治的并重，但他还是认为，地方自治更具基础性、本源性——地方自治越成熟，国家的根基就越巩固。而且，相对于中央集权来看，地方自治与民众具有更紧密的关系，如果全国民众通过地方自治机构，更多地发挥自己的能动性和创造力，国家的强盛就有了根本的保障。这就是说，地方自治是促进民生，发挥民力，进而增强国力的制度载体。

1901年以后，梁启超开始把自治制度与自由、民权联系在一起。他说：国民"苟欲享有完全之自由，不可不先组织巩固之自治制"②。1902年，梁启超又说："民权之有无，不徒在议院参政也，而尤在地方自治。地方自治之力强者，则其民权必盛。否则必衰。法国号称民主，而其民权又远逊英国者，以其地方自治之力微也。……夫地方自治者，民权之第一基础也。"③ 可见，此时的梁启超比较看重地方自治对于自由、民权的支撑作用。

不过，就在这个时候，梁启超关于地方自治的观念也发生了一些微妙的变化：一方面，他开始注意到地方自治与立国的关系；另一方面，开始强调地方自治的性质主要是公民自治。

---

① 梁启超. 商会议//梁启超全集. 北京：北京出版社，1999：277.
② 梁启超. 十种德性相反相成义//梁启超全集. 北京：北京出版社，1999：430.
③ 梁启超. 答某君问德国日本裁抑民权事//梁启超全集. 北京：北京出版社，1999：979.

正如他在 1902 年的《教育政策私议》一文中所言："养成地方自治之风，为强国之起点也。今日欲立国于大地，舍公民自治，其无术矣。"① 在 1902—1903 年写成的《新民说》一文中，梁启超又说："先举吾身而自治焉，试合身与身为一小群而自治焉，更合群与群为一大群而自治焉，更合大群与大群为一更大之群而自治焉，则一完全高尚之自由国平等国独立国自主国出焉。"② 按照这样的逻辑，以公民自治为核心的地方自治既是立国、强国的起点，也是建立一个"理想国"的起点；一个自立、自强的"理想国"，应当从公民自治、地方自治开始起步。

共和政治也要以地方自治作为基础。在 1903 年的《政治学大家伯伦知理之学说》一文中，梁启超说："自治者，共和政治最切要之条件也。而法人曾无所练习，百事皆仰赖政府。故读法国建国以来之历史，其治国之道，常以中央集权制度相贯彻。……此自古及今，未或有改者也。夫欲行中央集权，使圆满而适当，则必有强大之主权，精悍之官吏，有力之军队。若此者，惟君主政治为最宜。"③ 至于"共和政体，惟有一种结构特别之国家，可以行之而无弊。其结构云何？……瑞士之各村落各市府，美国独立以前之各州，是其模范也。在此等结构之国，其国家自减缩其行动之范围，而一以放任之于私人，其人民之监督公共事业也，亦无鞭长不及之患。而自治制度驯致巩固，则共和可以行之数百年，而大纷扰不起焉"④。这就是说，借助于地方自治，可以走向共和政治；至于中央集权，则往往与君主政体相伴生。1908 年，在《上摄政王书》中，梁启超又

---

① 梁启超. 教育政策私议//梁启超全集. 北京：北京出版社，1999：758.
② 梁启超. 新民说//梁启超全集. 北京：北京出版社，1999：683.
③ 梁启超. 政治学大家伯伦知理之学说//梁启超全集. 北京：北京出版社，1999：1071.
④ 同③1073.

强调了地方自治的重要性:"立宪之真精神,不过曰,予国民以参政权而已。……立宪政体滥觞英美,然英美人自治之习惯,当数百年前而已成矣。后此模范立宪之国,大率先确定地方自治之制,迟之又久,然后国会开焉。"① 这就是说,只有先养成公民自治、地方自治的习惯,才能召开国会,建立立宪国家。

以上分析表明,辛亥之前的梁启超主要从"中央集权/地方自治"二元划分的角度,侧重于论证地方自治的多重价值:首先,它是自由、民权的制度表达;其次,它也是共和、立宪的制度载体;最后,它还是立国、强国的制度保障。换言之,辛亥前的梁启超,主要是一个"地方自治"论者,强调从地方自治的角度来改良中国的政治现实。②

三、辛亥革命的发生与梁启超单一制国家结构思想的形成

如果说,在辛亥之前,梁启超的国家结构思想主要是在"中央集权/地方自治"的二元框架下展开的,且立足于论证地方自治的积极意义,那么,武昌起义之后,梁启超的国家结构思想则主要是在"单一制/联邦制"的二元框架下展开的,主要立足于论证单一制国家结构的必要性。

就在武昌起义暴发后的次月,梁启超发表了一篇名作——

---

① 梁启超. 上摄政王书//李华兴,吴嘉勋. 梁启超选集. 上海:上海人民出版社,1984:554.

② 需要说明的是,清朝末期对于地方自治的向往,并不是梁启超一个人的思想倾向,事实上,"在晚清风云变幻的时局中,出现了一道独特的思想景观:地方自治成为万人瞩目而青睐的议题"。汪太贤. 从治民到民治:清末地方自治思潮的萌生与变迁. 北京:法律出版社,2009:1.

第八章　立国大方针：梁启超单一制国家结构思想的形成

《新中国建设问题》，这是梁启超首次在"单一制/联邦制"的框架下对于新中国的国家结构问题做出回答。在这篇文章中，梁启超首先阐明了问题的由来："我国之大一统，逾两千年。单一国、联邦国之问题，本无从发生也。自一月来，各省相继宣告独立，识微之士，始思标此义以谋结合，其利害若何，其进行方法若何，最今日所宜熟讲也。"① 可见，"单一制/联邦制"的问题，是辛亥革命进程中的政治现实催生出来的。在此之前，大一统的中华已经习惯于单一制的政治结构，根本就不存在"单一制/联邦制"的选择问题，是辛亥年间的"各省宣告独立"这一事实，已经在中华大地上造成了联邦制国家的可能趋势，才使"单一制/联邦制"的选择成为一个极其现实、不容回避的政治、法律问题。"凡一问题之发生，皆起于不得已，今既有各省独立之事实，人人忧将来统一之艰，然后心理乃趋于此著。"② 在国家结构已经走向十字路口之际，梁启超通过"单一制/联邦制"的比较，从多个不同的角度，论述了"新中国"应当选择单一制国家结构的基本思想。梁启超的论证理路，主要包括以下几点。

其一，从演进规律来看，联邦制仅仅是国家结构的过渡形式，单一制才是国家结构的终极形式。"治国法学者，称联邦国为完全国家之过渡，凡以联邦组织立国者，皆一时不得已之所为，非欲以此终焉已也。今世联邦国之最著者，莫如德、美。而彼两国之政治，方日趋于集中，其渴思糅联邦以归于单一，至易见也。故两者之利害，本无商榷之余地。"③ 这就是说，单一制代表了国家结构形式的演进方向，是完成时态的国家结构形式，而"联邦国不过单一国之过渡，究极必求趋于单一，求

---

① 梁启超. 新中国建设问题//梁启超全集. 北京：北京出版社，1999：2433.
② 同①2435.
③ 同①2433.

231

之而未得，乃以联邦为一时权宜，故联邦云者，必前此仅有群小国，无一大国，乃联小以为大也。若前此本有一大国，乃剖之为群小，更谋联之为一大，微论不能，即能矣，而手段毋乃太迂曲，吾平素所以不敢持联邦论者以此也"①。换言之，从联邦制走向单一制，是历史的必然；相对于联邦制，单一制是"更高级"的国家结构形式。在这样的客观规律面前，如果可以在单一制与联邦制之间做出选择，那么，当然应当选择"更高级"的单一制。

其二，从历史传统来看，在我国历史上，单一制由来已久，联邦制的基因却无处可寻。梁启超认为："国家为一种有机体，非一时所骤能意造也，其政治现象之变化，必根据于历史。"就"今世联邦国"来看，"德之各邦，自中世史以来，久已存在，建国最古者垂千年，新者亦二百余年，新帝国之建，不可排奥戴普，一转移间耳，其历史之深远若彼。美则自清教徒移植以来，各州本为自治体。英王所给约券，即为各州宪法渊源，盖成为具体而微之国家者，四百余年于兹矣，脱英轭而易以共和政府，中央之统属变，而地方之组织未尝变也，其历史之深远又若此"。比较而言，"我国昔虽为封建，而废绝已两千年，无复痕迹，虽人民私权，政府向不干涉，缘放任结果，留自治之美风，然欧美人所谓完全自治机关，求诸我国，实渺不可得"②。这几句话表明，梁启超一方面借用了伯伦知理的国家有机体理论，另一方面，还体现了同样是出自德国人的历史法学派的思维模式。这两种理论学说都可以推出同一个结论：国家结构形式根源于国家的历史传统，且受制于国家的历史传统。"质而言之，则联邦国与单一国，其组织之根底，盖有万不能相

---

① 梁启超. 新中国建设问题//梁启超全集. 北京：北京出版社，1999：2435.

② 同①2434.

师者。"① 由于中国历史上没有联邦制的基因，不可能无中生有地建立起联邦制国家，因而单一制国家结构，实为中国历史传统的必然产物。

其三，从现实条件来看，中国没有建立联邦制国家的人力资源，只能选择单一制国家。"夫德之各邦、美之各州，其内部之构造，实与一国无异者也。今日合全国俊髦，以谋构造唯一之新中国，犹惧不给，其更有余力以先构造此二十余邦乎？此不可不熟审也。夫构造唯一之新中国，不过由旧而之新耳，为事虽难而尚易，构造二十余邦，乃自无而之有，为事似易而实难，此不可不熟审也。"② 在梁启超看来，联邦制是由众多的、相对独立的政治实体组合起来的，其中，每个政治实体都需要相当数量的且具备足够政治能力的"建国者"。这样的"建国者"绝不是历史上曾经出现过的诸侯，而是具有现代政治意识和政治能力的政治家（"俊髦"）。然而，当时的中国，根本就没有那么多新式的政治家来满足建构众多政治实体的需要；中国当时的政治人才，顶多只能满足建构一个独立政治实体的需要。因而，政治人才的匮乏，人才资源方面的限制，让单一制国家结构形式成了唯一可能的选择。

其四，从救亡图存的紧迫局势来看，也应当选择有助于中央集权的单一制。1911 年 10 月 29 日，梁启超在一封信中写道："今各国虽号称中立，然以吾所知者，则既磨刀霍霍以俟矣。……秩序一破之后，无论何人莫能统一之，全国鼎沸，非数年不能戡定。今各国环伺，安容有数年之骚扰，其究也，卒归外国享渔人之利已耳。"③ 在这种紧迫的政治危局面前，国家

---

① 梁启超. 中国立国大方针//梁启超全集. 北京：北京出版社，1999：2495.
② 梁启超. 新中国建设问题//梁启超全集. 北京：北京出版社，1999：2434.
③ 梁启超. 致徐勤书//李华兴，吴嘉勋. 梁启超选集. 上海：上海人民出版社，1984：601.

结构的选择，应当有助于强化中央集权。因此，"各省人士，万不可存猜忌中央之心，不可务削中央之权以自广。盖处今日国竞至剧之世，苟非得强有力之中央政府，国无道以图存也，……治今日之中国，实当以整齐、严肃为第一义"①。梁启超认为，要实现国家内部整齐、严肃之治，要在残酷的国际竞争中实现救亡图存，单一制的国家结构是最好的选择，因为，只有单一制才能保障强有力的中央政府，才能把全国人民的力量拧成一股绳，形成合力，劲往一处使；如果选择联邦制，拒绝强有力的中央政府，国家的生存都不能得到保障，遑论其他？

其五，从民权的角度来看，维护中央集权的单一制并不妨碍团体自治；选择各省分权的联邦制并不能保障团体自治。因为，"今世完全之国家，无不务行极巩固之集权制者，同时亦无不务行极极缕析之分权制者"，"以言夫集，则集之于唯一之中央政府，以言夫分，则分之于无量数之城、镇、乡。两极端同时骈行，不相妨也，适相倚也。我国人之言集权、分权者，则与此异，不过京师与各省争权而已。夫分权之本意，凡以虑中央行政之不能逮下，而以团体自治补所不逮也。分中央之权而权诸行省，其逮下之效几何？我一省之幅员人口，动抵欧洲一二国，以省为权力之中心点，是得名为分权矣乎？吾党极端主张唯一最高政府之集权，同时又极端主张下级自治团体之分权，若夫介于两者之行省雍权制度，则满清所以致亡，吾党所以不竟，实由于此"②。这就是说，旨在张扬各省权力的联邦制，并不能在促进民权、保障公民自治方面产生任何积极的效应，仅仅只是满足了各省主政者对于权力的私欲而已。反之，维护中央集权的单一制，并不影响下级自治团体的分权与自治。因此，要建立"完全之国家"，

---

① 梁启超. 新中国建设问题//梁启超全集. 北京：北京出版社，1999：2435-2436.

② 梁启超. 中国立国大方针//梁启超全集. 北京：北京出版社，1999：2498.

就应当形成正确的"集权/分权"观念：以单一制保障中央集权，以公民自治保障基层自治团体的分权。至于介于两者之间的"行省雍权"，就像国家结构中的肿瘤，有害无益，应当坚决地割除。

以上分析表明，梁启超分别从国家结构的演进规律，国家结构与历史传统，联邦制所需要的人力资源，救亡图存的现实需要，以及国家结构与民权保障的关系等五个方面，阐述中国选择单一制国家结构的理由。这五个方面的论述，构成了梁启超关于单一制国家结构的基本思想。

四、梁启超单一制国家结构思想的双重渊源

在辛亥革命进程中，在"各省独立之事实"面前，梁启超从"新中国建设"的角度，主张建设一个单一制国家。从思想渊源来看，梁启超提出的这种"立国"之道，既源于伯伦知理的国家主义，也源于传统中国的法家思想；梁启超对单一制国家结构的认同，主要是这两种思想渊源共同作用的结果。如果把国家主义、法家思想视为梁启超单一制国家结构观的思想渊源，那么，他所主张的单一制国家结构可以视为这两种思想渊源在宪法层面上的制度表达。

先看国家主义对梁启超单一制国家结构思想的塑造。

梁启超接受的国家主义，主要是经过日本人转手的伯伦知理的国家主义。由于伯伦知理的国家学说"在确立明治国家的体制方面起到非常重要的作用"[1]，其富国强兵的实践功能已经

---

[1] 狭间直树.《新民说》略论//狭间直树. 梁启超·明治日本·西方——日本京都大学人文科学研究所共同研究报告. 北京：社会科学文献出版社，2001：83.

在日本，以及在德国，都得到了极其有效的验证，因而受到了梁启超的全面服膺。正是在国家主义的长期熏染下（详见后文），1912年，梁启超借《中国立国大方针》一文，强烈主张"以国家为本位"，强调民众的安危、兴衰，均依赖于国家本身的建立与完善，"人民能建设完全国家者则日以荣，其不能者则日以悴。夫国家如何而始为完全？其分子调和，其结构致密，能持久而不涣者，其可谓完全也已矣"。而一个完全的国家，离不开中央对地方的有效控制，"试观各先进国中央与地方指臂之相使、头目之相捍何如，而我则何如"？因此，要建立一个"结构致密"的完全国家，就必须排斥个人主义、地方主义，因为，"个人主义昌，其妨国家成立者一；地方感情胜，其妨国家成立者二"。在这里，梁启超不仅要求建立一个"结构致密"的国家，还要求建立一个大国，因为，"今世界惟大国为能生存。昔卢梭之著《民约论》也，谓真自由之国家，民数不可逾两万，盖以个人幸福为前提，而嫉国家机关之相逼，未始不持之有故，言之成理也。曾不思国苟不竞，个人幸福将安所丽，而小国之不能竞于大国，又事理之至易睹也"①。既然要建立一个"结构致密"的大国，就只能借助于单一制的国家结构形式。那种强调"各省独立"的联邦制，既与"大国"的理想背道而驰，也与细密化的国家结构、中央对地方的有效控制之目标南辕北辙。

梁启超虽然是在武昌起义暴发后才正式提出了单一制国家结构的立国之道，但是，他对国家主义的认同早在辛亥之前就已经产生了。张灏认为："1903年初春，梁启超出访北美……思想中开始出现明显的国家主义倾向，但这归根结底并不代表一个新的起点，而是他思想中已潜伏的某些基本倾向的一个最终的

---

① 梁启超. 中国立国大方针//梁启超全集. 北京：北京出版社，1999：2489.

发展。国家主义的倾向在随后的几年中愈加明显，这决定了梁在许多重大问题上的政治态度。"① 李春馥认为："1903 年 2 月赴美之前，梁启超……在理论上已经转向于强有力的中央政府的国家主义思想。"② 其实，这两种说法并不矛盾，两者都表明，梁启超对国家主义的认同，应当追溯至 1903 年之前。这就意味着，经过长达十年的思想积淀，国家主义已经成为了梁启超思想的一个基本的立足点，决定了梁启超在"单一制/联邦制"这种重大问题上的政治态度。可见，梁启超的单一制国家结构思想，并不是一个轻率的、偶然产生的念头，而是多年前就认同的国家主义的产物。

梁启超对国家主义的认同，从积极的经验方面看，是鉴于国家主义在德国、日本已经取得的实践效应；从消极的教训方面看，则是鉴于"中国无国"的政治困境，这是清末思想界的一个普遍的焦虑。

早在 1887 年写成的《日本国志》一书中，黄遵宪就认识到："考地球各国，若英吉利、若法兰西，皆有全国总名，独中国无之，……近世对外人称每曰中华，东西人颇讥弹之，谓环球万国各自居中，且华我夷人，不无自尊卑人之意。"③ 在这里，黄遵宪主要强调了中国没有国名，或"中华"不是我们的国名，显然，"中国无国"的困境已经摆到了思想界的面前。1900 年，梁启超对这样的"无国"困境进行了更深入的论证，他说："夫国也者，何物也？有土地，有人民，以居于其土地之人民，而治其所居之土地之事，自制法律而自守之；有主权，有服从，人人皆主权者，人人皆服从者。夫如是，斯谓之完全

---

① 张灏. 梁启超与中国思想的过渡（1890—1907）. 崔志海，葛夫平，译. 南京：江苏人民出版社，1997：169.

② 李春馥. 论梁启超国家主义观点及其转变过程. 清史研究，2004（2）.

③ 黄遵宪. 日本国志：上卷. 天津：天津人民出版社，2005：94.

成立之国。……且我中国昔畴，岂尝有国家哉？不过有朝廷耳。"① 可见，在梁启超看来，当时的中国只有朝廷，没有国家；或者说，只有朝廷意义上的国家，没有现代意义上的国家。对于这种朝廷意义上的国家，或者把"朝廷"与"国家"相等同的观念，顾炎武的一段话颇具代表性，他说："有亡国，有亡天下，亡国与亡天下奚辨？曰，易姓改号，谓之亡国；仁义充塞，而至于率兽食人，人将相食，谓之亡天下。"② 按照顾炎武的逻辑，既然"亡国"就是"亡朝廷"（改姓易号），那么，朝廷就等同于国家。对于这样的固有观念，梁漱溟后来总结道："像今天我们常说的'国家''社会'等等，原非传统观念中所有，而是海通以后新输入的观念。旧用'国家'两字，并不代表今天这涵义，大致是指朝廷或皇室而说。"③

这种只有一氏一姓之朝廷、没有现代意义上的国家的"无国"现象，可谓梁启超的一个隐忧。因此，在1903年的《政治学大家伯伦知理之学说》一文中，梁启超提出："中国号称有国，而国之形体不具，则与无国同，爱国之士，悁悁然忧之。其研究学说也，实欲乞灵前哲，而求所以立国之道也。"可见，梁启超所理解的"立国"，不仅仅是让国家强盛，不仅仅是建立一个政权（朝廷的替代物），还包含了让现代民族国家"从无到有"地建构出来的意思。

所以，在清帝退位后不久，梁启超就提出："我国虽曰五千年古国乎，然畴昔憔悴于专制政体之下，国家重要机关，一切未备……以严格的国家学衡之，虽谓我国自始未成国可耳。"吊诡的是，"未成之国"居然也有它的积极意义，它仿佛是革命

---

① 梁启超. 少年中国说//梁启超全集. 北京：北京出版社，1999：410.
② 顾炎武. 日知录：卷十三·正始//黄汝成，集释. 日知录集释. 上海：上海古籍出版社，1985：1014.
③ 梁漱溟. 中国文化要义. 上海：上海人民出版社，2005：143.

第八章 立国大方针：梁启超单一制国家结构思想的形成

党人在专制政体内部埋下的一只特洛伊木马——"革命成功之捷，所以能冠千古、秩五洲者，其原因虽多端，而国家组织不完全，则诸因之总因也。"不过，"惟以此故，而知人人渴望完全国家之出现，渴望新国家之组织，若大旱之待云霓"。革命的成功，意味着"破坏之事则告终也，而建设之业，前途遐哉邈焉。还观夫国中杌陧不安之象，视畴昔有加无已也。浅躁者讴歌告成，识时者殷忧方始。危急存亡，千钧一发，系于今日"①。在这样的背景之下，如果要化解千钧一发之危机，就必须建设一个"完全国家"，就必须让"国家之组织"健全起来。要实现这个目标，就必须建立一个单一制国家。为此，梁启超在自己拟定的《中华民国宪法草案》之第1条就规定："中华民国永远定为统一共和国"，梁启超还特别说明，"共和上加统一两字者，示别于联邦制也。"② 由此，我们可以看到，来自异域的伯伦知理的国家主义，终于变成了梁启超笔下的单一制宪法条款。

国家主义虽然在相当程度上塑造了梁启超的单一制国家结构思想，但并不是驱使梁启超转向单一制国家结构的唯一的思想渊源。在来自异域的国家主义之外，来自本土的法家思想，也是梁启超认同单一制国家结构的思想渊源。

已有的研究成果表明，清末民初的梁启超堪称"新法家"的代表人物。③ 春秋战国时代的诸子百家，只有法家的思想能够满足梁启超在辛亥革命期间的思想期待。正如他自己所言："当我国法治主义之兴，萌芽于春秋之初，而大盛于战国之

---

① 梁启超. 中国立国大方针//梁启超全集. 北京：北京出版社，1999：2488.

② 梁启超. 进步党拟中华民国宪法草案//梁启超全集. 北京：北京出版社，1999：2615.

③ 程燎原. 晚清"新法家"的"新法治主义". 中国法学，2008（5）. 喻中. 显隐之间：百年中国的新法家思潮. 华东政法大学学报，2011（1）.

末,其时与之对峙者有四:曰放任主义,曰人治主义,曰礼治主义,曰势治主义。而四者皆不足以救时弊,于是法治主义应运而兴焉。"① 法家的法治主义好在哪里?回答是:"救时弊"或"救世"。梁启超认为,"救世一语,可谓当时法治家唯一之精神"②,因此,"欲举富国强兵之实,惟法治为能致之"③。在《管子传》一文中,梁启超还为法家的法治主义赋予了普世价值:"今世立宪之国家,学者称为法治国。法治国者,谓以法为治之国也。夫世界将来之政治,其有能更微于今日之立宪政治者与否,吾不敢知,借曰有之,而要不能舍法以为治,则吾所敢断言也。故法治者,治之极轨也,而通五洲万国数千年间,其最初发明此法治主义,以成一家言者谁乎?则我国之管子也。"④

在梁启超看来,以管子为代表的法家思想,其功能就是"救世",其本质就是干涉主义或国家主义。"放任论者,以国民主义为其基础者也;干涉论者,以国家主义为其基础者也。放任论盛于十八世纪末与十九世纪初,干涉论则近数十年悖兴焉。行放任论以致治者,英国与美国也;行干涉论以致治者,德国与日本也。斯二说者,皆持之有故,言之成理,不容以相非。然以今后大势之所趋,则干涉论必占最后之全胜,盖无疑矣!"大致说来,"对外竞争不烈之国,可以放任;对外竞争极烈之国,必须干涉,此其大较也。我国之言政者,大别为儒墨道法四家。道家则纯主放任者也,儒墨则亦畸于放任者也;其纯主干涉者,则法家而已"⑤。按照这样的分析理路,法家思想与国

---

① 梁启超.中国法理学发达史论//梁启超全集.北京:北京出版社,1999:1269.
② 同①1279.
③ 同①1280.
④ 梁启超.管子传//梁启超全集.北京:北京出版社,1999:1865.
⑤ 同④1867.

家主义、干涉主义是可以相互解释的。虽然它们的源头不同，但是，殊途可以同归，它们共同的旨趣与追求是：在列国激烈竞争的时代，在全国范围内实现整齐、严肃之治，实现富国强兵，实现救亡图存。要实现这样的目标，在国家结构层面上，则只能借助于单一制。

我们认为，来自异域的国家主义与来自本土的法家思想，共同孕育了梁启超的单一制国家结构思想。但是，在梁启超自己的逻辑中，法家思想的实质就是国家主义，两者可谓同一种思想的不同表达，两者都是在列国激烈竞争环境之下寻求富强的思想学说。因此，梁启超的单一制国家结构思想，既是国家主义的产物，也是法家思想的产物。

五、同异之辨："反联邦党人"梁启超与美国的反联邦党人

由于辛亥期间的梁启超认同单一制国家结构形式，拒斥联邦制国家结构形式，这就为辛亥时期的梁启超贴上了一个尚不为人所注意的标签：反联邦党人。这个特殊的身份——作为现代民族国家建构时期的"反联邦党人"的身份，很容易让人联想到美国建国时期的反联邦党人。中美两国在建立现代国家的节骨眼上，都涌现出了自己的"反联邦党人"，这种历史的巧合，也许蕴藏着某些值得解读的思想信息。让我们试着比较两种反联邦党人之同与异，以之作为本章的结束。

从相同的方面来看，第一，他们都是在现代国家的建构过程中应运而生的，为了现代国家的建构，他们都提出了自己的"立国大方针"，都为本国贡献了颇有思想分量的建国文献。"反

联邦党人"梁启超为我们留下的建国文献,可见于,但远远不止于本书引用的论著。美国的反联邦党人留下的建国文献,则可见于芝加哥大学出版社1981年出版的七卷本《反联邦党人文集》。① 第二,他们的思想包含了一个最大公约数,那就是"反联邦"。梁启超反对联邦制的国家结构,美国的反联邦党人也反对汉密尔顿等人所主张的联邦制。② 第三,大致说来,他们都倾向于保守主义。美国的反联邦党人"是现状的维护者。他们慨叹宪法偏离'古制',偏离'共和国古老而坚定的习惯'。……有些人则表达了保守派的最根本的观点:旧就是好。另一些人则表达了对美国宪法完全赖以建立的现代政治原则的深深遗憾"③。在清末民初,在"革命派/改良派"的二分法中,梁启超作为改良派的主要代表,相对于革命派来说,其保守倾向也是极其明显的。第四,正如前文已经提及的,他们都是政治上的失败者。美国的反联邦党人"作为反对者,也是失败者,他们在1787年宪法之伟大成就的阴影下,只能局促一隅。他们被刻画成是思想狭隘的地方政客,不愿正视邦联的种种无能,或者被描述成目光短浅之辈,眼界不过其所在州县"④。同样,政治实践中的梁启超也是一个失败者——也许正是政治上的劳而无功,才让

---

① 此七卷本文集由芝加哥大学政治学教授赫伯特·J. 斯托林(Herbert J. Storing)及其学生默里·德雷(Murray Dry)编辑。斯托林. 反联邦党人赞成什么——宪法反对者的政治思想. 汪庆华,译. 北京:北京大学出版社,2006:2.

② 值得注意的是,美国的反联邦党人反对的是汉密尔顿等人的联邦制,但是,在反联邦党人看来,汉密尔顿等人的联邦制,由于要在邦联制的基础上强化中央集权,因而并不是真正的"联邦主义",而是"国家主义"。相反,在反联邦党人看来,他们自己才是"联邦党人"——正如反联邦党人布莱恩所说:"这个名字最终被那些赞成新联邦政府的人占用了,他们称自己是联邦党人,而宪法的反对者被称作反联邦党人。"斯托林. 反联邦党人赞成什么——宪法反对者的政治思想. 汪庆华,译. 北京:北京大学出版社,2006:14.

③ 斯托林. 反联邦党人赞成什么——宪法反对者的政治思想. 汪庆华,译. 北京:北京大学出版社,2006:9.

④ 同③2.

第八章 立国大方针：梁启超单一制国家结构思想的形成

1918年以后的梁启超全面转向学术研究。

但是，他们之间的差异更值得注意。对此，我们可以从两个方面来看。

一方面，虽然他们都是"反联邦党人"，都反对联邦制，但是，他们的方向完全相反：梁启超反对联邦制，是希望走向单一制，希望凭借单一制国家结构，进一步强化中央集权，实现最高权力对于全国的有效支配。美国的反联邦党人虽然也反对联邦制，但他们的目标是回归邦联制，继续维持一个更松散的邦联架构，让公共权力的重心继续保留在各州，而不是相对集中到一个强势的中央政权机构。"为什么重要的事务应当由州一级的政府单元来处理？在反联邦党人看来，它主要是一个规模问题。一般认为，历史上以及理论上，自由、共和政府由具有同质性的人口构成、覆盖国土面积有限。……只有在小共和国中，人民对政府才会有一种自发的依恋和对法律的自愿服从。只有小共和国，才能确保政府履行对人民的真正责任。只有小共和国才能产生维护共和政府的那种公民。这些主张都是反联邦党人的核心立场。"[①] 可见，在中美两国建构现代民族国家的关键时刻，在联邦制国家结构形式初现端倪的时刻，"反联邦党人"梁启超反对联邦制，其目标是建立起比联邦制更集权的单一制国家；美国的反联邦党人反对联邦制，其目标是维持比联邦制更松散的邦联制。

另一方面，在他们各自不同的政制诉求背后，是两种不同的法哲学与政治哲学。对此，美国芝加哥大学教授塔科夫在《联邦党人和反联邦党人论对外事务》一文中写道："应该致力于在国内获得并且维持可能的最好制度，然后才去考虑如何抵

[①] 斯托林. 反联邦党人赞成什么——宪法反对者的政治思想. 汪庆华，译. 北京：北京大学出版社，2006：26-27.

御外来危险、捍卫这种国内制度；还是必须从一开始就聚焦于外来危险，并选择最善于抵御外部威胁、实现自我保存的那种内部社会？这一问题把柏拉图和亚里士多德的古代'理想主义'与马基雅维利及其后继者的'现实主义'区别开来，前者关注最好的社会，而后者关注防御的必要性。……我相信，这一问题也是区别联邦党人与反联邦党人的决定性因素。"[1] 以这样的两分法来看美国的反联邦党人与"反联邦党人"梁启超，那么，可以发现，美国的反联邦党人"关注最好的社会"，希望在国内维持一种"可能的最好制度"，他们是柏拉图、亚里士多德的"理想主义"的继承人。至于"反联邦党人"梁启超，则"关注防御的必要性"，"从一开始就聚焦于外来危险，并选择最善于抵御外部威胁、实现自我保存的那种内部社会"与内部制度。按照这样的两分法，梁启超既可以归属于马基雅维利开启的思想谱系，当然也可以归属于中国古代法家开启的思想谱系，因为这两种思想谱系都可以分享"现实主义"这个思想标签。

(原载《中国法学》2011 年第 4 期)

---

[1] 塔科夫. 联邦党人和反联邦党人论对外事务. 苏婉儿，译//赵明. 法意：第二辑. 北京：商务印书馆，2008：120.

第九章　民国初年的司法独立：司法总长梁启超的理论与实践

一、问题提出、文献回顾与研究思路

在当代中国的法治建设与司法改革进程中，司法独立虽然构成了一个聚讼纷纭、言人人殊的焦点问题和热点问题，但它并不是一个突然降生的新问题。因为，早在百年前的清末民初，特别是民国初年，司法独立就已经成为一个举国关注的法律问题、政治问题。有鉴于此，本章试图再次回到民国初年，重新考察那个时代的司法独立问题。

说"再次回到"，说"重新考察"，是因为法学界已经注意到民国初年的司法独立作为一个学术主题的重要性，并在这个主题上已经积累了一些相关的研究文献。回顾这些文献，有助于为本章的展开奠定一个坚实的学理基础。因着眼于不同的研改革；如何划分司法权与行政权，尤其是司法权与司法行政权①，从而让我们看到了清末民初的司法官员在司法独立这个主题上所面临的知识转型。② 此外，有学者针对1914年审判厅大撤并的研究，触及民国初年的司法独立问题，也论述了梁启超与撤并审判厅的关系。③ 还有学者针对民国初年的法官状况，回顾了北洋政府建立的法官考试选任制度、法官考核与奖惩制度以及初具规模的法官培训制度，并认为，这样的制度虽然有助于造就一支具备较高素质和修养的法官队伍，但由于司法机关在国家政治权力结构中的弱势地位，这些制度在实施过程中存在着比较严重的因循敷衍之风。④ 透过这些从具体案件、具体制度切入的研究，可以触摸到民国初年司法独立的某些侧面，对上文所述的宏观描述构成了有力的补充。

在这些已有的研究文献的基础上，为了更集中地揭示百年前中国司法独立的价值指向、现实困境、主要矛盾、内在逻辑，本章以梁启超在民国初年、尤其是1913年前后的理论和实践作为考察分析的主要对象。做出这样的选择和安排主要是基于两个方面的考虑。一方面，梁启超是清末民初时期影响最大的思想家之一，也是那个时期具有创造性的、眼界最宽阔的法学家。⑤ 因此，从法律思想史的角度来说，他的关于司法独立的言论颇具代表性、典型性，颇有研究、参考的价值，直至百年后的今日，依然不乏启示意义。另一方面，梁启超不仅仅是一

---

① 张从容. 晚清官员的司法独立观. 比较法研究，2003 (4).
② 张从容. 晚清司法改革中的戴鸿慈：兼论传统司法官员的知识转型. 学术研究，2007 (2).
③ 唐仕春. 一九一四年审判厅大撤并之源流. 历史研究，2012 (3).
④ 毕连芳，任吉东. 北洋政府时期法官素养及其保障机制略论. 宁夏大学学报，2012 (5).
⑤ 关于梁启超在中国现代法学史上的地位和影响，范忠信的一篇评价全面而翔实。范忠信. 认识法学家梁启超. 政治与法律，1998 (6).

第九章　民国初年的司法独立：司法总长梁启超的理论与实践

个坐而论道的立言者，还是民国初年的司法总长——从 1913 年 9 月 11 日至 1914 年 2 月 20 日，在将近半年的时间里，他充当了中国司法实践领域内的最高长官。他所具有的这种双重身份，尤其是他的司法实践经历意味着，梁启超既表达了司法独立的理论，也亲历了司法独立的实践，至少在 1913 年前后那个特定的历史时期，可以说是知行合一地充当了中国实践司法独立的典型性代表和象征性人物。因此，如果要从理论与实践相结合的层面上把握民国初年的司法独立，那么，梁启超在 1913 年前后关于司法独立的言与行，堪称绝佳的素材。因为，在很大程度上，梁启超的困境就是民国初年司法独立的困境。聚焦梁启超的理论与实践，可以神形兼备地把握民国初年的司法独立。由于这个缘故，梁启超在民国初年关于司法独立的理论与实践，既是一个具有思想意义的主题，也是一个具有实践意义的主题，在百年后的今天，依然值得予以认真的对待、专门的挖掘。

立足于梁启超在 1913 年前后关于司法独立的理论与实践，本章主要从以下几个方面加以论述：首先，根据梁启超关于司法独立的价值判断，剖析民国初年追求司法独立的价值指向。其次，透过梁启超的观察，再现民国初年追求司法独立所面临的现实困境，展示民国初年走向司法独立的内在矛盾。再次，论析梁启超在困境面前维护司法独立的思路与策略——包括其中引起争议的几项措施。最后，总结民国初年司法独立的特征，并在此基础上，分析民国初年的司法独立，尤其是梁启超关于司法独立的理论与实践对于当下的启示意义，并以之作为本章的结束。希望通过这样一番梳理，凸现出司法总长梁启超关于司法独立的理论与实践在百年后的思想意义。

二、梁启超关于民国初年司法独立的价值定位

既然要理解民国初年的司法独立，那么，何谓司法独立？按照梁启超的回答，"司法独立之真精神，惟在使审判之际，专凭法律为准绳，不受他人之牵掣"①。这样的司法独立，按照吴经熊的更传神、更简洁的表达方式，就是："法律是本法庭的唯一偶像"②。这种"司法独立"为什么值得追求？为什么是一种可欲的目标？这就涉及司法独立的价值指向问题。回答这个问题，既是我们理解梁启超关于司法独立的理论与实践的前提，也可以帮助我们理解民国初年追求司法独立的价值指向到底是什么。

1913年10月，在以国会的名义正式发表的《政府大政方针宣言书》中，已经出任司法总长的梁启超写道："抑立国大本，首在整饬纪纲，齐肃民俗，司法与教育，实俱最要之枢机也。今之稍知大体者，咸以养成法治国家为要图。然法治国曷由能成，非守法之观念，普及于社会焉不可也。守法观念如何而始能普及，必人人知法律之可待，油然生信仰之心，则自懔然而莫之犯也。故立宪国必以司法独立为第一要件，职此之由。"③

按照这样的"大政方针"，司法是立国与法治的"枢机"；法治的形成，又需要守法观念；守法观念则源于人们对法律的

---

① 梁启超. 呈总统文//梁启超全集. 北京：北京出版社，1999：2648.
② 吴经熊. 超越东西方. 北京：社会科学文献出版社，2002：134.
③ 梁启超. 政府大政方针宣言书//梁启超全集. 北京：北京出版社，1999：2575.

信仰；人们对法律的信仰又依赖于司法独立。因此，倒推过来，司法独立是建设法治国、立宪国的"第一要件"，甚至也可以视为"立国"的"第一要件"。从因果关系来看，司法独立堪称法治国、立宪国甚至是"立国"的逻辑起点；如果没有司法独立，则立宪国、法治国甚至国家本身都失去了根基。这就是梁启超对于司法独立的价值预期。

从前后关联来看，梁启超的这种预期与他之前的司法总长王宠惠[①]，以及民国初年首任司法总长伍廷芳[②]的看法，都具有一脉相承的关系。在梁启超之前，王宠惠就以司法总长的名义指出："实行司法独立，是为宪法之精义。"[③] 这就是说，宪法的核心，就是司法独立。伍廷芳甚至认为，判断一个国家是否文明国家，有一个重要的标志，就是"须视其司法独立与否"[④]，伍廷芳希望，"审判官之独扼法权，神圣不可侵犯，其权之重，殆莫与京也。审判官为法律之代表，其司法之权，君主总统莫能干预"[⑤]，并把这样的司法独立作为治国的第一要务。由此可见，从伍廷芳到王宠惠，再到梁启超，三任司法总长在司法独立的价值预期上，具有大致相同的立场。

在司法实践中，梁启超以司法独立的价值准则、同时也是以司法总长的身份告诫地方各级司法官员："古之言治者，以政平讼理为治道之极轨。盖国家凡百施政，其利害直接及于人民者，莫如讼狱，讼狱而不得平，则民不复觉国家之可恃，人人有自危之心，而国遂不可以终日。"既然司法如此重要，那么，司法应当往哪里走？梁启超的回答是，走向司法独立。因为，

---

① 王宠惠于1912年5月2日被任命为北京政府司法总长。
② 伍廷芳是中华民国南京临时政府时期的司法总长。
③ 王总长发表政见书. 司法公报, 1912 (1).
④ 丁贤俊, 喻作凤. 伍廷芳集: 下册. 北京: 中华书局, 1993: 593.
⑤ 同④594.

"泰西诸国，惩采侯军吏干涉听讼之敝，乃以司法独立，著诸宪典，其于法官也，慎其登庸，严其考绩，隆其保障，故任斯职者咸倍益束身自爱，湔濯淬厉，忠于所守，而民乃受其利"①。这些面向司法官员的言论，其实就是梁启超采取的行动。梁启超援引古今中外的事例旨在告诉司法官员，通过制度性的司法独立，可以提升法官的尊严，促使法官束身自爱，忠于职守，进而施惠于民，最终以"政平讼理"的方式实现国家的治理。但是，从价值层面上说，司法独立乃是一种极其有效的"治道"，甚至是"治道之极轨"。

稍稍往前追溯，即可发现，早在辛亥革命前夕的1910年，梁启超就已经写成了一篇题为《将来百论》的长文，在其中的第二节，即专论"司法独立之将来"。他说："司法独立，号称今年实行，又将为各省奏报宪政成绩之一资料矣。"② 按照这样的论断，在当时的主流舆论中，司法独立的价值指向，就是为了实现宪政；或者说，司法独立是宪政的一个组成部分、一个必不可少的制度要素。在那个特定的时代，宪政几乎就是理想政治的代名词。在《各国宪法异同论》一文中，梁启超写道："英人于700年前，已由专制之政体，渐变为立宪之政体。……又能使立宪政体益加进步，成完全无缺之宪政焉。"相比之下，在欧洲大陆，"各国宪政之成就，不过数十年耳"。且其他欧洲"各国之宪政，多由学问议论而成，英国之宪政，则由实际上而进。故常视他国为优焉，英人常目他国之宪法为纸上之宪法，盖笑其力量之薄弱也"③。这样的论述与比较意味着，英国的宪政代表了宪政的理想形态，是理想政治的象征。

---

① 梁启超. 令京外各级审检厅//梁启超全集. 北京：北京出版社，1999：2645.
② 梁启超. 司法独立之将来//梁启超全集. 北京：北京出版社，1999：2307.
③ 梁启超. 各国宪法异同论//梁启超全集. 北京：北京出版社，1999：318.

第九章 民国初年的司法独立：司法总长梁启超的理论与实践 ◆

把梁启超以上几个方面的论述结合起来，可以得出这样的结论：司法独立既是实现法治国家的重要条件，也是实现宪政的重要条件，同时，它还有助于成就"治道之极轨"。概而言之，司法独立既是善政之道，亦是善治之术，因而构成了理想政治的一个组成部分，具有泽被国民的功能与效果。

梁启超关于司法独立的这种价值预期，能否代表民国初年以及清朝末年关于司法独立的主流预期呢？对此，学界有一种观点认为，从清末至民初的司法改革，特别是其中的对于司法独立的追求，主要目标就在于收回治外法权。譬如，张朋园认为："晚清以还，中国对外不仅赔款割地，并且失去了治外法权。中国司法一日不能现代化，则法权一日不能收回。"① 按照这个判断，似乎从晚清至民初的司法现代化或司法独立的目标，就是为了收回治外法权。公丕祥亦认为，"鸦片战争后逐步形成的条约制度下的领事裁判权问题，一直是晚清政府所面临的沉重外部压力之一"，而"列强的领事裁判权制度的确立和发展，充分反映了近代中国司法主权的日益沦丧"。"因而，收回领事裁判权，维护司法主权的完整性，实乃晚清推进修律和司法改革的直接动因。在这一法权动因的推动下，晚清政府在修律和司法改革方面推出一系列举措，因而晚清的法律结构体系与司法诉讼制度发生了深刻的变化。即便如此，晚清政府收回领事裁判权的努力并未能取得实际成效。"尽管英、美、日、葡数国相继允诺，只要中国的司法得到了改良，他们就愿意放弃领事裁判权。但是，清末的司法改革一直就没有能够让他们满意。甚至迁延到民国十五年（1926年），"各国司法考察团来华视察司法，其报告仍指摘四点，即（一）民刑法典未臻完

---

① 张朋园. 梁启超与民国政治. 长春：吉林出版集团有限责任公司，2007：105.

备。(二)新式法院监所数量过少。(三)司法经费无保障。(四)军人干涉司法"①。

虽然张朋园、公丕祥试图论证的焦点与笔者略有差异,但是,按照他们的观点,从清末延伸至民初的司法改革,主要就是为了取消领事裁判权或治外法治,从而维护中国的司法主权。按照公丕祥在文章中表达的逻辑,从司法改革到领事裁判权的取消,还有一个绕不开的中间环节:那就是西方列强对中国司法改革成效的认可。换言之,只有当中国的司法改革达到了西方列强满意的程度,西方列强才愿意自动放弃领事裁判权,中国的司法主权才可能实现。这就意味着,司法改革的方向,就是向欧美司法的方向靠拢——这样的方向,就是走向司法独立。对此,民国十五年(1926年)西方各国司法考察团的批评性意见也可以说明这一点:其中的"司法经费无保障""军人干涉司法"作为司法不独立的病症自不待言,就是"法院监所数量过少"未尝不是司法不独立的一个表征,甚至"民刑法典未臻完备"亦与司法不独立密切相关——倘若法院赖以作出判决的法典足够完备,亦可以为法院的独立自主提供有效的支撑。因此,清末民初的司法改革如果要得到欧美列强的认同,那就只能沿着司法独立的方向走。

然而,值得注意的是,从清末到民初的司法改革尽管一直在迎合西方列强对于司法独立的偏好,却不可能达到让西方列强满意的程度。虽然南京国民政府于1929年12月28日明确诏告世界,明令撤销领事裁判权,从而在形式上实现、维护了国家的司法主权,但从因果关系来看,这却不是从清末到民初持续不断地推进司法改革的结果,更不可能是西方列强全面认同

---

① 公丕祥. 司法主权与领事裁判权——晚清司法改革动因分析. 法律科学, 2012(3).

中国司法改革之成效的结果。相反,领事裁判权、治外法治的废除,只能是政治交涉的结果,只能是中国的主权者做出政治决断的结果。因此,把始于清末的司法改革的动力全部归因于废除领事裁判权、归因于追求国家的司法主权,虽然有一定的依据,却并不能全面地解释清末民初推行司法改革、追求司法独立的价值指向。

相比之下,梁启超侧重于把宪政、法治、国家治理作为推行司法改革、追求司法独立的价值目标,能够更准确地概括民国初年关于司法改革、司法独立的主流想象与主流期待。譬如,梁启超的前任司法总长许世英①就认为,"司法独立,为立宪国之要素,亦即法治国之精神"②。1912年召开的中央司法会议议长王鼎炜甚至认为,"司法独立为民国开幕第一要政"③。这些观点,与梁启超关于司法独立的价值定位,是一致的。

当然,司法改革的"动因"与司法改革、司法独立的"价值指向"并不能完全等同——"动因"可能基于更现实、更功利、更迫切的目标,"价值指向"则可能基于一个更长远、更具超越性、更具终极性的目标。但是,在不太严格的意义上,"动因"与"价值指向"在一定程度上又是重合的,可以相互解释。因而,在清末民初的语境下,尤其是在许世英、梁启超出任司法总长的民国初年,与其说司法改革、司法独立的价值指向(或"动因")在于实现司法主权,还不如说,是为了挽救整体性的国家主权。因为,在救亡、救国、救时压倒一切的整体危机面前,领事裁判权只是其中的一个局部。只要救亡、救国、救时的整体危机从根本上得到了化解,领事裁判权的收回就是顺理成章之事。相反,如果整体危机没有从根本上得到化解,

---

① 许世英在1912年7月26日至1913年9月4日之间担任北京政府司法总长。
② 许总长司法计划书. 司法公报,1912 (3).
③ 中央司法会议议长王鼎炜答词. 司法公报,2012 (3).

指望通过国家内部的司法改革，走向司法独立，以此换取西方列强对于中国司法的认同，从而让他们"自愿"放弃领事裁判权，几乎就是缘木求鱼。正如前引公丕祥的文章在结尾处所写道的："南京国民政府……废除领事裁判权及不平等条约之举，并未从根本上触动西方列国在华特权利益。"这个判断一语中的地说明了：仅仅通过司法改革、维护司法独立或条约文本上的修改，并不能从根本上触动既有的利益格局；只有全面地化解国家、民族面临的整体性危机，才可能解决包括领事裁判权在内的、"一揽子"的、与国家主权相关的问题。

正是在这里，我们才能更好地理解从清末延伸至民国初年推进司法改革、追求司法独立的价值指向：把司法改革、司法独立作为法治建设、国家建设的一个有机组成部分，通过司法改革、司法独立，提升国家的治道，以促成一个法治的中国；反之，倘若没有独立的司法，将会妨碍国家的有效治理。这不仅是梁启超一个人的看法，也是当时的一种流行观点，甚至连此前的清政府也认识到，必须推进司法改革，因为"州、县官以滥用法权反致民离众叛"[1]。因而，通过司法改革提升国家治理能力，可以说是朝野、新旧势力的共识。正如梁启超所注意到的，当时（1911年）的"学者言宪政之所以区别于非宪政者有三：民选议院其一也，责任内阁其二也，司法独立其三也"[2]。这就是说，当时的学界普遍承认，司法独立是宪政的要素，而宪政本身代表了清末民初对于"美好政治"或"理想政治"的憧憬，代表了解决中国面临的整体性危机的"一揽子"方案。因此，像梁启超那样，把宪政、法治而不仅仅是司法主

---

[1] 故宫博物院明清档案部. 清末筹备立宪档案史料：下册. 北京：中华书局，1979：823.

[2] 梁启超. 敬告国人之误解宪政者//梁启超全集. 北京：北京出版社，1999：2413.

第九章　民国初年的司法独立：司法总长梁启超的理论与实践

权作为清末民初追求司法独立的价值指向与价值追求，也许可以更好地描述清末民初推进司法改革、追求司法独立的根本旨趣。

当然，在梁启超的论述中，也提到了司法改革、司法独立与司法主权的关系。譬如，1913年9月27日，《申报》刊载了梁启超对于司法改革的政见："任公于司法界之黑暗，久不满意，此次入阁，既抱定改良宗旨，拟以积极的方法创建一法治国模范。惟改良之手续约分两层：（一）为对内一方而之改良，其入手在乎除积弊选贤能，更定监狱制度，而终以完成司法独立。（二）为对外一方面之改良，领事裁判制度本为国际上之奇耻大辱，欧、美各国之得有此权，惟在中国与土耳其耳。此权不能收回，终为损失法权之要点，故将来司法制度日臻完美，必欲与各国更定废弃之条件也。"① 1913年12月，梁启超在给江西高等审判厅厅长魏祖旭的信中写道："司法独立为立宪政治之根本，收回法权之要图，其义甚明，人所易晓。"② 同年，在"拟大总统令"中，梁启超又说："国家深惟勤恤民隐，首在执讯之平情，而收回法权，尤赖机关之尽善。"③

把这几条资料归纳起来，可以反映出梁启超对于司法独立与收回治外法权之间相互关系的认知：推行司法改革、保障司法独立是收回治外法权的一个重要条件。这就是说，梁启超也承认，实现司法独立有助于收回治外法权，有助于维护司法主权。在这个意义上，前文述及的张朋园、公丕祥的核心观点，似乎能够在梁启超的论述中找到依据。但即便如此，我们也必须看到，梁启超关于司法独立的价值预期与张朋园、公丕祥的核心观点还是有差异的。按照张朋园、公丕祥的论述，收回领

---

① 丁文江，赵丰田．梁启超年谱长编．上海：上海人民出版社，1983：686．
② 同①688．
③ 梁启超．拟大总统令//梁启超全集．北京：北京出版社，1999：2644．

事裁判权构成了清末民初推行司法改革、追求司法独立的主要的、甚至是唯一的动因；但在梁启超的论述中，司法独立、司法改革的着眼点主要在于实现立宪政治、法治国家，改良治道，虽然治外法权的收回也是一个动因，但相对于宪政、法治、治道改良这样根本性的价值目标而言，毕竟只能算是较次要的目标。

三、民国初年司法独立所面临的现实困境

既然司法独立的价值指向在于宪政与法治，是"治道之极轨"，从现实功利的角度上，还有助于收回治外法权，那么，司法独立能否顺利实现？实践中的司法独立又面临着什么样的问题呢？

早在1910年，在前文引证的《将来百论·司法独立之将来》一文中，尚在日本过着流亡生涯的梁启超，就已经指出了中国走向司法独立难以具备的两大条件："欲使国民沐司法独立之泽"，第一，"当求所司之法，善美完备，实足以为人民公私权之保障"；第二，"当求司法官有相当之法律知识，且有独立不挠之气节"。简而言之，司法独立需要两个条件：一是要有好的法律，二是要有好的法官。然而，这两个方面的条件都无法具备："我国今日，法文之阔疏、陈旧、陋劣虽可患，而尚非不治之病，独至法官不得人，则微论法之不善如今日也，即有良法，其异于故纸者几何？"这就是说，相对于法律上的欠缺而言，更让梁启超担心的是：没有像样的法官。无论是法官的知识，还是法官的气节，都令人失望；即使有良法，也不可能徒行。

第九章 民国初年的司法独立：司法总长梁启超的理论与实践

梁启超注意到，已经选拔出来的数百法官，百分之九十都是以前的刑幕及候补官员。从理论上说，这些人对于旧法律应当有一定的知识与经验，但究其实际，恐怕也未必。而且，国家采用的法律，又是源出于欧美的新法律，这些人对于欧美的新法律，并不了解，几乎没有什么知识。至于气节、人格方面，更是不敢恭维。在梁启超看来，这些人中的百分之九十，都是"人格卑劣"的"社会之蟊贼"，他们唯一的目的是"啖饭"，或曰"升官发财"。这种状况的法官，怎么能指望他们"不畏强御，以保司法之神圣"[1]？

按照梁启超的逻辑，即使没有"美善完备"的法，但只要有好的法官，同样可以实现司法独立的价值目标。因为好的法官凭借他们掌握的法理与他们所具有的"独立不挠的气节"，是可以弥补法律的缺陷与不足的。譬如，日本在民法未公布以前，他们的法官就以法兰西民法作为参照，较好地实现了司法独立的价值目标。因此，法律本身的阔疏、陈旧、陋劣，都还不是致命的病症；真正危及司法独立的顽症，恐怕还在于没有合格的法官人选。

这样的困境，还是梁启超在作为"在野闻人"之际的判断与认知，但同时，它也是一种真实的判断。譬如，在梁启超之后出任司法总长的张耀曾就有同样的判断，张耀曾说："司法官审判民刑诉讼，为人民生命财产之所托，宜如何精心听断，以求两造之平。乃司民命者不此之务，往往酒食征逐，宾主献酬，甚或荡检踰闲，不顾风纪。"[2] 这种热衷于"酒食征逐"、疏于"精心听断"的法官，显然妨碍了"国民沐司法独立之泽"。在张耀曾之后，甚至到了民国十年（1921年），当时的司法总长

---

[1] 梁启超. 司法独立之将来//梁启超全集. 北京：北京出版社，1999：2307.
[2] 司法部训令. 政府公报，1916（278）.

罗文干还在强调司法人才的重要性，他说："吾国日言司法改良，曰修法律也，曰建监狱也，曰设立审判庭也，事非不切要，而根本之图，仍在得良好之人才。"① 这就是说，到了民国十年（1921年），司法独立、司法改良所面临的最需要解决的问题，依然是缺乏良好的法官。

从1913年9月开始，梁启超在熊希龄内阁中担任司法总长。在将近半年的时期里，梁启超对于实践中的司法独立所面临的困境，获得了更切身的体会，让我们结合史料，做一步的论述。

1913年10月，梁启超发现：国家实行司法独立，"亦既经年，乃颂声不闻，而怨吁纷起，推原其故，第一由于法规之不适，第二由于法官之乏才。坐此二病，故人民不感司法独立之利，而对于从前陋制，或反觉彼善于此。循此以往，恐全国之生命财产，愈失其保障之具，法庭之信用日坠，而国家之威信随之，非细故也"②。这就是梁启超对于司法独立推行效果的总体印象：怨声载道，无人喝彩。造成这种严峻后果的原因在于：既没有好的法律，亦没有好的法官。在两者俱失的背景下，追求司法独立的新制反而不如从前的旧制，因为旧制尽管存在诸多弊端，至少与民众的预期相吻合，新的司法独立之制，反而让人民更加无所适从。司法独立的推行，不仅使人民的生命财产失去了保障，反而使法庭的信用、国家的威信全面坠落。

在以司法总长的名义写给总统袁世凯的公文中，梁启超归纳了司法独立所面临的四个方面的问题：第一，法官的选任标准太低。具体表现在，"朝出学校，暮为法官，学理既未深明，

---

① 罗文干. 法院编制改良刍议. 司法公报, 1921 (149).
② 梁启超. 政府大政方针宣言书//梁启超全集. 北京：北京出版社, 1999：2575.

经验尤非宏富，故论事多无常识，判决每缺公正，则登庸太滥所致也"。第二，法官任职没有采取严格的地域回避制度。法官们"服官本籍，接近乡邻，法律有所难施，亲故因而请托，里胥讼师，朋比为奸，法庭莫保尊严，官吏日堕威信，则人地不宜所致"。第三，法院的组织安排不合理。"改组之初，稍事铺张，庭数固未得平均，人员尤不敷分配，加以程序有定，不易变通，故案多积压，人有烦言，任事者或授人以口实之资，责难者亦莫悉局中之苦，则组织未完灸所致也。"第四，法律规范本身的不完善。"重以新纂诸律，折中未周，或拘牵他邦之法谭，违反本国之习俗，或浮骛严密之程序，睽乖简易之民情，又民商等律尚未编颁，既无确实之准规，但凭裁量为判决，在练达者欲求比附之允惬，犹未易言，在不肖者或寓喜怒于爱憎，遂丛百弊，则法规不善所致也。"[1] 概而言之，损害司法独立的主要问题在于法官的问题，法规的问题，法院、法官的组织管理问题。

稍后，在为总统拟写的一份命令中，梁启超再次概括了司法独立面临的问题，"司法独立之大义既始终必当坚持，而法曹现在之弊端，尤顷刻不容坐视"，这些弊端主要包括：实体性法律背离礼俗，程序性法律过于烦琐，经费没有保障，人才没有保障，法官数量不够，法官质量不够，……诸如此类的问题，已经危及了"司法独立之大义"[2]。

如果说，梁启超写给总统（上级）的报告或为总统拟写的命令主要着眼于全面概括司法独立所面临的各方面的问题，那么，在写给地方司法官员（下级）的训诫中，梁启超则主要着眼于指出法官队伍中存在的种种弊端。譬如，有的不通文义，

---

[1] 梁启超. 呈总统文//梁启超全集. 北京：北京出版社，1999：2648.
[2] 梁启超. 拟大总统令//梁启超全集. 北京：北京出版社，1999：2644.

判词不知所云；有的不懂法理，错误引用条文；有的不顾国情，生吞活剥外来学说；有的积压案件，多年不予判决；有的任意转移管辖，让当事人疲于奔命；有的阻止当事人上诉，无端制造冤屈……诸如此类，不一而足。"自厅长以迄各推检，有日与律师往来征逐，毫不引嫌者；有受律师胁迫，不敢自由裁断者；甚至有与两造律师朋比阴行苞苴，使当事人饮恨无可陈述者。"① 这样的法官队伍，很难担负司法独立的价值使命。

还有一些散见的信息，也可以帮助我们看到民国初年的司法独立所面临的困境。譬如，1913年，梁启超在给江西高等审判厅厅长魏祖旭的信中写道：司法"改革以来，法官尊严不立，法庭威信不行，来函所称赣省各处法院精神形式较旧日州县衙署且有过之，斯则益予反对者以口实，大为司法前途之累"②。这就是说，江西省新设立的地方法院比旧衙门还要糟糕，已经危及了司法独立的前途。同年12月，江西检察厅厅长潘学海向梁启超报告江西省的司法状况。梁启超在这份报告写下了这样一段批注："司法独立之运命危若累卵，因国民多数心理渐厌此也。我辈非抖擞精神，恐法庭非久将与立法机关同一结果，望深会此意，求自立于不败之地。"③ 这番话，形象地描述了司法独立在实践中的艰难处境：司法独立前景堪忧，因为多数国民并不认同这样的司法改革方向。换言之，司法独立并没有相应的社会基础或群众基础，这恐怕是民国初年的司法独立所面临的最致命的问题。

概括起来，在梁启超的视野中，司法独立所面临的问题虽然涉及多个方面：法官队伍不良、法律规范不备、司法经费匮

---

① 梁启超. 令京外各级审判厅//梁启超全集. 北京：北京出版社，1999：2645.
② 丁文江，赵丰田. 梁启超年谱长编. 上海：上海人民出版社，1983：688.
③ 同②688-689.

乏，等等。但是，核心的问题还是人的问题：没有合格的法官，法官的品行、知识都不足以支撑"司法独立之大义"。这就是民国初年走向司法独立所面临的最大障碍。

四、梁启超维护司法独立的思路及策略

针对民国初年司法独立所面临的诸多困境，为了保障和维护司法独立，梁启超在司法总长的职位上，从不同的角度提出了应对的思路与策略，提出了维护司法独立的若干可能性，更全面地展示了民国初年司法独立的真实状况。在这里，我们首先逐一检视梁启超维护司法独立的"两点论""四点论""六点论"与"十点论"。

首先是"两点论"。在1913年的《政府大政方针宣言书》中，梁启超提出："为今之计，谓今参酌法理与习惯，制立最适于吾国之法律，使法庭有所遵据，一面严定法官考试甄别惩戒诸法，以杜滥竽而肃官纪。"① 这是梁启超为国会草拟的应对思路，按照这个思路，维护司法独立的对策主要包括两个要点：一是制定完善法律，二是从严选任法官。这就是说，只有制定适宜的法律、选拔优秀的法官，才可能走出司法独立所深陷于其中的困境。

其次是"四点论"。在1913年的《呈总统文》中，梁启超在列举了司法实践中的弊端之后，进而提出了四个方面的对策：一是慎重选拔法官。"其方法则用考试以觇其学力，行甄拔以选

---

① 梁启超. 政府大政方针宣言书//梁启超全集. 北京：北京出版社，1999：2575.

其优良，非特无法律知识者不许滥竽，即有法官资格者亦普行察验。"二是注重对法官的考核。"其方法则用考绩表严密审查，以功过之高下，定去留之标准。仍复旁采舆诵，别加制裁，责成长官，使行举劾。"三是实行法官的地域回避制度。"不许本地人士服官于审判管辖区内，绝其瞻徇，俾能奉法。四是完善法律法规体系。"从速编定民商事件实体法诉讼诸种程序法，俾法官有所遵循，人民有所依据。"① 较之于"两点论"，梁启超的"四点论"继续强调了法官的严格选任以及法律的完善，同时增加了对法官的考核以及法官的任职回避。虽然还是以法官、法律为中心，但相对于"两点论"来说，显得更翔实、更具体。

再次是"六点论"。1913年12月，梁启超比较系统地提出了整顿司法的方案，这个方案包括六个要点，在前述"四点论"的基础上，又增加了两点新的措施：一是"约束律师，以防朋比"；二是"委任县知事兼理司法，以期变通宜民"。而且，这六点应对措施，"已见二年十二月二十八日大总统命令鉴准施行矣"②。这就意味着，梁启超已经把自己的应对思路转化成为了国家决策了。在新增的两点对策中，"约束律师"有助于优化司法独立的制度环境，有助于法官公正地履行职责。至于委任县知事兼理司法，则表明了梁启超在司法独立问题上的变通立场。因为，县知事作为行政官员兼理司法，按照西方的标准，与司法独立的方向是有冲突的，梁启超以"变通宜民"的名义做出这样的选择，既是对国情、民情的回应，亦体现了国情、民情对理念的约束、修正（详见下文的分析）。

最后是"十点论"。1914年2月，梁启超辞去了司法总长

---

① 梁启超. 呈总统文//梁启超全集. 北京：北京出版社, 1999: 2649.
② 丁文江, 赵丰田. 梁启超年谱长编. 上海：上海人民出版社, 1983: 687.

第九章　民国初年的司法独立：司法总长梁启超的理论与实践 ◆

的职务。与此同时，他还向袁世凯政权递交了一份《呈请改良司法文》，提出了以后司法上应当改进的十件事：一是改正法院的审级制度，实行三级三审制；二是采用简便方式审理轻微案件；三是明确立案审判期限；四是上诉需要分别限制变通；五是制定刑事诉讼法；六是需要恢复刺配笞杖等刑罚方式；七是设立法官养成所；八是严限律师资格；九是将一部分罪犯，划归厅外审判，而法外之干涉，则严厉禁绝；十是保存现有机关而由国税支应经费。在此基础上，梁启超还强调："今司法制度，所以蒙诟独甚，皆缘前此改革太骤，扩张太过，锐进之余乃生反动，今当矫枉，宜勿过正，苟其过焉，弊日滋甚。"① 这十点改革建议，包含了值得注意的两个方面的信息：一方面，它们都是司法过程中的具体问题，甚至是技术性的法律专业问题，梁启超对这些问题的关注，表明他是站在司法实践需要的角度，提出了关于司法改革、司法独立的建议。另一方面，这些对策和意见，表明梁启超已经在反省前一个阶段较为理想化的司法独立模式，较之此前的言论，梁启超的"十点论"更加注意司法改革的渐进性，更加注意各地司法的实际情况，因而体现了某种趋于保守的司法立场。

为了维护司法独立，为了走出司法独立的困局，梁启超依次阐述了"两点论""四点论""六点论"和"十点论"，它们有的立足于向最高决策者提出建议，有的是代表国家草拟的宣言，有的还是具有约束力的官方决策，虽然语境不同，但都有一个共同的特点：都希望克服司法领域的种种弊端，维护司法独立，以挽救新式司法的声誉。不过，透过这四套不同的对策，我们也可以看到，梁启超对于司法独立的态度，发生了一个微妙的

---

① 梁启超. 呈请改良司法文//梁启超全集. 北京：北京出版社，1999：2653-2656.

265

转变：从理想化的司法独立转向某种趋于实际、实务的立场。①在这种转变的背后，是司法实践格局对于梁启超思想的潜在影响：在梁启超坐而论道的时候，他对司法独立有一个理想化的期待，习惯于用"大词"讨论司法独立；在担任了一段时间的司法总长之后，他对现实格局获得了更加清晰的认知，进而认为，应当放缓司法改革的步伐。这其实是他审时度势得出的结论，正如他在告别司法部诸同事之际所言："我国司法因上年进行太速，致生出无限之阻力，近来各省几乎全然办不动。"② 不过，正是这种趋于保守的立场，引发了一定的争议、甚至是非议。举其要者，主要有以下三个问题。

第一，关于"县令（县知事）兼理司法"的问题。

在梁启超提出的应对思路中，特别是在"六点论"中，强调了"县令兼理司法"的主张。对此，张朋园认为："惟县令兼理司法，轻微案件不必注重形式，限制上诉，恢复笞杖，盗窃案由军警机关处理各项，自今日之司法精神言之，则多有可以訾议之处。"而且，"当时传说任公所建议的司法改革十事，有推翻司法独立之意，一时满城风雨，任公几成司法界之罪人。……司法独立的前途愈为暗淡"③。张朋园在此批评的诸方面，以及张朋园转述的当时舆论的批评，这里不拟逐一检讨，只说针对"县令兼理司法"的批评，似有重新省思的必要。虽然从司法独立的理想状况、应然状态而论，司法确实不能由县令兼理，但是，在当时的情势下，在部分地方实行"县令兼理司法"的体制，也许是更可行、或者说是一种次优的选择。理由是：当时

---

① 丁文江的看法是，梁启超最初还有积极的计划，之后面对各方压力不得不做消极方面的努力。梁启超年谱长编：685.
② 丁文江，赵丰田. 梁启超年谱长编. 北京：北京出版社，1999：683.
③ 张朋园. 梁启超与民国政治. 长春：吉林出版集团有限责任公司，2007：111.

的法官已经被公共舆论列为"三害"之一,袁世凯政权已有裁减法院,甚至是废除新式法院、新式司法的意向。

请看 1913 年的《呈总统文》,在此文中,梁启超在列举了司法实践中的诸多弊端之后,马上提出:"司法机关不善,惟当思所以改善,而岂谓可仇视此机关?司法官吏非人,惟当思所以得人,而岂谓可不设此官吏?且如比来人言籍籍,谓营伍军人自治绅董与彼法官通称三害,品评当否,且勿深求,然国家终不能因军人为怨咨之府,而议尽撤军团,又岂能因法官为谤议所丛,而务悉汰?"琢磨梁启超这番话的语境,我们可以看到:袁世凯政权已有裁减法院的计划。也许正是鉴于袁世凯的裁减意图,梁启超继续报告总统:"顷已督饬部员,编颁新令,举未设法庭之地,委县知事以兼理司法之权",至于"用人办事之流弊,固宜尽力排除,而司法独立之精神,未可根本反对。今之暂以一部分司法权委代理于县知事,不过因人才经费,两者缺乏,故作此权宜之计,非恃为久远之图。其已成立之院,除查明实属骈枝量行裁撤外,宜皆维持调护,切实际改良。"①

梁启超的这段报告,可以解读出四点旨趣:其一,在法官受到普遍非议的情况下,不再谋求增设法庭,但也希望不要裁减法官与法庭,只希望在法庭与法官的规模上暂时维持现状。其二,在未设立法庭的地方,按照程序,委任县令兼理司法,但由此造成的流弊,要严加防范与排除。其三,重申司法独立的精神不容反对。第四,部分地方以县令兼理司法,绝不是司法改革的目标,更不是未来发展的方向,而是一个暂时性的权宜之计,是在司法人才、经费极度欠缺条件下的无奈之举。从实践的逻辑来看,这四个方面的旨趣,如果能够仔细加以体会,那么,梁启超提出的"县令兼理司法"的应对措施,实际上是

---

① 梁启超. 呈总统文//梁启超全集. 北京:北京出版社,1999:2648-2649.

一种兼顾西方法理和中国民意的方案。对此,他在致同事江庸的书信中已经有所表露①,因而,梁启超的调和态度、折中立场,具有"退一步、进两步"的精神,是一种值得肯定的回旋措施。

对于"县令兼理司法"背后的压力与隐曲,在梁启超写给江西高等审判厅厅长魏祖旭的信中也可以得到验证。在信中,梁启超告诉魏祖旭:"司法独立……政府经营筹备,亦既数年,鄙人谬掌法曹,官守所在,力所能及,自无不维持推行之理,无如人才消乏,财政艰难,值此厉行减政之时,不敢涂饰耳目,苟事敷衍,各省筹备处及审检所之暂行裁并,在政府方面实有万不获已之苦心,凡我司法同人,均宜深体此意。"② 这段话传递出来的信息是:袁世凯政权以"减政"为由,已经制定了裁减司法机关的计划;作为司法总长的梁启超也无可奈何,只能要求司法同人们"深体此意"。

此外,余绍宋1929年写给丁文江的一封信,亦可以说明这一点。余绍宋告诉丁文江:"当民一时,袁氏颇欲尽废新立法院,恢复旧制,任公力争之。当时各省新立法院颇多,有数省各县法院亦已成立,用人未尽当,又系初办,弊病自不能免,遂贻旧派人口实,攻击甚烈。任公乃与弟等商量,缩小范围,徐图扩充办法,于是下令将各县初级法院亦酌量归并,厉行法官回避办法,慎选法官,其间几费周折,司法新制始保存以有今日。弟当时为之奔走国务院多次,深知其苦心,论者或以为任公附和袁氏,裁并新法院则大误也。"③

余绍宋是梁启超的老部下,是梁启超在司法总长任内活动的重要参与者。他的这段话说明:当时新设立的法院及法官不

---

① 江靖. 梁启超致江庸书札. 天津:天津古籍出版社,2005:10.
② 丁文江,赵丰田. 梁启超年谱长编. 上海:上海人民出版社,1983:688.
③ 同②687.

第九章 民国初年的司法独立：司法总长梁启超的理论与实践

但受到了舆论界的诟病，而且袁世凯已打算把全国新设立的法院全部废除；不但司法独立岌岌可危，而且新式司法作为一种体制都可能面临灭顶之灾。在这样的危机面前，梁启超为了维护新式法院的生存，为了给司法独立留下一线生机，提出在部分地方实行"县令兼理司法"，实际上是一种迂回曲折的维护司法独立的策略，按照梁启超在《政府大政方针宣言书》中预定的"司法行政主张之大凡"，这是"以消极的紧缩主义，行积极的进取精神"①。这种维护司法独立的苦心，应当予以"同情的理解"，正如梁启超的继任者司法总长章宗祥所言："前任总长（梁启超）于是分别缓急及维持之谋，继复奉大总统知事兼司审检之令无非深维国度，因时制宜，为暂时救济之方，并非永久成法。"可见，对于"县令兼任司法"的策略，章宗祥是理解的，也是支持的；对于裁减地方司法机关，章宗祥自己的看法是："如实因财力万难维持，应由各该长官，就地论地就事论事，将某县如何不能维持之处，报由本部酌核后定裁并。"②

第二，关于大理院与司法部合并的问题。

在梁启超的改革思路中，还有一项向总统提出的政策建议是：将大理院与司法部合并。对此，张朋园认为："此一建议亦大悖司法独立的精神。盖司法部掌理司法行政，大理院及各审判厅掌理民刑案件之审理，其性质完全不同，亦绝不能合并。"③ 对于这样的评论，笔者不能表示赞同。这个建议并没有背离司法独立的精神。因为，按照梁启超提出的改革建议，并不是由司法部"收编"大理院，而是由大理院来"收编"司

---

① 梁启超. 政府大政方针宣言书//梁启超全集. 北京：北京出版社，1999：2575.
② 政治会议纪事. 时事汇报，1914（5）.
③ 张朋园. 梁启超与民国政治. 长春：吉林出版集团有限责任公司，2007：112.

法部。

按照梁启超自己的说法,"司法部之宜合并于大理院,其理由有四":第一,大理院地位崇高。第二,司法部与大理院对法律的解释如果出现分歧,下级法院将无所适从。第三,合并之后,有助于大理院对下级法院的监督。第四,"司法事业须立永久计划,总长为政务官,常因政局变迁而生动摇,大理院长则为司法官,地位较固,若兼综全国司法行政,则方针可以贯彻"①。

这就是说,梁启超建议的"合并",是司法部并入大理院,由大理院来"兼综"(亦即处理或兼理)全国的司法行政事务。这对于司法独立的总体方向,不但不会产生消极的影响,反而会从制度上促进司法独立。因为,梁启超为此提出的几点理由及其所追求的结果,都是为了强化、提升大理院、司法官的权威性与独立性,都有助于大理院(司法机关)摆脱行政体系的干扰与牵制。因此,认为梁启超的合并建议有损于司法独立的批评,没有法理上的依据,不是一种公允的评论。

第三,关于司法实践中的保育政策问题。

在维护司法独立的过程中,梁启超还有一个思路,被学者称为"自相矛盾的想法"②,那就是保育政策。所谓"保育政策",简而言之,就是国家及其司法机关对民众的保护、教育。

如何在司法实践中贯彻保育政策呢?在《令高等检审厅长》一篇中,梁启超针对民众不谙法律的实际情况,譬如"山谷之民,习闻旧规,罕知新制,偶涉讼庭,触处错迕,或误投他署,

---

① 梁启超. 呈拟将司法部大理院合并文//梁启超全集. 北京:北京出版社,1999:2656.

② 张朋园认为:"梁任公对于司法的一些自相矛盾的想法,无疑的是受了环境的影响,除此之外,他的保民政策、优秀分子观念亦有关系。"张朋园. 梁启超与民国政治. 长春:吉林出版集团有限责任公司,2007:113.

第九章 民国初年的司法独立：司法总长梁启超的理论与实践

或逾越定级，或不用法定状纸，或不能如式填写，或不知有上诉期间之规定，迁延自误，或不知覆判机关之所在，冒昧杂投"等具体困难，要求地方各级司法官员，切实采取措施，"将诉讼程序法撷要印刷，并摘其最要者，分项编成白话或韵语，其程序与从前惯例相异之点，尤宜特为揭出，加以说明。分发所辖各县，饬在城厢乡集，到处悬贴，每月一次，使人民易知易从，识法守法"；至于那些"已颁续颁之民刑商诸律，摘其为该地诉案适用最广者，或与旧律殊异者，皆宜随时解释揭示，俾民共明。要之，今之中国非实行保育政策，无以进国民于高明，而举共和之实绩。无论行政司法官吏，皆当时时以父母师保之心，导吾民在熔从绳之中，乃能以法律济政治之美"①。

梁启超试图在司法领域中推行的这种保育政策，在1912年的《中国立国大方针》一篇中，就已经给予了专门的论述：如果要让中国走进世界国家之林，必须采用保育政策，"何谓保育政策，对放任政策言之也"②。在梁启超看来，保育政策是与放任政策相对而言的。就现在的学术理论来看，梁启超所偏爱的保育政策，在普遍意义上可以用20世纪流行的福利国家理论来解释；如果将保育政策运用于司法领域，则可以用法学理论中的"法律父爱主义"来解释；此外，法律文本中人的形象的变迁，人的形象从近代社会的"强而智的人"变成现代社会的"弱而愚的人"③——这样的规律，亦可以解释梁启超的保育政策。因此，在现代社会，梁启超强调的保育政策可以得到多个方面的理论支持。梁启超针对民国初年司法实践中的实际情况与具体困难，从保护、教育民众出发，提出的一系列"便民措

---

① 梁启超. 令高等检审厅长//梁启超全集. 北京：北京出版社，1999：2647.
② 梁启超. 中国立法大方针//梁启超全集. 北京：北京出版社，1999：2491-2492.
③ 喻中. 比较与变迁：宪法文本描述的人. 法商研究，2009 (5).

施"，并不是什么"自相矛盾的想法"，不但无损于司法独立的目标，反而有助于促成新式司法获得社会与民众的广泛认同。

除了以上三个方面的问题，梁启超维护司法独立的理论与实践还有两点亦值得注意：第一，他主张通过私立法律学校来保障司法独立。在上文引证的《将来百论·司法独立之未来》一文中，梁启超说："欲使司法独立而民受其赐，其必自奖励私立法律学校始矣。"对于这个设想，梁启超并未展开论述。他主张把私立法律学校作为走向司法独立的起点，作为司法独立发挥作用的前提条件，其旨趣也许在于：在当时的背景下，私立法律学校也许是造就合格法官的最佳场所。第二，与前一点密切相关的是，晚至1926年，梁启超还曾主持过新设立的司法储才馆的工作①，他积极投身于其中，试图通过培训司法人才的方式，为司法独立的实现提供智力、人才方面的支持。司法储才馆虽然是国立机构，并非他早年期待的私立法律学校，但它在培养法律人才、造就合格法官方面的功能，较之于私立法律学校，虽不中，亦不远矣。

五、结论及延伸性讨论

上文通过梳理梁启超关于司法独立的理论与实践，可以发现，民国初年的司法独立具有以下几个方面的特点。

第一，司法独立已经成为一个普遍的理想，受到了社会舆论的普遍支持。主流舆论在评价梁启超的司法改革措施时，也

---

① 梁启超办理司法储才馆事宜。丁文江，赵丰田. 梁启超年谱长编. 上海：上海人民出版社，1983：1089-1100.

以是否有利于司法独立作为评判的标准。无论舆论的评价是否公允,这种评价至少可以表明,司法独立的观念已经深入人心,至少在主流舆论中是不言而喻的。这就表明,早在百年之前,司法独立就已经成为一个值得倾力追求的目标。

第二,关于民国初年司法独立的价值指向,应当从两个角度来分析。一方面,从短期的、迫切的、现实功利的角度来看,民国初年所追求的司法独立,在于靠拢西方列强的司法风格,得到西方列强的认同,借以收回领事裁判权,借以恢复国家的司法主权。但是,从另一方面来看,司法独立的价值指向还有更深远的内容,那就是促成法治国家的形成。这就是说,司法独立体现了民国初年对于理想政治的一种憧憬。在梁启超的理论和实践中,对于司法独立所承载的这两个层面上的价值指向,已有鲜明的体现。而且,按照梁启超的论述,后一个方面的价值指向还占据了更优先的地位,具有更值得追求的价值。

第三,在实践中,民国初年的司法独立举步维艰,岌岌可危。损害司法独立的因素虽然很多,但核心的问题还在于司法官员的量少、质差,尤其是法官在知识、气节、品格诸方面的匮乏,让追求独立的新式司法成为全社会的怨府,以至于当政者居然生出了全面废除这种新式司法的念头。

第四,从应对措施来看,虽然梁启超以启蒙思想家的头脑、以法学家的素养、以司法总长的高位,针对司法独立所面临的困境,提出了多种应对方案,但就当时的影响来看,并未产生他所期望的实际效果,实践中的司法独立并未朝着梁启超及主流舆论所预期的方向走。这就是民国初年司法独立的状况。

不过,即使是在百年之后的今日,梁启超在民国初年追求司法独立的理论与实践,依然蕴藏着若干值得注意的启示意义。

  首先，从历史演进的角度来看，民国初年司法独立的一个功利性的目标是收回治外法权，而更具超越性的价值指向则在于法治，因而，从根本上说，司法独立寄托了梁启超那一代人对于美好政治的想象与期待。那么，当代中国对司法独立的追求，其价值指向又是什么呢？当代中国已经没有收回治外法权的压力了。在当前这种新的国内、国际背景下，司法独立的现实目标是什么？根本目标又是什么？如果说，我们是把法治作为司法独立的价值指向，那么，当代中国所追求的法治与梁启超笔下的法治又有什么差异？是不是也像梁启超那样，把法治作为美好政治的一个代名词？法治的中国模式到底是什么？司法独立与这种模式的关系到底如何？这些问题，在既有的法学理论中，其实都没有得到全面而系统的展开。也许在一些学者看来，司法独立的价值就在于实现司法公正。就算是这样，那么，在当下的司法环境中，司法独立与司法公正之间的因果关系到底该如何描述？不能想当然地认为，只要法官、司法是独立的，那么司法一定就是公正的——绝不会这么简单。它的价值指向还有待于更精准地予以校正。这种校正司法独立之价值指向的过程，其实就是对司法独立在当代及未来中国的功能、作用、形态进行再察看、再审视、再建构的过程；这个过程还需要更深入、更广泛的探讨。

  其次，梁启超以思想名家的崇高地位亲自主持司法改革，努力维护司法独立的总体方向，但就实际成效来看，并无多少建树，以至于被学者评为"有理想而无建树"[①]。对造成这种结果的原因虽然可以做多方面的分析，但是，根本的原因恐怕还

---

  ① 张朋园. 梁启超与民国政治. 长春：吉林出版集团有限责任公司，2007：106.

第九章 民国初年的司法独立：司法总长梁启超的理论与实践

在于：对司法改革的推进、对司法独立的追求，绝不是一个可以一蹴而就的过程，更不是某个英雄人物振臂一呼就可以立竿见影的。相反，司法独立的实现是一个渐进的、缓慢发生的过程，司法独立的进程及具体形态将受制于法官状况、法律体系、民风民俗、交往方式、经济形态、政治结构、文化传统等多方面的因素。在这个过程中必然伴随着反复、曲折，绝不可能像在白纸上绘图那样随心所欲，也不可能像小葱拌豆腐那样一清二白，更不可能像开弓之箭那样，一往直前。

最后，谁在损害司法独立？谁是司法独立的障碍？在民国初年，危及司法独立、损害司法声誉的主要因素，既在司法之外，更在司法之中。在司法之外，有各路军事力量、地方行政对司法独立的挤压，正如伍廷芳在批评陈其美时所指出的："今沪军都督竟视宋鲁为现行犯，遽行派兵逮捕，实为藐视司法，侵越权限。"[1] 在司法之内，正如梁启超所见，是当时的法官群体普遍化的孱弱、衰败，导致整个社会对于司法的嫌恶，法官与法院甚至成了亟待祛除的"三害"之一。在民众反感新式司法、舆论批判新式司法的大环境中，政治主权者为了顺应舆情，甚至试图废弃这样的新式司法——对于政治主权者的这种态度，不宜用"反动""逆流"之类的套话来评判[2]，应当看到政治主权者的逻辑，特别是政治主权者、司法总长、地方实力派、法官群体在司法改革中的相互角力。[3] 这些复杂的关系，是理解民初司法独立的基本背景。民国初年的司法独立所经历的困境，虽然不能照搬过来概括当代中国的司法状况，但它可以提醒我

---

[1] 佚名. 伍先生（秩庸）公牍. 台北：文海出版社，1996：85.
[2] 展恒举. 中国近代法制史. 台北："商务印书馆"，1973：207.
[3] 有关袁世凯、梁启超、地方实力派、法官群体在1914年前后司法改革过程中的政治角力，学界已有相关的研究。譬如，李在全. 1914—1915年中国司法改革进程中的利益诉求与博弈. 重庆社会科学，2008（7）.

们注意：加强司法队伍建设，造成一支高素质的司法队伍，既是梁启超的司法独立观的核心内容，也应当作为当代中国司法改革进程中的重中之重。

（原载《清华法学》2014年第6期）

后　记

　　本书的写作，始于 2010 年，终于 2015 年，历时六年。六年之间，我在法学院教书之余，反复研读《梁启超全集》《梁启超年谱长编》及其他相关文献，也曾多次凭吊北京植物园内的梁启超墓园，还曾寻访梁启超的北京故居与天津故居。在此过程中，我对于梁启超的法学世界及其背后的精神世界、情感世界，逐渐获得了一些个性化的理解，把自己的理解分章记录下来，就有了这本《梁启超与中国现代法学的兴起》。

　　写作这本书，既是在走近一代先贤，同时也想借此回望那个特殊的时代。因为，梁启超在中国历史舞台上初次亮相的 1895 年，正是甲午战败、马关条约签订之际。这个时间节点对于当时的中国士大夫来说，意味着天崩地裂、乾坤颠倒。这不仅仅是一场战争的失败，更是从根本上动摇了中国士大夫数千年来一直坚挺的文化自信、思想自信、精神自信。1895 年的剧变让这种自信全面跌落了，中国开始成为"弟子国"。到日本留学，向日本人学习；到西方留学，向西方人学习，开始成为那个时代的普遍风气。数千年来一直引以为豪的华夏文明，突然之间变成了一笔沉重的负担，变成了一笔亟待清除的负资产。正是在梁启超出场的1895年，中华文明迎来了它从未经历过的低谷时期。

在这样的文明低谷时期，中国向何处去？对于中华文明从未遭遇过的这个根本问题，很多人都在思考。其中，梁启超的思考与回答，最具代表性，也最具影响力。从1895年至民国初期，梁启超的文字风靡了一个时代，梁启超发出了那个时代的最强音。按照我的理解，梁启超写下的上千万字的著作，几乎都是在回答彼时的"中国向何处去"这个紧迫的、根本性的中国问题、时代问题。

有人可能认为，梁启超的有些观点前后不一，梁启超的有些著述芜杂浅显，在学术层面上，这些都体现了梁启超的局限性。我承认，按照专业学术的标准，梁启超有他的局限性。但是，谁没有局限性呢？再说，梁启超本来就不是学院派的教授或博士，梁启超是中华文明处于低谷时期的探路人。梁启超的多变、反复、矛盾、上下求索、左冲右突，正好反映了那个"过渡时代"的精神实质。因为，那个时代本身就是一个不断寻找方向、不断校正方向的时代。在那个神殿空寂的时代，旧的已经坍塌，新的尚未搭建，身处其间，几乎没有哪个人的步履是从容不迫的。梁启超的著述，既是他一个人的创造物，同时也记录了那个时代的中国步态。

在百年之后的今天，从法政学术的立场上重新阅读梁启超的著述，重新思考梁启超提出的问题，重新回顾那个时代，既有助于接续前贤学思，同时也希望为当下的法政学术增添一缕历史意识。

就在本书即将付梓之时，略赘以上数语，聊充后记。

2019年8月26日记于北京

图书在版编目（CIP）数据

梁启超与中国现代法学的兴起/喻中著. —北京：中国人民大学出版社，2019.10
ISBN 978-7-300-27527-7

Ⅰ.①梁… Ⅱ.①喻… Ⅲ.①梁启超（1873—1929）-法学-思想评论 Ⅳ.①D909.25

中国版本图书馆 CIP 数据核字（2019）第 222107 号

梁启超与中国现代法学的兴起
喻　中　著
Liang Qichao yu Zhongguo Xiandai Faxue de Xingqi

出版发行	中国人民大学出版社		
社　　址	北京中关村大街 31 号	邮政编码	100080
电　　话	010－62511242（总编室）	010－62511770（质管部）	
	010－82501766（邮购部）	010－62514148（门市部）	
	010－62515195（发行公司）	010－62515275（盗版举报）	
网　　址	http://www.crup.com.cn		
经　　销	新华书店		
印　　刷	北京联兴盛业印刷股份有限公司		
规　　格	148 mm×210 mm　32 开本	版　次	2019 年 10 月第 1 版
印　　张	9.125 插页 3	印　次	2019 年 10 月第 1 次印刷
字　　数	214 000	定　价	39.00 元

版权所有　　侵权必究　　印装差错　　负责调换